普通高等教育“十三五”规划教材

经管华信 创新系列

Cost Accounting

成本会计学

——理论、实务与案例

陈文军□主　编
王　奕　张淑萍□副主编

電子工業出版社
Publishing House of Electronics Industry
北京·BEIJING

内容简介

本书详细介绍了成本会计所需掌握的相关知识，并总结了成本会计理论与政策的新近发展动向，注重理论与实践的结合，强调专业技能的培养。章前有"引导案例"，章后有"同步测试题"等，文中还插有大量国内外成本会计领域的相关案例和相关知识链接，以方便读者巩固所学知识。全书共分12章，分别为总论，成本核算的要求、程序与账户，要素费用的归集与分配，集合费用的归集与分配，生产费用在产成品与在产品之间的分配，生产特点、管理要求与成本核算方法，成本核算的基本方法(上)，成本核算的基本方法(下)，成本核算的辅助方法(上)，成本核算的辅助方法(下)，成本报表，成本分析。

本书既可作为高等院校会计、财务管理等专业相关课程教材，又可作为会计、财务管理实务工作者开展继续教育的学习用书。

图书在版编目(CIP)数据

成本会计学：理论、实务与案例 / 陈文军主编. —北京：电子工业出版社，2017.7

ISBN 978-7-121-31384-4

I. ①成… II. ①陈… III. ①成本会计 IV. ①F234.2

中国版本图书馆CIP数据核字(2017)第078279号

策划编辑：王二华
责任编辑：王二华　　　文字编辑：杜　军
印　　刷：三河市良远印务有限公司
装　　订：三河市良远印务有限公司
出版发行：电子工业出版社
　　　　　北京市海淀区万寿路173信箱　　邮编：100036
开　　本：787×1092　1/16　印张：15.25　字数：400千字
版　　次：2017年7月第1版
印　　次：2017年7月第1次印刷
定　　价：39.00元

凡所购买电子工业出版社图书有缺损问题，请向购买书店调换。若书店售缺，请与本社发行部联系，联系及邮购电话：(010)88254888，88258888。

质量投诉请发邮件至 zlts@phei.com.cn，盗版侵权举报请发邮件至 dbqq@phei.com.cn。

本书咨询联系方式：(010)88254532。

前　言

随着我国改革开放的不断深化、市场经济的不断发展，会计所起的作用日益明显，而成本会计作为一门专业性很强的实用科学，对于企业进行成本竞争和经营决策具有重大影响，为了使广大读者能够更好地掌握成本会计基础知识，学会运用各种成本核算方法，我们特地编写了这本教材。

本教材是在过去成本会计学教材的基础上，吸收国内外相关教材的精华，并结合中国会计准则、国际会计惯例和会计实务编写而成。本教材的主要特点在于：第一，既注重企业基本业务处理的理论阐述，又注重与中国现行会计准则及成本会计实践的结合，以中国会计准则为依据，但又不是会计准则的简单解读；第二，对成本会计理论的阐述力求精炼、简明和通俗易懂，不同于以往成本会计教材的叙述方式，而是以较直观的表现形式予以展现，使学生一目了然，易于掌握；第三，注重理论与案例、实践的结合，对每一理论问题的阐述均配有恰当的案例，每章内容均配有相关案例的分析，便于培养学生的实践能力和发现问题、分析问题与解决问题的能力，有利于提高其职业判断能力；第四，配备颇具特色的同步测试题，非常适合学生进行课后消化、复习与提高。

本教材既可作为高等院校会计、财务管理专业本科高年级学生学习“成本会计学”等课程时使用，又可作为会计、财务管理实务工作者开展继续教育时使用。

本教材编写的过程中，得到南京师范大学泰州学院商学院院长张薇教授，以及南京师范大学金陵女子学院党委书记江希和教授、院长赵媛教授、副院长熊筱燕教授的悉心指导和大力帮助，也得到会计与财务管理系系主任王佩博士、李云博士等的帮助与支持，在此一并致以最诚挚的谢意。本教材的编写，参考了诸多相关文献，在此对全体文献作者表示衷心的感谢，同时还要对本教材的各位编审人员特别表示感谢！她们为本教材的出版付出了辛勤的劳动，她们的工作，不仅保证了本教材的顺利完成，还减少了教材中的错误，使本教材增色不少。

最后恳请各位同仁对本教材批评指正！

陈文军

目　录

第一章

总　论

引导案例

没有成本的世界不一定美好

我们习惯的观念是尽可能地降低成本，或许根本没有想过没有成本的世界会怎样。

一个有趣的现象是，人们的言论五花八门，可是行为却出奇的一致。

问：如果打钓鱼岛，你愿意捐一个月的工资吗？爱国者：我愿意！问：如果打东京，你愿意捐一年的工资吗？爱国者：愿意！问：如果打美国呢？爱国者：我捐一条命！再问：打越南呢？爱国者：我……我是独子。奇了怪了：为什么打日本、打美国，你不是捐钱，就是捐命，反倒是打个小小的越南，你倒畏惧了呢？爱国者：因为……因为打越南真的有可能！

都说丑媳妇是福，可是大家见过有抢着追丑女的男人吗？有哪个男人见到了美女不是像绿头苍蝇一样，赶都赶不走？又有谁见过，有把自己画成大花脸去约会相亲的女人吗？

之所以人们的言论五花八门，行为却出奇一致，是因为言论没有成本，行为却有代价。所以，我们见多了“宁可华夏不长草，也要收复钓鱼岛；宁愿华夏遍地坟，也要杀光日本人”的喧嚣，可就是见不到主动捐钱捐物打日本的人，更没有见过主动提枪上阵的主儿。

我因此反复告诫朋友，不要相信别人所说的，要观察他所做的。你说朝鲜好，可是却把存款和家人都放美国去，只能说明在你的心中美国比朝鲜好。你有意说朝鲜好，就是别有用心。

为什么求婚要送上大戒指？为什么结婚女方要彩礼？不要以为这是封建、是落后，这是让他付出代价。没有代价，你说“我爱你”，我怎么知道你是真爱呢？没有代价，你可以今天对我说“我爱你”，明天又对她说“我爱你”，你可以见着任何女孩都说“我爱你”呀。所以，钻石有多重，爱情就有多深。当然，这个重是相对于他的收入和财富而言的，并不绝对。

你说你爱我，那好，把工资卡交上。交上工资卡，不用说“我爱你”，那也是真爱。

为什么结婚要大宴宾客，让人人皆知？是要提高他离婚的成本。要敲锣打鼓，让乡里乡亲都知道他娶了你，他要是变心，大家就都知道他是个负心郎，就没有女孩子再嫁他。反之，他要是悄悄地、不动声色就跟你结了婚，那他也可以悄悄地、不动声色跟你离了。

再说，必须付出代价，他才会珍惜你。他“倾家荡产”，就没有能力再“爱”别人了。

要交高额的学费，然后才能取得学习的机会，那么你一定珍惜机会，努力学习。因为已经交了学费，你学习的成本就只有因为读书而放弃的打工收入了。反过来，如果你不好好学习，要重头再学的话，那么你的成本就不只是因为读书而放弃的打工收入，还要加上那高额的学费。交了很高的学费，如果不认真学习，不仅是所交学费打了水漂，而且，将来要想重新学习的话，那么你就还要再交一次高额的学费。

如果需要走很远的路、排很长的队，然后才能够参观博物馆、看画展，那么你一定看得仔细；反过来，如果很方便就可以去参观博物馆、看画展，那么你一定看得不那么仔细。

人都有喜新厌旧的本能，但为什么离婚不是普遍现象呢？这并不是因为当初为了娶她，你花费了很多，如果离婚的话，这些投入就沉没了，而是因为你娶新人，还要花费。你当然要考虑离婚的成本，但是这个成本与当初你是花了多少才把她娶回来的没有关系。而且可以肯定的是，如果离婚后你可以无成本地取回一个新人，那么我敢肯定人人都会离婚的。为什么我对民主投票是持有一定戒心的？这并不是说民主投票就不好，而是说民主投票有可能变成廉价投票。如果用民主投票来决定税收和福利，那必然的结果就是搞高福利，用对富人征税来补贴穷人。今天的希腊就是高福利的恶果。我们必须问，一个人投票所支付的成本是什么？民主要在"保障产权，维护个人权利；推行法治，约束政府；约束货币发行，平衡预算，避免免费午餐"这些基本原则基础上来实行，而不能反过来用民主投票来决定这些基本原则。罗马共和国按照税收贡献来确定公民在公共事务中的参与权，是有一定道理的。在人类历史上，民主选举不过是历史长河一瞬间。在1776年以前，人类对民主是心存芥蒂的。在美国，1776年，《独立宣言》及其后的一系列权利法案得到签署后民主才逐渐被人们接受；在英国，19世纪末普通民众才拥有投票权。所以，经济发展、改善民生并非是民主的结果；恰恰相反，民主与经济发展都是权利界定和保护的结果。当今世界，有不少国家政治民主，但是腐败盛行，经济乏善可陈，人民生活无法改善。企图以"民主是有条件的"来拖延民主进程，也是极端错误的。民主之路，大势所趋，我们应该从速研究一个在实质上可以保障个人权利的宪法。要维护社会整体，我们必须从维护个人利益做起。不维护个人，社会整体就不能被维护。牺牲小我，大我往往也因此而牺牲。极端地说，没有成本，人们做事就不会认真，对什么都不会珍惜，因为总可以没有代价地从头再来。作为个人，我们都希望能够长生不老，但如果人人都长生不老的话，那么我们完全可以胡来，因为大不了从头再来。死亡是一个残酷的现实，但死亡也是一种纪律。没有死亡，这个世界就会是一个无序的世界，也就没有人能够真正地活。

讨论与思考：

1. 如何认识成本？
2. 案例中的成本是理论成本？还是实际成本？
3. 案例中的成本是个别成本？还是社会成本？

（资料来源：谢作诗：没有成本的世界不一定美好《深圳特区报》）

第一节　成本的意义

一、成本问题的提出

无论在经济学还是会计学中，成本都是一个非常重要的概念，学习成本会计学，首先必须明确成本的经济实质及定义。

何谓"成本"？

关于成本的含义国内外定义很多，在西方会计学中，往往把成本理解为实现一定的目的所付出的价值牺牲。其典型的定义有以下几种。

(1)美国会计学会(AAA)所属成本概念与标准委员会在1951年给成本所下的定义。

成本是指为达到特定目的而发生的价值牺牲，它可用货币单位加以衡量。这个定义有三层含义：第一，成本是一种价值牺牲，这种价值牺牲可以理解为一种价值消耗，不仅可以是现金支出，也可以是物资消耗、劳动消耗或是从外部提供的劳务的消耗；第二，这种价值牺牲是为了一定目的，通常是指由经营目的而衍生的目的。从这个意义上说，成本是与经营目的有关的所消耗的价值；第三，这种牺牲可以用货币测定，也就是说可以用货币计量，因为这些价值要变为成本，最终都必须以货币来表现。可见，这一定义的外延非常广泛，远远超出了产品成本的概念。

(2)美国会计师协会(AICPA)1957年发布的《第4号会计名词公报》对成本所下的定义。

成本系指“为获取财物或劳务而支付的现金或转移其他资产、发行股票、提供劳务，或发生负债，而以货币衡量的数额。”成本可以分为未耗成本和已耗成本。未耗成本可由未来的收入负担，如存货、预付费用、厂房、投资和递延费用。已耗成本不能由未来投入负担，所以应列为当期收入的减项或借记留存收益，如出售产品或其他资产的成本及当期费用等。

(3)美国财务会计准则委员会1978年在《财务会计概念公告》第1辑《企业编制财务报告的目的》注释中，对成本概念的说明。

“成本是为了进行经济活动而有所失——也就是为了耗用、挽救、交换、生产等而丧失或放弃的东西。”

(4)我国《企业会计制度》第99条的规定如下。

成本是指企业为生产产品、提供劳务而发生的各种耗费。然而，从更一般的意义上说，成本可以被理解为从事某种生产经营活动花费的本钱或耗费的货币。关于货币耗费会涉及以下四个问题：第一，是谁耗费了货币，即成本主体问题；第二，货币是为何种生产经营活动耗费的，即成本客体问题；第三，货币耗费在哪些用途上，即成本要素问题；第四，耗费的货币代表了什么样的经济关系，即成本性质问题。对于上述问题的不同回答，不仅会产生产品成本、劳务成本等概念，还会产生其他一些成本概念。

首先，就商品生产来说，在不同的社会生产方式下，因商品生产的组织者不同，而形成了不同的商品成本主体。在小商品社会，商品生产者是个体商贩和手工业作坊；在资本主义社会，商品生产者是资本家；在社会主义社会，商品生产者有人认为是社会主义企业，有人认为是社会主义国家。考察这些不同的商品生产者，就会产生个体商贩成本、手工业作坊成本、企业(包括资本主义企业和社会主义企业)成本和社会成本等概念。

其次，现实经济生活中的生产经营活动也是五花八门的。这种生产经营活动若是商品生产，则有商品成本或产品成本的概念；若是货运作业，则有运输成本的概念；若是建筑安装工程，则有施工成本、建设成本的概念等。生产经营活动的多样化导致了成本概念的丰富化。

再次，关于商品成本要素，不同的商品生产者可能也会有不同的回答。对于个体小商品生产者来说，他们只是为购买生产资料耗费了货币，他们使用的是自己的劳动力，不需要为取得这种劳动力的使用权耗费分文，因此，在他们的观念中，通常只有生产资料的耗费才成为成本的要素；在资本家的眼里，情况就不同了，资本主义制度是建立在雇佣劳动基础上的。资本家作为资本的人格化身，其职能就是通过商品生产榨取剩余价值。为了取得商品生产的主客观条件，资本家用他的货币资本同时购买生产资料和劳动力商品。他为生产资料和劳动力这两种要素都耗费了货币，毫无疑问，他会不加区别地对待这两种耗费。因此，在资本家的观念中，生产资料和劳动力的消耗均为成本要素；在社会主义社会，由于生产资料主要采取了公有制的形式及劳动力不再成为商品，于是围绕着成本要素问题产生了以下三种观点：第一种观点认为，社会主义商品成本的内涵仅包括生产资料的耗费价值 c（简称小成本观点）；第二种观点认为，社会主义商品成本的内涵不仅包括生产资料的耗费价值 c，而且包括支付给劳动者个人的工资 v，因此商品成本的内涵是 $c+v$（简称中成本观点）；第三种观点认为，社会主义商品成本的内涵 $c+v+m$（简称大成本观点）。各种观点目前仍未统一。

最后，在不同的社会生产方式下，商品生产者耗费的货币体现了不同的生产关系。小商品生产者耗费的货币是普通的货币，即作为一般等价物的货币；资本家耗费的货币是货币资本，即作为资本的货币；社会主义企业耗费的货币资金，即作为资金的货币。于是，除了将成本称为货币的耗费之外，又有人将成本称为资本的耗费、资金的耗费等。

由此可见，从货币耗费的角度出发，能够引申出多种成本概念及对成本范畴的多种不同解释。对成本范畴泛泛加以讨论，既不便于明确成本的经济实质，也不便于划分其数量界限。由于在商品社会和市场经济中，最普遍、最抽象的物质是商品，因此，人们通常从商品出发，首先探讨商品的成本，并将之作为成本的基本范畴；然后，在此基础上，再对成本的经济实质予以概括出来。

二、资本主义商品成本的经济实质

对商品成本做出最经典经济学分析的理论，是马克思关于成本价格的理论。

社会主义经济与资本主义经济都是建立在社会化大生产的基础之上的，这两种社会生产方式存在的一些经济范畴既有共同性质，又有特殊性质。马克思关于资本主义商品成本价格的理论，深刻揭示了资本主义商品成本的经济实质，同时也深刻揭示了商品成本的一般共性。因此，认真学习马克思关于成本价格的理论，对于学习研究社会主义市场经济条件下商品成本的经济实质，具有十分重要的理论与现实意义。

马克思关于资本主义商品价格的理论，主要集中在其《资本论》第三卷第一章中。马克思指出："按照资本主义生产方式生产的每一个商品 W 的价值，用公式来表示是 $W=c+v+m$。如果我们从这个商品价值中减去剩余价值 m，那么，商品中剩下的只是一个在生产要素上耗费的资本价值 $c+v$ 的等价物或补偿价值。……商品价值的这个部分，即补偿所消耗的生产资料价格和所使用的劳动力价格的部分，只是补偿商品使资本家自身耗费的东西，所以对资本家来说，这就是商品的成本价格。"从马克思的上述论述中，可以得出如下五个方面的资本主义商品成本的经济实质。

(1) 资本主义商品成本是资本家自身的耗费，而"商品价值中由剩余价值构成的部分，不需要资本家耗费什么东西，因为它耗费的只是工人的无酬劳动"。因此，资本主义商品成本不应包括剩余价值 m。

(2) 资本主义商品成本是资本家耗费的资本价值，由于这种资本价值可以由货币表现，并且最初通常以货币资本的形态出现，所以，资本主义商品成本可以反映为成本价格。同时，由于资本家用于个人消费而支出的货币不是资本，于是，资本主义商品成本仅为资本家生产剩余价值 m 所耗费的货币资本。

(3) 资本是耗费在生产要素上的，资本主义生产过程中的生产要素是生产资料与劳动力，因此，资本主义商品成本的要素包括生产资料与劳动力两个方面。

(4)资本主义商品成本在价值量上是资本价值 $c+v$ 的等价物，其中，c 代表了所消耗的生产资料的价值，v 代表了所消耗的劳动力的价值，而劳动力的价值在价值量上又等于劳动者在必要劳动时间内创造的用于维持劳动力再生产所必需的生活资料的价值。

(5)资本主义商品成本需要由已经实现的商品价值进行补偿，它是一种补偿价值，构成了商品价值需要补偿的底线。在商品生产中，如果成本不能加以补偿，那么，简单再生产都不能维持，更谈不上扩大再生产。

总之，马克思认为，资本主义商品成本的经济实质为：资本家为从事商品生产在生产资料与劳动力这两个生产要素上耗费的资本价值 $c+v$ 的等价物。

三、社会主义市场经济条件下商品成本的本质

我国目前实行的社会主义市场经济体制，作为与商品经济相联系的成本，在社会主义市场经济条件下仍然是作为一个经济范畴而存在。马克思关于成本价格的理论，其基本原理同样适用于社会主义市场经济，只是其内涵由于所有制的不同有了新的含义。社会主义市场经济条件下的商品价值由以下三部分组成：一是生产经营过程中耗费的物化劳动价值(c)，即已经耗费的生产资料转移价值；二是劳动者为自己劳动所创造的价值(v)，即活劳动消耗中的必要劳动部分(即归个人支配的部分，主要以工资形式支付给劳动者的劳动报酬等)；三是劳动者为社会劳动所创造的价值(m)，即归社会支配的部分，包括税金和利润等。产品价值的前两部分是形成产品成本的基础，是成本包括内容的客观依据。所以，产品成本就其本质而言，是产品价值中的物化劳动的转移价值与劳动者为自己劳动所创造价值的货币表现。这就是社会主义市场经济条件下商品成本的本质，也称为“理论成本”。

四、成本的作用

(一)成本是企业补偿生产耗费的重要尺度

成本是以货币形式对生产耗费进行确认、计量，并为企业的简单再生产提出资金补偿的标准，企业只有按照这个标准补偿了生产中的资金耗费，企业的简单再生产才能顺利进行。否则，企业就无法保持原有的生产规模，同时补偿份额的大小对企业及整个社会都有重要的现实经济意义。在价格不变的情况下，成本越低，企业的纯收入就越多，企业为自身发展及为社会创造的财富就越多；反之，用于补偿的份额增大，企业的纯收入就减少，甚至产生亏损。这样，企业不仅不能为社会提供财富，还会影响企业自身的生存和发展。

(二)成本可以综合反映企业的工作质量

成本与企业生产经营各个方面的工作质量和效果有着内在的联系，如劳动生产率的高低、固定资产的利用程度、原材料的使用是否合理、产品产量的变动、产品质量的好坏、企业经营管理水平等诸多因素都能通过成本直接或间接地反映出来。因此，成本又是一个反映企业工作质量的综合性指标。

(三)成本是制定价格的重要依据

根据价值规律，产品价格决定于产品的价值。但在产品价值无法直接计算的情况下，只能通过产品成本间接地反映产品价值水平。所以，成本是制定价格的依据。

(四) 成本是企业竞争的主要手段

在市场经济条件下，企业的竞争主要是价格与质量的竞争，而价格的竞争归根结底是成本的竞争，只有成本低才能售价低，并有盈利。因此，成本是企业竞争的主要手段。企业效益高低、竞争能力强弱，在很大程度上取决于其成本的高低，如果一个企业的个别成本能低于社会的平均成本，那么该企业在市场竞争中就占有较大的优势。因此，成本的竞争将日益成为企业竞争的重要手段。

(五) 成本是制定和选择经营决策的重要依据

在市场价格一定的条件下，成本高低直接影响企业的盈利水平和参与市场竞争的能力。企业进行的生产经营或投资的决策，多半是以经济效益高低作为评价决策方案的标准，而衡量决策方案经济效益高低时，成本是必须考虑的主要因素。同时在成本较低的情况下，可以提高企业在市场竞争中的地位，以增加决策实施的保障程度。但决策时，成本的估计预测往往是最困难的工作之一。

第二节　成本会计的含义与职能

一、成本会计的含义

成本会计是指运用会计的基本理论、方法与原则等，采用专门的方法对企业各项费用的发生和生产经营成本(产品制造成本)的形成过程进行核算与监督的一种管理活动。成本会计的含义有广义和狭义两种含义。狭义的成本会计是指对生产经营过程中发生的费用进行归集、分配，计算出有关成本核算对象的总成本和单位成本，并加以分析与考核；广义的成本会计是指成本管理的全过程，具体包括成本预测、成本决策、成本计划、成本核算、成本考核、成本分析、成本控制等管理活动。

成本会计是现代会计的一个分支，是社会生产力发展到一定历史阶段的产物，并随着社会生产力的不断发展而逐步得以发展与完善。成本会计自产生至今，先后经历了以下四个不同阶段。

(一) 早期成本会计(1880—1920 年)

成本会计起源于英国，当时认为成本会计就是归集生产成本的一种制度，主要是用来计算和确定产品的生产成本和销售成本。在这一期间，英国会计学家已经设计出订单成本计算和分步成本计算方法，后来传往美国及其他国家。这一时期，被会计历史学家公认为“成本会计的繁荣发展时期”。在这个时期中，对成本会计做出贡献的不仅是会计师，而且还有工程师。工业工程师比核算员和一般会计师对成本计算方法表现出更积极的关注，如美国早在 15 世纪后期，工业工程师就开始纷纷寻求关于归集生产费用和计算产品成本的方法。许多成本会计问题是由工业工程师提出并和会计师共同努力下解决的。由于这一时期的成本会计主要是对生产过程中消耗的材料、工资、制造费用进行系统的归集和分配，用来确定产品生产和销售成本。因而，这一时期的成本会计也称之为核算型成本会计。

（二）近代成本会计（1921—1945 年）

20 世纪初叶，美国的许多企业为了应付第一次世界大战出现的经济危机，泰罗科学管理制度随之兴起，1919 年美国工业工程师泰勒继发表的《计件工资》及《车间管理》著作之后，他的《科学管理原理》一书也问世了。为了配合泰勒科学管理制的广泛实施，由美国会计学家提出的标准成本法，开始进入实施阶段，使成本计算由事后算账转入事中控制。引进了标准成本计算法和预算控制来代替传统的事后核算型的成本会计制度，使得成本会计由单纯产品成本计算发展到成本计算与成本控制相结合，成本会计也由核算型转向管理型。

19 世纪 20 年代以后成本会计最显著的变化是成本会计的价值不仅在降低费用开支方面，而且在制定政策和决策方面也得到了管理界的认同。此外，在运用经济理论和工程技术方面，成本会计的理论和方法也取得了重大进展。同时，成本会计应用范围大大扩大，从原来的工业企业扩大到各行各业，并深入应用到每个企业内部的各个主要部门，特别是应用到企业生产经营中的销售方面。

（三）现代成本会计（1946—1980 年）

20 世纪 50 年代以后，随着生产社会化程度的提高、社会资本的高度集中、市场竞争的日趋激烈，成本管理也加速现代化。成本会计发展的重点，已由事后核算、分析成本和事中控制成本转移到如何预测、决策和规划成本，传统成本会计朝着现代会计会计方向前进。

（四）战略成本会计（1981 年以后）

20 世纪 80 年代以来，随着电子计算机技术的进步、生产方式的改变、产品生命周期的缩短及全球性竞争的加剧，大大改变了产品成本结构与市场竞争模式。成本会计的视角由单纯的生产经营过程核算监督，扩展到与顾客需求及利益直接相关的监督，包括产品设计和产品使用环节的产品生命周期核算监督，不仅关注产品的顾客可察觉价值，同时要求企业更加注重内部组织管理，尽可能地消除各种增加顾客价值的内耗，以获取市场竞争的优势。这时，战略成本会计信息已经成为成本管理系统中不可或缺的部分。

二、成本会计的职能

成本会计的职能是指成本会计所具有的功能。成本会计的职能在不同的历史时期体现为不同的内容。最初的成本会计职能仅是成本核算，而且核算的目的仅是为了确定商品的价格和经营盈亏。后来，随着经济的发展，生产复杂程度的增加，对企业的生产经营管理提出了更高的要求。“泰勒制度”的产生并在企业的推行，使企业生产管理走上了科学管理的道路。一方面促进了生产的发展，同时也促进了成本会计理论和方法的发展，使成本会计的职能在成本核算的基础上扩大到了成本控制和成本分析。二战以后，由于生产和资本日益集中，企业规模越来越大，企业生产经营更加复杂，产品更新换代的周期大大缩短，市场竞争十分激烈。在这样的经济环境下，要求成本会计学必须与管理科学紧密结合，从而使成本会计的职能又增加了预测、决策、计划和考核等方面内容。因此，现代成本会计的职能包括成本预测、成本核算、成本分析、成本决策、成本计划、成本控制和成本考核七项职能。

（一）成本预测

成本预测是指根据成本有关的数据、可能发生的企业内外环境变化和可能采取的各项措施，运用一定的技术方法对未来的成本水平及其变化趋势所做出的科学测算。通过成本预测，可以降低生产经营管理的盲目性，提高成本管理的科学性与预见性。

（二）成本核算

成本核算是根据一定的成本计算对象，采用适当的成本计算方法，按规定的成本项目，通过各费用要素的归集和分配，从而计算出各成本计算对象的总成本和单位成本。成本核算既是对生产经营过程中发生的生产耗费进行如实反映的过程，也是进行反馈和控制的过程。通过成本核算可以反映成本计划完成情况，并为进行成本预测、编制下期成本计划提供可靠的资料，同时为以后的成本分析和成本考核提供必要的依据。

（三）成本分析

成本分析是在成本核算及其他有关资料的基础上，运用一定的方法，以本期实际成本与本期计划成本、上年同期实际成本、本企业历史先进成本及国内外同类产品先进成本进行比较，以揭示产品成本差异并分析产生差异的原因，提出积极的建议，以便采取相应措施，进一步改进管理、降低成本，进而为新的经营决策提供依据。

（四）成本决策

成本决策是在成本预测的基础上，根据其他有关资料，在若干个与生产经营和成本有关的方案中，选择最优方案，确定目标成本。做出最优化的成本决策，是编制成本计划的前提，也是提高经济效益的途径。

（五）成本计划

成本计划是根据成本决策所确定的目标成本，具体规定在计划期内为完成规定的任务所应达到的水平，并提出为达到规定的成本水平所应采取的各项措施。成本计划是进行成本控制、成本分析和成本考核的依据。

（六）成本控制

成本控制是根据成本计划对成本发生和形成过程及影响成本的各种因素进行限制与监督，使之能按预定的计划进行的一种管理活动。通过成本控制可以保证成本目标的实现。成本控制包括事前控制和事中控制。

（七）成本考核

成本考核是定期对成本计划及其有关指标实际完成情况进行总结和评价，以监督和促使企业加强成本管理责任制，履行经济责任，提高成本管理水平。成本考核一般与奖惩制度结合以调动各责任人努力完成目标成本的积极性。

成本会计的各项职能是相互联系、相互依存的。成本预测是成本决策的前提，成本决策是成本预测的结果；成本计划是成本决策所确定目标的具体化；成本控制是对成本计划实施进行的监督；成本核算是对成本计划是否完成的检验；成本分析是查明计划完成与否的原因；成本考核则是实现成本计划的重要手段。这七项职能中，成本核算是基础。没有成本核算，其他各项职能都无法进行，因而也就不会有成本会计。

三、成本会计的任务

成本会计的任务是成本会计履行职能后的具体表现形式，也是对成本会计工作的要求。成本会计的任务受企业经营管理的要求所决定，但具体到微观主要是受成本管理的要求所决定。因为成本会计不可能全面地实现企业经营管理各个方面的要求，而只能在成本会计对象和职能的范围内，为企业经营管理提供所需的信息资料，并参与经营管理，以达到降低成本、费用的目的。从这一点来讲，成本会计的任务还受制于成本会计的含义与职能。根据企业成本管理的要求，适应成本会计含义和职能的特点，成本会计的任务主要有以下四项。

（一）准确计算成本，提供成本信息

准确计算成本，是成本会计的核心内容。准确、及时地进行成本核算，能够反映成本计划的执行情况，为企业经营决策提供成本信息，并能为国家经济管理提供必要的成本数据。

（二）制定目标成本，加强成本控制

根据成本最优化所确定的成本称为目标成本。实行目标成本管理能为企业提高经济效益提供可靠的保证。目标成本是企业在一定时期内为保证目标利润的实现而制定的成本控制目标。目标成本制定的正确与否对于成本控制的有效性有着重要影响。成本控制是在目标成本分解的基础上进行的。加强成本控制，必须对目标成本的分解指标进行归口分级控制：一方面，要以产品成本形成的全过程为对象，结合生产经营各阶段的不同性质和特点进行有效的控制；另一方面必须从人力、物力和财力的使用效果来衡量，着眼于工作的改进和成本效益的提高。

（三）加强成本预测，优化成本决策

成本预测与成本决策是具有密切联系的。加强成本预测是优化成本决策的前提，而优化成本决策是加强成本预测的结果。成本资料信息反映企业在某一经营方案中的实际耗费水平。当企业的经营活动具有多个可供选择的经营方案时，就必须从各个备选方案中选择耗费最少的方案，使成本最优化。

（四）建立责任成本制度，加强成本考核

责任成本制度是对企业各部门、各层次和每个员工在成本方面的职责所作的规定，有利于提高职工降低成本的责任心。建立责任成本制度，就是要把成本责任指标分解落实，使企业生产经营各部门、各层次和每个员工都承担起一定的责任成本，并把责、权、利相结合。成本考核是企业顺利贯彻实行责任成本制度的保证。通过成本考核，可以分清责任，正确评价各部门、各层次和每个员工的工作业绩。因此，成本考核必须与成本责任制结合起来，奖惩分明，把成本管理的好坏与各部门、各层次和每个员工的切身利益紧密结合起来，促使各部门、各层次和每个员工积极采取有效措施改进工作，努力降低成本，以取得更大的经济效益。

第三节　成本会计信息质量要求

从某种意义上讲，成本会计信息就是成本会计主体的一种“产品”，而作为产品，其质量高低对消费者的影响很大，成本会计信息也有“质量”，即成本会计信息质量，成本会计信息

使用者的意义就如同产品对消费者一样重要。成本会计信息质量要求是对成本财务报表所提供的会计信息质量提出的基本要求，是保证成本会计信息对其信息使用者决策有用所应具备的基本特征。《企业会计准则——基本准则》中关于信息质量的要求包括可靠性、相关性、可理解性、可比性、实质重于形式、重要性、谨慎性、及时性等。

一、可靠性

可靠性又称真实性，要求“企业应当以实际发生的交易或者事项为依据进行会计确认、计量和报告，反映符合会计确认和计量要求的各项会计要素及其他相关信息，保证会计信息真实可靠、内容完整”。葛家澍教授曾有一句名言“宁可不说话，不可说假话”，正是在强调会计信息的可靠性，可靠性背后的经济理论是委托代理理论，一项会计信息是否可靠取决以下三个因素，即真实性、可核性和中立性。真实性即要求会计核算必须以实际发生的经济业务及证明经济业务发生的合法凭证为依据如实反映经济活动情况，做到内容真实、数字准确、资料可靠；可核性即指信息可经得住复核和验证；中立性即指会计信息应不偏不倚、不带主观成分，将真相和盘托出，结论让用户自己去判断。

二、相关性

相关性又称有用性，要求“企业提供的会计信息应当与财务报告使用者的经济决策需要相关，有助于财务报告使用者对企业过去、现在或将来的情况做出评价或预测”。相关性在美国 FASB 会计信息质量的列示中是排列第一位的，FASB 认为会计信息只有相关才有价值，他们是从报表使用者的角度来制定会计信息质量要求的，而我国之所以强调可靠性，是因为我们有很多国有企业，评价受托责任是国家经济决策第一位的。

相关性背后的经济学理论依据是决策有用论。它要求会计在收集、处理、传递会计信息的过程中，要考虑到信息的使用者对会计信息需要的不同特点，尽可能满足企业内外对会计信息的需要。因此，也可认为相关性指的是在一定程度上的决策相关信息，取决于信息是否具有预测价值和反馈价值。预测价值要求信息能帮助决策者对过去、现在及将来事项的可能结果进行预测，则此项信息具有预测价值；反馈价值即信息决策者验证或修正过去的决策和实施方案。

三、可理解性

可理解性又称明晰性，要求“企业提供的会计信息应当清晰明了，便于财务报告使用者理解和使用”。即指会计核算所提供的信息能简单明了地反映企业的财务状况和经营成果，并容易为信息使用者所理解和使用。可理解性并不是要求会计报表供给者披露的信息越多越好，而是所披露的信息不要冲击了财务报表所要反映的主要内容，不能形成“信息冗余”，太多的会计信息会形成信息过剩，反而不利于报表使用者的使用，当然也不能只披露简略的信息，这会造成信息披露不足，这中间有一个度的问题。

四、可比性

要求“企业提供的会计信息应当具有可比性。同一企业不同时期发生的相同或相似的交易或者事项，应当采用一致的会计政策，不得随意变更。确需变更的，应当在附注中说明。不同企业发生的相同或相似的交易或者事项，应当采用规定的会计政策，确保会计信息口径一致、相互可比”。为保证可比性，需要达到统一性和一贯性。统一性保证不同企业的信息共性，方便比较，如长虹 2009 年的财务数据要能和同一行业的海尔、海信进行对比，它是横向可比；一贯性保证同一企业在不同会计期间的会计信息具有可比性，如长虹 2014 年、2015 年、2016 年的财务数据要能比较，它强调的是纵向可比。

五、实质重于形式

要求“企业应当按照交易或者事项的经济实质进行会计确认、计量和报告，不应以交易或者事项的法律形式为依据”。这里的形式是指经济活动的法律形式，实质是指经济活动的本质。实质重于形式原则指会计核算要看经济活动的本质如何，而不仅以其法律的表现形式为依据。如融资性租赁、非货币资产交换有无交换实质的判断等。

六、重要性

要求“企业提供的会计信息应当反映与企业财务状况、经营成果和现金流量等有关的所有重要交易或者事项”，它是对哪些会计信息能进入报表哪些不能进入会计报表的判断，一般说来如果一项会计信息进入会计报表和它不进入会计报表你做出的决策不一样，那么说明这项会计信息是重要的，如果这一信息进入会计报表与不进入会计报表你做出的决策没有差异，那么说明这项会计信息是不重要的，可以不收集该信息。保证重要性有利于简化核算，节省人力、物力和财力，提高工作效率。

七、谨慎性

要求“企业对交易或者事项进行会计确认、计量和报告应当保持应有的谨慎，不应高估资产或收益，低估负债或费用”。谨慎性又称稳健性，它要求会计人员在会计处理时要持有谨慎的态度，充分估计可能发生的风险和损失，尽量少估计或不估计可能发生的收益，不得高估资产和利润。适当的职业谨慎可以使企业的财务更稳健，降低财务风险，但一定要防止利用此原则人为地进行盈余管理，进行平滑利润的行为。

八、及时性

要求“企业对于已经发生的交易或事项，应当及时进行会计确认、计量和报告，不得提前或延后”。及时性是相关性里面的一个重要组成部分，一个会计信息要相关，首先必须要及时，不及时的信息即使是可靠的对股东业主债权人等利益相关者的作用也不大，所以我们强调会计信息要及时，越及时的信息，相关性越高。现代社会，随着会计电算化的应用，很多企业可以做到当天的会计信息当天出报表，这种适时制模式，大大提高了会计信息的及时性。

第四节　成本会计工作的组织

为了充分发挥成本会计的职能作用，圆满完成成本会计的任务，必须科学组织成本会计工作。

成本会计工作的组织一般包括成本会计机构的设置、成本会计人员的配备、成本会计制度的制定及成本会计的基础工作等。

一、成本会计的机构

成本会计的机构是处理成本会计工作的职能部门，是整个企业会计机构的一部分。成本会计的机构设置是否适当，将会影响到成本会计工作的运行是否顺利有效，影响到成本会计工作的质量。影响成本会计机构设置的主要因素是企业生产类型和业务规模。企业要根据其生产类型特点和业务规模的大小来决定是否单独设置成本会计组织机构或组织机构的大小及组织机构的内部分工。

成本会计机构内部的组织分工，既可以按成本会计的职能分工，如将厂部成本会计科分为成本核算和成本分析等小组；也可以按成本会计的对象分工，如分为产品成本和经营管理费用核算小组或核算员等。

企业内部各级成本会计机构之间的组织分工(也称为成本会计工作的组织形式)，有集中工作和分散工作两种方式。

集中工作方式，是指由厂部的成本会计机构集中负责成本会计核算、成本计划编制、成本分析等各方面工作，车间等其他部门中的成本会计机构或人员(一般是只配备成本核算人员)只负责登记原始记录和填制原始凭证并对它们进行初步的审核、整理和汇总，为厂部进一步工作提供资料。这种方式的特点是：有利于企业管理当局及时掌握企业有关成本的全面信息；便于集中使用电子计算机进行成本数据处理；可以减少成本会计机构的层次和成本会计人员的数量。但这种方式不便于直接从事生产经营活动的基层单位及时掌握成本信息，不利于调动他们自我控制成本和费用的积极性。因此，它一般适用于成本会计工作较为简单的企业。

分散工作方式也称非集中工作方式，它是指成本会计的各项具体工作分散由车间等基层单位的成本会计机构或人员来进行，厂部的成本会计机构只负责成本数据的最后汇总及处理那些不便于分散到车间等部门去进行的成本工作。这种方式特点与集中工作方式相反。

企业在确定组织工作形式时，要以企业自身规模的大小和内部有关单位管理的要求为依据，从有利于充分发挥成本会计工作的职能作用及提高成本会计工作效率去考虑。一般来说，大型企业采用分散工作方式，中小企业采用集中工作方式为宜。也可以根据企业实际将两种方式结合起来运用，即对某些部门采用分散工作方式，而对另一些部门则采用集中工作方式。

二、成本会计的人员

成本会计人员是指在会计机构或专设成本会计机构中所配备的工作人员。作为成本会计人员，应符合以下要求：知识面广，对成本会计理论和实践有较好的基础；熟悉企业生产经营的流程；刻苦学习、任劳任怨；有良好的职业道德。

三、成本会计的工作制度

成本会计工作制度是企业组织和从事成本会计工作必须遵守的规范，是会计法规的重要组成部分。我国成本会计工作制度是由国家统一制定的，主要包括以下以下四类。

（一）《中华人民共和国会计法》和《企业财务会计报告条例》

《中华人民共和国会计法》和《企业财务会计报告条例》是我国会计工作的基本法规，包括成本会计的一切法规、制度，都应按照其要求制定。用法律形式确定会计工作的地位和作用，有利于提高人们对于会计工作的认识，端正人们对待会计工作的态度。它可以使全体公民特别是会计人员依法办事，保证会计工作按照正常秩序进行，用法律形式明确会计人员的职权，并用法律保障了会计人员的职权不受侵犯，有利于会计人员坚持原则、遵守制度、履行职责。

（二）国家统一的会计制度

国家统一的会计制度包括会计准则和会计制度。会计准则是经国务院批准，由财政部发布的企业进行财务、会计工作的基本准绳。其制定与实施，可以使企业的财务、会计工作适应社会主义市场经济的需要，规范企业包括成本会计工作在内的财务、会计工作，提高财务、会计工作的水平，并与国际会计惯例趋同，有利于企业加强经营管理，有利于吸收外资和对外开放。

财政部根据企业会计准则的要求，制定的一系列对企业各类交易或事项进行会计处理的企业会计准则应用指南等。其中与成本会计有关的具体准则，也是规范成本会计的重要制度，企业的成本会计应符合企业会计制度的要求。

（三）企业内部会计制度

企业内部会计制度是由各企业根据《企业会计准则——基本准则》、企业会计的具体准则和国家制定的企业会计制度，结合本企业具体条件自行制定的会计制度。企业的成本会计工作是本企业会计工作的重要组成部分，企业的成本会计工作也应符合本企业会计制度的规定。

（四）企业成本会计制度、规程或办法

企业作为会计个体，各有各的生产特点和管理要求。因此，各企业为了具体规范本企业的成本会计工作，很好地完成成本会计工作任务，还应根据国家的各种成本会计法规结合本企业的管理需要和生产经营特点，具体制定本企业会计制度、规程或办法，作为企业进行成本会计工作的直接依据。企业成本会计制度、规程或办法一般包括以下五个方面内容：

(1) 成本会计工作的组织分工及职责权限；

(2) 成本核算的具体规定，包括成本计算对象、成本计算方法的确定、成本项目的设置、生产费用归集和分配方法、在产品计价方法的确定及成本核算的一些基础工作要求等；

(3) 成本报表制度，包括成本报表的种类、格式、指标体系、编制方法、报送对象与日期等；

(4) 成本定额、成本计划、费用预算的编制方法；

(5) 成本预测、成本控制和成本分析制度。

四、成本会计的基础工作

健全的成本会计基础工作，是保证成本会计信息质量的前提。成本会计的基础工作主要包括：

(一) 原始记录制度

成本会计工作的原始记录是成本、费用业务发生的证明，是成本核算和管理的原始依据。原始记录的范围一般包括：生产记录、考勤记录、设备利用记录和材料物资收发记录等。但不同企业的原始记录并不完全一样，其范围、内容及凭据的格式取决于各企业的生产特点和成本管理要求。原始记录设置总的原则是既要满足成本核算和管理的需要，又要简便易行。

(二) 定额管理制度

定额是企业在正常的生产条件下，对人力、物力、财力的配备及利用和消耗等所应遵守的标准或应达到的水平，它是成本计划、成本控制、成本分析和考核的主要依据。定额管理是成本管理的基础，也是加强企业全面管理的基础。

定额按其反映的内容不同，主要分为工时定额、产量定额、材料消耗定额、费用定额等；按其制定的标准不同，主要分为计划定额、现行定额等。定额的制定既要先进又要切实可行。另外，随着企业内外条件的改变，定额也要随之修订，这样才能有效发挥作用。

(三) 计量验收制度

计量验收是对企业各项财产物资收发领退的数量进行准确确认的手段，也是一种管理制度。如果生产过程中的财产物资收发领退数字反映失真，就会导致成本会计工作的成果虚假，即提供的有关成本费用等数据资料，进而会影响到企业整个财务状况和财务成果信息的真实性，危害性不言而喻，由此计量验收的重要性可见一斑。

计量验收制度主要包括配备必要的计量器具，建立严格的财产物资收发领退手续和财产清查制度等。

(四) 企业内部计价制度

为了明确企业内部各有关单位的经济责任，对财产物资的内部流转及相互提供劳务等，可以采用内部结算的办法进行核算和管理。内部结算要以合理的内部价格为依据。内部结算价格一般是用企业制定的计划单位成本，也可以在计划单位成本的基础上加适当的利润作为内部结算价格。内部结算价格是内部结算制度的主要方面，另外还包括内部结算方式、内部结算货币等。

同步测试题

一、名词解释

1. 成本会计
2. 理论成本
3. 实际成本
4. 成本会计
5. 集中工作方式

6. 分散工作方式

7. 成本预测

8. 成本计划

二、单项选择题

1. 成本会计目标包括（　　）。

A. 资产负债观　　B. 受托责任观与决策有用观并存

C. 收入费用观　　D. 经济效益观

2. 成本会计的最基本职能是（　　）。

A. 成本计划　　B. 成本决策

C. 成本核算　　D. 成本分析考核

3. 进行成本方案选优的工作环节是（　　）。

A. 成本预测　　B. 成本决策

C. 成本核算　　D. 成本分析考核

4. 原始的成本会计也就是狭义的成本会计是指（　　）。

A. 成本计划　　B. 成本决策

C. 成本核算　　D. 成本分析考核

5. 按照现行制度规定的成本开支范围，以正常生产经营活动为前提，根据生产过程中实际消耗的物化劳动的转移价值和活劳动所创造价值中应纳入成本范围的那部分价值的货币表现称为（　　）。

A. 产品生产费用　　B. 产品实际生产成本

C. 产品理论生产成本　　D. 费用

6. 在正常生产、合理经营条件下的社会平均成本，是生产商品的价值中物化劳动价值和活劳动价值的货币表现称为（　　）。

A. 产品生产费用　　B. 产品实际生产成本

C. 产品理论生产成本　　D. 费用

7. 一般来说，实际工作中的成本开支范围与理论成本包括的内容（　　）。

A. 是有一定差别的　　B. 是完全一致的

C. 是不相关的　　D. 是相互可以代替的

8. 下列不表现或转化为费用的是（　　）。

A. 为生产产品购进的材料　　B. 企业购建的办公楼

C. 管理不善造成的非常损失　　D. 购买的生产设备

9. 根据有关的历史数据，运用一定的方法对未来的成本水平及其发展趋势所做出的科学估计是（　　）。

A. 成本分析　　B. 成本预测

C. 成本计划　　D. 成本决策

10. 下列说法正确的是（　　）。

A. 企业的产品成本核算不仅要核算成本计算对象的总成本和单位成本，还要核算企业发生的期间费用

B．企业在成本核算时必须执行国家制定的会计法规，因此，企业没有必要再制定本企业的会计制度

C．企业在确定成本会计工作组织形式时，可以根据其实际对某些部门采用分散工作方式，而对另一些部门采用集中工作方式

D．所得税支出由于直接减少企业的本年利润，所以，它也属于收益性支出范畴

三、多项选择题

1．下列各项中属于现代成本对象的是（　　）。

A．产品生产成本　　B．管理费用　　C．标准成本　　D．责任成本

2．支出是指企业在经济活动中发生的一切开支与耗费，下列支出中最终能作为费用的支出是（　　）。

A．购买固定资产的支出　　B．企业筹建期间的支出

C．购买国债的支出　　D．支付办公费的支出

3．下列内容中属于企业内部成本会计制度的有（　　）等。

A．成本计划的编制方法规定　　B．成本分析要求的规定

C．成本项目的规定　　D．成本报表的种类、格式等规定

4．下列说法正确的是（　　）。

A．成本是一种耗费，但耗费不一定构成成本

B．企业的一切耗费都是企业的支出，但企业的支出并不全是生产经营活动直接引起

C．全国普遍适用的成本会计法规都是由政府制定的

D．成本会计人员既要精于核算又要精于管理

5．生产过程发生的耗费有（　　）。

A．劳动手段的耗费　　B．劳动方式的耗费

C．劳动指标的耗费　　D．劳动对象的耗费

E．活劳动的耗费

6．商品的理论成本包括（　　）。

A．生产中消耗的生产资料的价值　　B．劳动者为自己的劳动创造的价值

C．劳动者为社会创造的价值　　D．为资本家创造的价值

E．为满足社会需要创造的全部新价值

7．成本会计职能一共有七项，其中包括（　　）。

A．成本核算　　B．成本记录

C．成本分析　　D．成本考核

E．成本确认

8．对成本会计工作组织方式的说法，正确的有（　　）。

A．成本会计内部工作组织方式分为集中核算与分散核算

B．大中型工业企业一般采用分散工作方式，中小型企业一般采用集中工作方式

C．会计法规与制度制定的原则是“统一领导、分级管理”

D．成本会计人员应不断提高自身素质

E．成本会计有关的法规与制度的制定，主要考虑国家需求，可以不考虑企业的需要

9. 成本会计机构根据企业生产规模大小和管理要求，其设置核算的形式一般有（　　）。

A. 集中核算方式　　B. 分散（级）核算方式

C. 全面核算方式　　D. 分项目核算方式

10. 企业的成本会计工作，应遵循的有关的法规、制度有（　　）。

A. 企业财务通则　　B. 企业会计准则

C. 企业内部成本会计制度　　D. 企业内部会计制度

四、是非判断题

1. 从理论上讲，产品价值中的补偿部分，就是产品的理论成本。（　　）
2. 在实际工作中，某些不形成产品价值的损失，如废品损失也计入产品成本。（　　）
3. 对于管理费用、财务费用、营业费用，为简化核算，一律计入产品成本。（　　）
4. 实际工作中的产品成本，是指产品所耗费的全部成本，不是指产品的生产成本。（　　）
5. 现代成本会计实际就是成本管理，即所说的狭义成本会计。（　　）
6. 实际工作中，确定成本的开支范围，应以产品的理论成本为理论依据。（　　）
7. 企业应根据外部有关方面的需求来组织成本会计工作。（　　）
8. 采用分散工作方式时，成本预测与决策工作一般由车间会计机构人员分散进行。（　　）
9. 理论成本中应包括各种期间费用。（　　）
10. 无论成本概念怎样变化，成本会计和成本会计的对象也不会发生变化。（　　）

五、简答题

1. 成本的经济内涵是什么？
2. 成本有哪些主要作用？
3. 成本会计职能有哪些？
4. 成本会计主要有哪些任务？
5. 企业成本会计工作组织形式有哪些？
6. 简述成本会计制度。

第二章

成本核算的要求、程序与账户

引导案例

主持正义的成本核算

潘金莲与西门庆在王婆的策划下杀死武大郎后，最大的威胁是武松。所以，善后工作的关键是，要使武松回来后相信武大郎是病死的，即使怀疑也查不出真相。要做到这一点，必须把事情做得不知不觉，瞒住所有人。

而这是万万不可能的，因为，此前西门庆和潘金莲偷情通奸一事在紫石街已是传得沸沸扬扬，武大郎捉奸被西门庆踢伤也是人人皆知。如果此时武大郎蹊跷死了，根本无法控制别人往谋杀上去联想。既然不能瞒住所有人，那就换一个思路“封住所有人的口”。其实，王婆在给潘金莲和西门庆出这个杀人的主意时，她的前提就是对封住所有人的口有信心。

要知道，王婆是一个深通人性并特别善加利用的人。这在前面她算计西门庆、套牢潘金莲时我们就已经见识了。

果然，在潘金莲毒死武大郎后，第二天早晨，虽然邻舍坊厢来吊问时，明知道此人死得不明，却不但不敢质疑潘金莲，反而都装糊涂，用人情话安慰潘金莲，然后各自散了。这一切都在王婆的意料之中。但她还担心一个人，那就是阳谷县殡葬协会的会长——团头何九叔。

因为何九叔是入殓师，承担着相当于今天法医的职责，他要对一个非正常死亡的人出具相关证明，并为此负责。至少，武松回来，一定会找到他了解情况。这种责任会让他不得不较真。这正是王婆担心的。

但是，西门庆不担心，他只用十两银子就搞定了何九叔。其实，何九叔不是贪十两银子，他是怕西门庆。西门庆只是用这十两银子暗示何九叔“这事是我的事，你要是不明白这个事，你就摊上事了，摊上大事了”。

为什么何九叔那么怕西门庆呢？两个原因：西门庆是个刁徒；西门庆把持着官府。在封建社会，普通百姓最怕的就是两种人：流氓和贪官。

关汉卿的《窦娥冤》中，窦娥碰到的不就是流氓张驴儿和贪官桃杌吗？不就是这两种人把窦娥送上了断头台吗？读《水浒传》，常常让人联想到元杂剧。二者产生于相近的时代，同一个社会。

何九叔一验尸就断定：武大郎定是中毒身亡。何九叔大叫一声，往后便倒。王婆便道：“这是中了恶，快将水来！”喷了两口，何九叔渐渐地动转，有些苏醒。王婆道：“且扶九叔回家去却理会。”

在家里，他悄悄告诉老婆：“武大定是中毒身亡。我本待声张起来，却怕他没人做主，恶了西门庆，却不是去撩蜂剔蝎？待要胡卢提入了棺殓了，武大有个兄弟，便是前日景阳冈上打虎的武都头，他是个杀人不眨眼的男子，倘或早晚归来，此事必然要发。”于是，急中生智，假装中邪，昏迷过去。老婆便道：“如今这事有甚难处。只使火家自去殓了，就问他几时出丧。你到临时，只做去送丧，张人错眼，拿了两块骨头，和这十两银子收着，便是个老大证见。他若回来不问时，便罢。却不留了西门庆面皮，做一碗饭却不好？”

可怜的武大郎，他的性命就做了何九叔夫妻的一碗饭了！

当人们主持正义却要冒砸了饭碗的风险时，人们往往选择饭碗而丢弃正义。对利害的考虑总是压过是非的判断，这是一般人性。

像何九叔这样的普通小民，心中是有是非、有良知的，但是，假如他们得不到保护，独自主持正义的成本太高，高到他们无法承受，他们只能选择沉默，并且在沉默中成为罪行和恶人的同谋。

在非公民社会，大多数情况下，普通的芸芸众生既不具备保护自己的能力，更不具备保护他人、维护正义的能力。邪恶肆虐之时，普通人就是鲁迅先生所沉痛揭示的两种人：被糟践的示众材料和沉默不语的看客。

何九叔明明知道武大郎是被毒死的，但是，他在权衡利弊之后，选择了做沉默的看客。

假如没有武松、或武松永不回来、或回来后不去威逼他说出实情，他就会永远沉默，让无辜者冤沉大海。

其实，只要大多数人不再沉默，我们本来无须英雄。我们可以自己救自己。

英雄爆发的时候，正是大多数人沉默的时候；英雄挺身而出的时候，正是大众不敢出头的时候。因此，有“水浒”式英雄的时代，一定不是一个好时代。孳生和需要英雄侠客的世道，也一定不是一个好世道。在委屈和凌辱中只会巴望英雄侠客出手的人，一定是个懦夫。

讨论与思考：

1. 是什么把人们变成了懦夫？
2. 成本核算是成本会计的核心内容吗？
3. 成本核算的要求是什么？

（资料来源：时间：2014-03-08 《中国周刊》作者：鲍鹏山）

第一节　成本核算的要求

成本核算过程，既是对生产经营过程中各种耗费发生进行归类反映的过程，也是为满足企业管理要求进行信息反馈的过程，还是对成本计划的实施进行检验和控制的过程。因此，在成本核算过程中，应符合以下各项要求。

一、对费用进行合理的分类

产品成本是对象化的费用集合，因此，为了正确计算产品成本，科学地进行成本管理，必须对企业的费用进行合理地分类。工业企业的费用一般有如下两种分类方法。

（一）按费用的经济内容或经济性质分类

工业企业发生的各种费用按其经济内容或经济性质划分，主要有劳动对象方面费用、劳动手段方面费用和活劳动方面费用三大类。这三类构成工业企业费用的三大要素。为了具体地反映工业企业各种费用的构成和水平，还可在此基础上进一步划分为以下九个费用要素。

(1)外购材料，指企业耗用的一切从外部购进的原料及主要材料、半成品、辅助材料、包装物、修理用备件和低值易耗品等。

(2)外购燃料，指企业耗用的一切从外部购进的各种燃料，包括固体、液体、气体燃料。从理论上说，外购燃料应该包括在外购材料中，但由于燃料是重要能源，需要单独考核，因而单独列作一个要素进行核算。

(3)外购动力，指企业耗用的从外部购进的各种动力。

(4)职工薪酬，指企业应计入生产费用的职工工资、福利费等应付的职工薪酬。

(5)折旧费，指企业按照规定计算的固定资产折旧费用。

(6)修理费用，指企业为修理固定资产而发生的支出。

(7)利息费用，指企业的借款利息费用减去利息收入后的净额。

(8)税金，指企业应缴纳的各种税金，包括房产税、车船使用税、印花税和土地使用税等。

(9)其他费用，指不属于以上各要素的费用，如邮电费、差旅费、租赁费和外部加工费等。

按照上述费用要素反映的费用，称为要素费用。按照要素费用分类核算工业企业费用的作用在于：可以反映工业企业在一定时期内共发生了哪些费用，数额各是多少，据以分析各个时期各种费用的结构和水平；可以反映外购材料和燃料费用及职工工资的实际支出，因而可以为编制企业的材料采购资金计划和劳动工资计划提供资料；可以为企业核定储备资金定额和考核储备资金周转速度提供资料；可以划分物质消耗和非物质消耗，为计算工业净产值和国民收入提供资料。

这种分类核算的不足之处是：不能反映各种费用的经济用途，因而不便于分析这些费用的支出是否节约、合理。因此，对于工业企业的这些费用还必须按其经济用途进行分类。

(二)按费用的经济用途分类

工业企业各种费用按其经济用途，可分为计入产品成本的生产费用和不计入产品成本的期间费用。计入产品成本的生产费用按其用途不同，还可进一步划分为若干个项目，这些项目作为产品成本的构成内容，会计上称为成本项目。成本项目的内容具体可分为直接材料、直接燃料、直接动力、直接人工、制造费用、废品损失、停工损失等。但根据生产特点和管理要求，企业一般可简化设立如下三个成本项目。

(1)直接材料，指直接用于产品生产，构成产品实体的原材料、主要材料、燃料及有助于产品形成的辅助材料等。

(2)直接人工，指直接从事产品生产人员的工资及福利费等薪酬。

(3)制造费用，指直接或间接用于产品生产，但不便于直接计入产品成本，因而没有专设成本项目的费用。这些费用是企业内部各生产单位为组织和管理生产所发生的，它包括的主要内容将在以后章节阐述，这里从略。

当然，企业为了使成本项目更好地适应管理要求，也可对上述成本项目进行适当调整，如将“燃料与动力”单设一成本项目等。但在确定或调整成本项目时，应注意考虑以下几个问题。

① 费用在管理上有无单列的必要。

② 费用在产品成本中所占比重的大小。

③ 为某种费用专设成本项目所增加的核算工作量的大小。

在计入产品成本的生产费用中，凡能分清哪种产品所耗用的、能直接计入某种产品成本的费用，称为直接计入费用，简称为“直接费用”，如生产甲产品领用A材料10万元等；不能分清由哪种产品耗用，因而在费用发生时不能直接计入某种产品成本而必须按照一定标准分配计入各种产品成本的费用，称为间接计入费用，简称为“间接费用”，如机物料消耗、厂房折旧费等。

直接生产费用大多是直接计入费用，间接生产费用大多是间接计入费用，但也不都是如此。如在生产一种产品的生产单位中，直接生产费用和间接生产费用都可以直接计入该种产品成本，因而都是直接计入费用；而在用同一种材料同时生产几种产品的联产品生产单位中，直接生产费用和间接生产费用都不能直接计入某种产品成本，因而都是间接计入费用。

不计入产品成本的期间费用包括营业费用、管理费用和财务费用。这三种费用的内容在财务会计中已作了说明，此处不再重述。

费用按经济用途分类，可以促使企业按经济用途考核各项费用定额或计划的执行情况，分析费用支出是否合理节约，同时也是企业按照费用发生的对象进行成本计量的基础。

二、正确划分各种费用界限

（一）正确划分应计入成本、费用与不应计入成本

费用的界限是企业经济活动的广泛性，决定了发生各种耗费的用途是多方面的，有的是用于生产经营活动，有的则是用于生产经营活动以外的其他方面。因而，在成本核算时，不能把企业所有的费用支出都计入到产品成本和期间，费用即生产经营管理费用中，而必须按其用途进行合理的划分，以保证成本费用的真实性、客观性。划分的原则要求是：用于产品生产和销售、用于组织和管理生产经营活动及用于筹集生产经营资金的各种费用，即收益性支出，应计入成本、费用；而对于资本性支出或不是由于企业日常生产经营活动而发生的费用支出，如企业购建固定资产、无形资产和其他资产的支出、对外投资的支出、固定资产盈亏和清理损失、非正常原因的停工损失和自然灾害损失、被没收的财物损失，支付的滞纳金、违约金、罚款及企业的捐赠、赞助支出等，都不应计入产品成本、费用。企业既不应乱挤成本、费用，将不属于生产经营管理的费用列入成本、费用；也不得将应计入成本、费用的生产经营管理费用不计入或少计入成本、费用。乱挤成本、费用，会减少企业利润，进而减少国家财政收入；少计成本、费用，则会虚增企业利润，造成超额分配，使企业的生产经营管理耗费得不到补偿，进而影响企业生产顺利进行。

（二）正确划分生产费用与期间费用的界限

生产费用都要计入产品的生产成本。但当月产品的生产成本，并不一定都能成为当月产品的销售成本而从利润中扣除。因为当月投入生产的产品不一定当月就能完工成为成品，并实现销售；当月完工并销售出去的成品也不一定都是当月投入生产的。所以，计入产品成本的费用与计入期间费用的费用对一定时期内的利润影响是不一样的。为了正确计算企业各个

会计期间的利润，还要将计入成本、费用的耗费在产品成本和期间费用之间进行正确划分。划分的原则要求是：用于产品生产的原材料费用、生产工人的工资费用和制造费用等应该计入生产费用，并据以计算产品成本；用于产品销售、组织和管理生产经营活动及为筹集生产经营资金而发生的费用归集为期间费用，直接计入当期损益。正确划分生产费用和期间费用的界限，是保证正确计算产品成本和核算各期损益的基础。因此，在成本核算过程中，要防止混淆成本、费用的界限，将应计入产品成本的费用列入期间费用，或将期间费用列入产品成本，借以调节各会计期间成本、费用的错误做法。

（三）正确划分各个月份的费用界限

成本核算是建立在权责发生制基础上的。因此，为了正确计算产品成本，在正确划分上述费用界限的基础上，还应划清应由本月产品成本、期间费用负担和应由其他月份产品成本、期间费用负担的费用界限。划分的基本要求是：应由本月成本、费用负担的费用都应在本月入账，计入本月的产品成本和期间费用；不应由本月成本、费用负担的费用，一律不得列入本月的产品成本和期间费用。根据这项要求，在成本核算过程中，凡本月发生的费用，都要在本月入账，既不允许将其延至下月记账，也不得提前入账。另外，对应由本月和以后月份成本、费用负担的待摊费用或预提费用，要根据其受益期限，分别摊提到本月和以后月份，以便正确地反映各月份的成本、费用水平。正确划分这方面的费用界限是准确计算各月产品成本和期间费用的基础。应该防止利用费用待摊和预提的办法人为调节各个月份的成本、费用，防止人为调节各月损益的错误做法。

（四）正确划分各种产品的费用界限

对于生产两种及两种以上产品的生产企业，还要对计入当月产品成本的生产费用在各有关产品之间进行划分，以便分析和考核各种产品成本计划或成本定额的执行情况。这种划分的基本要求是：属于某种产品单独发生、能够单独计入该种产品的生产费用，应该直接计入该种产品的成本；属于几种产品共同发生、不能直接计入某种产品成本的生产费用，则要采取适当的分配方法，分配计入这几种产品的成本。要如实反映各种产品的耗费，不能人为地在不同产品之间，特别是在亏损产品与盈利产品、可比产品与不可比产品之间任意转移生产费用。要防止以盈补亏、掩盖亏损产品亏损额，或虚报产品成本、掩盖利润的错误做法。

（五）正确划分完工产品与在产品的费用界限

通过以上费用界限的划分，确定了各种产品本月应负担的生产费用。月末计算产品成本时，如果某种产品都已完工，那么这种产品的各项生产费用之和就是这种产品的完工产品成本；如果某种产品都未完工，这种产品的各项生产费用之和就是这种产品的月末在产品成本。这两种情况下都不存在月末划分完工产品和在产品费用界限的问题。但如果某种产品到月末时部分完工、部分未完工，那就要将该产品的生产成本，在完工产品与在产品之间采用适当的方法进行分配，以分别计算完工产品成本和在产品成本。这种划分的基本要求是：分配的标准要选用适当；分配方法要合理。要防止任意提高或降低月末在产品成本，人为调节完工产品成本的做法。

在成本核算过程中能否正确地划分上述五个费用界限，反映了是否遵守有关成本、费用开支范围的规定，是否贯彻执行了权责发生制原则及费用受益的分配原则。因而，是保证成本、费用正确核算的关键，也是检查和评价成本、费用核算工作是否正确合理的重要标准。事实上，成本、费用的核算过程，也就是正确划分这五个方面费用界限的过程。

三、正确确定财产物资的计价和价值结转的方法

作为工业企业生产资料的财产物资，随着生产经营过程的进行而被耗用，其价值也就成了产品成本和期间费用的构成内容。但作为成本、费用中的财产物资价值，其数额大小并不是一个简单的乘积，而是受财产物资的计价方法和价值结转方法的影响。如其中的固定资产价值耗费部分，就要受到固定资产原值计算方法、折旧方法及折旧率等的影响；流动资产费用部分，就要受到材料成本的组成内容、发出材料的单位成本、计算方法及低值易耗品的摊销方法等的影响。因此，为了正确计算产品成本和期间费用，要合理确定企业财产物资的计价和价值结转方法。其基本要求是：凡国家有统一规定的，应采用统一规定的方法；国家没有统一规定的，企业要根据财产物资的特点，结合管理要求合理选用，而且一经确定不得随意改变。要防止通过任意改变财产物资计价和价值结转方法来调节成本、费用的错误做法。

四、选用适当的成本核算方法

产品生产组织和生产工艺特点及管理要求的不同是影响产品成本核算方法选择的重要因素。而成本计算方法选择的合理与否，将直接影响产品成本核算的准确性。因此，企业必须根据自身产品生产的特点和管理要求来选用核算产品成本的具体方法。

第二节　成本核算的程序

成本核算的程序是指根据成本核算的基本要求，对生产费用进行分类核算，并按成本项目进行归类，直到计算出完工产品成本的基本工作过程。工业企业的产品成本核算是一项比较复杂的工作，所涉及的内容及运用的方法很多，但都遵循着相同的程序，即确定成本计算对象——确定成本项目——确定成本计算期间——审核生产费用——生产费用的归集和分配——计算完工产品成本和月末在产品成本。

一、确定成本计算对象

成本计算对象是生产费用的承担者，即归集和分配生产费用的对象。确定成本计算对象是计算产品成本的前提。由于企业的生产特点、管理要求、规模大小、管理水平的不同，企业成本计算对象也不相同。对制造企业而言，产品成本计算的对象，包括产品品种、产品批别和产品生产步骤三种。企业应根据自身的生产特点和管理要求，选择合适的产品成本计算对象。

二、确定成本项目

如前所述，成本项目是指生产费用要素按照经济用途划分成的若干项目。通过成本项目，可以反映成本的经济构成及产品生产过程中不同的资金耗费情况。因此，企业为了满足成本管理的需要，可在直接材料、直接人工、制造费用三个成本项目的基础上进行必要的调整，如单设其他直接支出、废品损失、停工损失等成本项目。

三、确定成本计算期

成本计算期是指成本计算的间隔期，即多长时间计算一次成本。产品成本计算期的确定，主要取决于企业生产组织的特点。通常，在大量、大批量生产的情况下，产品成本的计算期间与会计期间相一致；在单件、小批量生产的情况下，产品成本的计算期间则与产品的生产周期相一致。

四、审核生产费用

对生产费用进行审核，主要是确定各项费用是否应该开支，开支的费用是否应该计入产品成本。

五、生产费用的归集和分配

生产费用归集和分配就是将应计入本月产品成本的各种要素费用在各有关产品之间，按照成本项目进行归集和分配。归集和分配的原则为：产品生产直接发生的生产费用直接作为产品成本的构成内容，直接记入该产品成本；为产品生产服务发生的间接费用，可先按发生地点和用途进行归集汇总，然后分配计入各受益产品。产品成本计算的过程也就是生产费用的分配和汇总过程。

六、计算完工产品成本和月末在产品成本

对既有完工产品成本又有月末在产品成本的产品，应将计入各该产品的生产费用，在其完工产品和月末在产品之间采用适当的方法进行划分，求得完工产品和月末在产品的成本。

第三节　成本核算的账户

为了按成本核算程序归集生产费用，核算产品成本，应设置一定的总账账户及必要的明细账户。

总账账户一般设置“生产成本”账户，用以核算企业进行工业性产品生产(包括产成品、自制半成品和提供劳务等)、自制材料、自制工具、自制设备等所发生的各项生产费用。

为了分别核算基本生产成本和辅助生产成本，还应在该总账账户下设立“基本生产成本”和“辅助生产成本”两个二级账户，在二级账户下再按一定要求设置明细账户。

为了简化会计核算手续，可以将两个二级账户提升为一级账户，不再设置“生产成本”总账账户。本教材是按分设两个总账账户即“基本生产成本”和“辅助生产成本”进行阐述的。

一、“基本生产成本”总账科目及其明细账的设立

基本生产是指为完成企业主要生产目的而进行的产品生产。“基本生产成本”总账科目是为了归集基本生产过程中所发生的各种生产费用和计算基本生产产品成本而设立的。基本生产所发生的各项费用，记入该科目的借方；完工入库的产品成本，记入该科目的贷方；该科目的余额，就是基本生产在产品的成本，也就是基本生产在产品占用的资金。该科目应按基

本生产车间和成本核算对象(产品的品种、类别、订单、批别、生产阶段等)分设基本生产成本明细账(或产品成本计算单)。账中应按规定的成本项目分设专栏或专行，登记各该产品的各成本项目的月初在产品成本、本月发生的成本、本月完工产品成本和月末在产品成本。其格式及举例如表 2-1 和表 2-2 所示。

表 2-1 基本生产成本明细账

车间名称：第一车间 2016 年 产品名称：A 产品

月	日	摘　要	产量(件)	成本项目			成本合计
				直接材料	直接人工	制造费用	
7	31	本月生产费用		25 000	1300	8900	35 200
7	31	本月完工产品成本	100	25 000	1300	8900	35 200
7	31	完工产品单位成本		250	13	89	352

表 2-2 基本生产成本明细账

车间名称：第一车间 2016 年 产品名称：B 产品

月	日	摘　要	产量(件)	成本项目			成本合计
				直接材料	直接人工	制造费用	
7	1	月初在产品成本		46 000	3800	23 000	72 800
7	31	本月生产费用		284 000	21 600	21 200	326 800
7	31	生产费用累计		330 000	25 400	44 200	399 600
7	31	本月完工产品成本	200	220 000	20 320	35 360	275 680
7	31	完工产品单位成本		1100	101.60	176.80	1378.40
7	31	月末在产品成本		110 000	5080	8840	123 920

基本生产成本明细账中虽然没有标明借方、贷方和余额，但其基本结构不外乎这三个部分。表 2-2 中的月初在产品成本为月初借方余额，系上月末所记；本月生产费用为本月借方发生额，根据本月各种费用分配表登记；本月完工产品成本为贷方发生额，月末在产品成本为月末借方余额，这两项费用根据完工产品与月末在产品成本的分配方法分配登记。

在实际工作中，基本生产成本明细账还有一种按成本项目分设专行的格式，以上述 B 产品成本为例列示，如表 2-3 所示。

表 2-3 基本生产成本明细账

车间名称：第一车间 2016 年 7 月 产品名称：B 产品 产量：200 件

成本项目	月初在产品成本	本月生产费用	生产费用累计	完工产品成本				月末在产品成本
				总成本	单位成本	计划成本	成本差异	
直接材料	46 000	284 000	330 000	220 000	1100	—	—	110 000
直接人工	3800	21 600	25 400	20 320	101.60	—	—	5080
制造费用	23 000	21 200	44 200	35 360	176.80	—	—	8840
合　计	72 800	326 800	399 600	375 680	1378.40	—	—	123 920

采用所列第二种基本生产成本明细账格式，月末需要将在产品成本转入下月账页，因而这种格式一般只宜在生产周期较短、月末很少有在产品的情况下采用。

二、“辅助生产成本”科目和其他有关科目的设立

辅助生产是指为基本生产部门、企业管理部门和其他部门提供劳务和产品的生产，例如

工具、模具、修理用备件等产品的生产和修理、运输等劳务的供应等。辅助生产提供的产品和劳务，有时也对外销售，但这不是它的主要目的。辅助生产所发生的各项费用，记入“辅助生产成本”总账科目的借方；完工入库产品的成本或分配转出的劳务费用，记入该科目的贷方；该科目的余额，就是辅助生产在产品的成本，也就是辅助生产在产品占用的资金。该科目应按辅助生产车间和生产的产品、劳务分设辅助生产成本明细账，账中按辅助生产的成本项目或费用项目分设专栏或专行进行登记。

企业发生的各项生产费用，应按成本核算对象和成本项目分别归集。属于直接材料、直接人工等直接费用，直接计入基本生产成本和辅助生产成本；属于企业辅助生产车间为生产产品提供的动力等直接费用，应在辅助生产成本账户核算后，再转入基本生产成本账户；其他间接费用先在制造费用账户汇集，月度终了再按一定的分配标准分配计入有关的产品成本。

另外，为了归集和分配制造费用，应该设立“制造费用”总账科目；为了归集和结转产品销售费用、管理费用和财务费用，应该分别设立“销售费用”、“管理费用”和“财务费用”总账科目；为了满足核算的需要，企业也可以设立“待摊费用”和“预提费用”总账科目；企业如果单独核算废品损失和停工损失，还可以增设“废品损失”和“停工损失”总账科目。这些账户中，“销售费用”、“管理费用”、“财务费用”等总账科目的结构和明细账的设立，在财务会计中已讲过，这里不再重述。

同步测试题

一、名词解释

1. 生产费用要素
2. 成本项目
3. 制造费用
4. 成本核算
5. 成本考核
6. 成本计算对象
7. 直接费用
8. 间接费用

二、单项选择题

1. 企业对于一些主要产品、主要费用应采用比较复杂、详细的方法进行分配和计算，而对于一些次要的产品、费用采用简化的方法进行计算和分配的原则称为(　　)。

A. 实际成本核算　　B. 重要性　　C. 成本分期　　D. 合法性

2. 费用分类中，下列说法正确的是(　　)。

A. “外购材料”是费用按经济性质分类的要素之一，它包含的内容主要是购进的原料及主要材料等，但不包含外购的修理用备件

B. “成本项目”是会计核算上的产品成本构成内容，成本项目可以有若干个，但究竟设多少个，由企业根据实际自己决定

C．费用按经济内容分类与按经济用途分类的项目，国家会计制度是统一规定的，企业不能作任何改变

D．产品生产过程中耗用的材料费用都是直接生产费用

3．费用按经济内容分类的作用很多，下列中不属于该项分类作用的是（　　）。

A．根据分类项目提供的资料可以分析各个时期各种费用的结构和水平

B．可以为编制企业的材料采购资金计划和劳动工资计划提供资料

C．可以为企业核定储备资金定额和考核储备资金周转速度提供资料

D．可以按经济用途考核各项费用计划的执行情况

4．关于费用界限划分，下列说法不正确的是（　　）。

A．收益性支出应计入成本费用

B．制造费用应计入生产费用

C．为组织和管理生产经营活动而发生的费用应计入生产费用

D．凡为生产某种产品发生的费用应直接计入该产品的成本

5．下列属于产品成本核算首要程序的是（　　）。

A．确定成本计算期　　B．生产费用的归集和分配

C．确定成本项目　　D．确定成本计算对象

6．下列说法不正确的是（　　）。

A．产品成本计算期的确定，主要取决于企业生产组织的特点

B．工业企业发生的各种费用按其经济性质划分所形成的项目叫成本项目

C．生产费用归集和分配的基本原则是：为产品生产直接发生的生产费用直接计入产品成本，发生的间接生产费用分配计入各受益产品成本

D．产品成本核算账户处理程序，实际上表现为整个产品成本形成过程的会计核算步骤

7．在一级成本核算体制下，“制造费用”明细账一般是按（　　）设置专栏。

A．车间别　　B．费用明细项目

C．成本项目　　D．费用发生的时间顺序

8．在二级成本核算体制下，“厂部制造费用”明细账一般是按（　　）设置专栏。

A．车间别　　B．费用明细项目

C．成本项目　　D．费用发生的时间顺序

9．在二级成本核算体制下，“厂部完工产品成本”汇总计算表中是按（　　）。

A．产品别反映每种产品的总成本和单位成本

B．产品别反映每种产品的总成本

C．可比产品和不可比产品分别反映总成本和单位成本

D．车间别反映各车间产品的总成本

10．制造费用科目期末有余额的情况是（　　）。

A．大量大批生产企业

B．单位小批生产企业

C．制造费用采用累计分配法分配

D．制造费用采用当月分配法分配

三、多项选择题

1. 产品成本是企业生产经营管理的重要会计信息，为了保证该信息的质量，成本核算时应遵循一定的原则，而且每个原则都有特定的要求，其中实际成本核算原则的要求包括（　　）。

A. 某项成本发生时按实际耗用数确认

B. 完工入库产品的成本按实际应负担的数额计价

C. 当期已销产品应负担的成本按该产品实际生产成本结账

D. 产品的实际成本必须真实

2. 下列不应计入产品成本或期间费用的支出包括（　　）。

A. 为筹集生产产品用的资金而支付的利息

B. 购买会计人员办公用的计算机

C. 违反税收制度而支付的罚款

D. 给灾区的捐款

3. 管理费用属于（　　）。

A. 应计入生产经营管理费用的费用

B. 生产费用

C. 同产品的生产没有直接关系，但与发生的期间配比，直接扣减当期收益的费用

D. 不计入产品成本的费用

4. 成本核算是成本会计的基础，它是企业成本会计中最重要的工作，为了保证成本核算工作质量，要做好成本核算的基础工作，具体包括（　　）等。

A. 原始记录制度　　B. 定额管理制度

C. 计量验收领退制度　　D. 内部结算制度

5. 下列属于核算产品成本的账户是（　　）。

A. 生产成本　　B. 废品损失　　C. 制造费用　　D. 财务费用

6. 下列属于费用要素的是（　　）。

A. 修理费用　　B. 折旧费用　　C. 工资　　D. 制造费用

7. 在一级成本核算体制下，企业应设置的明细账主要有（　　）。

A. 基本生产成本明细账　　B. 产品成本计算单

C. 辅助生产成本明细账　　D. 制造费用明细账

8. 在二级成本核算体制下，厂部应设置的明细账有（　　）。

A. 厂部基本生产成本明细账　　B. 厂部辅助生产成本明细账

C. 厂 部制造费用明细账　　D. 厂部废品损失明细账

9. 在下列情况下，辅助生产车间的制造费用可以不通过“制造费用”科目核算的有（　　）。

A. 车间的规模很大　　B. 车间只生产一种产品

C. 制造费用很多　　D. 制造费用很少

E. 采用计划分配率分配制造费用的企业

10. 企业费用审核和控制的依据是（　　）。

A. 国家有关法律　　B. 国家统一的会计制度

C. 企业内部有关会计制度和办法　　D. 费用发生时有关人员的说明

四、是非判断题

1. 实际成本的核算原则要求对产品成本要素形成的所有环节发生的耗费都必须按实际成本核算。 (　　)

2. 一致性原则是要求成本核算方法及其会计处理方法在企业经营期内必须一致。 (　　)

3. 成本项目的具体内容在不同企业可以不同，但任何工业企业都必须至少要有直接材料、直接人工和制造费用三个成本项目。 (　　)

4. 直接生产费用和间接生产费用在特定情况下都可以是直接计入费用。 (　　)

5. 基本生产成本明细账由于归集反映产品成本情况，所以格式设计必须按成本项目分设专栏。 (　　)

6. 费用按经济内容分类不能反映各种费用的经济用途，因而不便于分析这些费用的支出是否节约、合理。 (　　)

7. 在一级成本核算体制下，“基本生产成本明细账”应按成本项目设置专栏。 (　　)

8. 在二级成本核算体制下，“厂部基本生产成本明细账”应按成本项目设置专栏。(　　)

9. 在二级成本核算体制下，“厂部基本生产成本明细账”中各车间的成本总额应与相应的车间基本生产成本明细账中的成本总额保持一致。 (　　)

10. 不能将应列入亏损产品的成本计入盈利产品成本中或相反，体现了“正确划分计入产品成本和不应计入产品成本的费用界限”。 (　　)

五、简答题

1. 成本核算应遵循哪些原则?

2. 简述产品成本的核算要求。

3. 成本核算中应划清哪些费用界限?

4. 简述成本核算的一般程序。

5. 成本核算应设哪些主要账户?

6. 简述成本核算的账务处理程序。

第三章

要素费用的归集与分配

引导案例

大学生初入职场所遇到的问题

王捷 2016 年 8 月从南京师范大学财务管理专业毕业，应聘到三泰设备制造公司从事会计工作，该公司 2016 年 9 月份开始生产甲、乙、丙三种新产品，耗用 A 材料，有关资料见下表。

产品及材料相关资料表

产品名称	产量(件)	重量(千克)	材料定额单耗	材料单价(元)	材料单位定额成本(元)
甲	100	30 000	200	9	1800
乙	300	50 000	150	9	1350
丙	500	190 000	370	9	3330
合计	900	270 000	—	—	—

该公司以前采用产品的产量比例对材料费用进行分配。本月份共使用 A 材料 300 000 千克，每千克 9 元。

财务部宋经理在向王捷介绍了企业生产产品使用的材料及产品的情况后，提出以下三个问题，请王捷在调查后回答。

1. 该企业目前采用的材料费用的分配方法是否合适？
2. 9 月份开始生产的新产品应采用什么方法分配材料费用？
3. 对该企业材料费用的分配方法提出进一步改进的意见。

第一节　材料费用的归集与分配

一、材料的分类及其成本构成

(一) 材料的分类

材料是生产过程中的劳动对象，材料费用是产品成本的构成要素之一。由于材料在生产过程中起的作用不同，我们可以将材料划分为以下七类。

(1) 原材料及主要材料，指生产过程中构成产品实体的原料和材料，如纺纱用的原棉、机械制造用的钢材等。

(2) 辅助材料，指虽不构成产品的主要实体，但有助于产品实体形成的各种材料，如制造家具用的油漆，加工服装用的线、扣等。另外，被劳动资料消耗的材料，如机器用的润滑油等；为创造劳动条件而消耗的材料，如照明用的灯泡、清洁卫生用具等，也列入辅助材料。

(3) 外购半成品，指企业购入要经过外单位加工的半成品，如汽车制造厂购入的发动机、各种汽车仪表等。

(4) 修理用备件，指为修理本企业的机器设备和运输设备的备用件，如齿轮等。这类材料虽然用量不大，但它是使设备能正常运转所必备的，且种类多，所以单列一类。

(5) 燃料，指工艺用或其他用途的各种固体、液体、气体等燃料。燃料按其在生产中的作用可归入辅助材料类，但燃料等能源在国民经济中的地位越来越重要，国家强化燃料等能源的管理，所以单独划分为一类。

(6) 包装物，指为包装本企业产品的各种包装容器，如桶、箱、瓶、罐、坛、袋等。

(7) 低值易耗品，指单位价值较低，容易耗损的各种工具、管理用具、玻璃器皿及劳保用品等。从性质上看，低值易耗品并不是劳动对象，而是劳动资料，但由于它不具备固定资产的条件，因而把它列为材料的一类。

(二) 材料费用的构成内容

材料费用应以企业取得或加工该种材料所发生的实际支出为基础来核算。由于企业的材料来源不同，材料费用的构成内容也有所不同，具体分为以下几类。

(1) 外购材料，外购材料的采购成本主要由以下几项构成：①买价，是指国内购买供货单位开出的发票价格，进口材料则是材料物资的清算标价和进口税费；②运杂费，即从销货单位运达企业仓库前发生的包装、运输、装卸搬运、保险及仓储等费用，进口材料成本包括国外运杂费、关税及国内运杂费；③运输途中的合理损耗；④购入材料应负担的税金；⑤入库前整理挑选费用，包括整理挑选过程中发生的工、费支出和必要的损耗，并扣除回收的残料价值；⑥大宗材料的市内运输费；⑦其他，即与采购材料有关的其他费用支出。

(2) 委托加工材料，委托外单位加工本企业所需要的材料物资，其成本包括：加工中耗用材料物资的实际成本、支付的加工费用、为加工材料物资支付的往返运杂费等。

(3) 自制材料，自制材料的成本，即自制材料的生产成本，包括在制造过程中发生的直接材料费、直接加工费及其他费用。

二、材料费用的归集

材料费用的归集是进行材料费用分配的基础和前提。材料费用的归集主要包括如下三个方面的工作。

(一) 材料费用归集的基础工作

材料费用归集的基础工作主要包括如下两个方面。

1．收入材料成本的确定

正确地确定收入材料的成本，是正确计算产品成本中材料费用的前提。材料费用的计算，因企业对材料日常采用的计价方法的不同而有差别。在一般情况下，如果企业规模较小，材料的品种规格不多且收发不太频繁，材料可按实际成本计价；若企业规模较大，材料品种规格繁多且收发频繁，则材料应按计划成本计价。

2．领用材料的原始凭证和材料费用的归集

企业生产过程中领用的材料品种、数量很多，为明确各单位的经济责任，便于分配材料费用的分配，以及不断降低材料物资的消耗，在领用材料时，应办理必要的手续。在领料时应由专人负责，并经有关人员签字审核后才能办理领料手续。领用材料时使用的原始凭证主要包括领料单、限额领料单和领料登记表等。应根据领用材料的具体情况，选择采用其中某一种领料凭证。到了月末，将各种领料凭证按车间、部门进行汇总，就能计算出各车间、部门消耗材料的数量和金额，通过编制“材料费用分配表”即可进行材料费用的分配。

(二) 消耗材料的计量

根据发出材料的有关凭证，可将材料费用列入有关的成本计算对象中，但对于库存材料的计量，则可采用永续盘存制和实地盘存制进行材料费用的分配。

(三) 发出材料成本的确定

在材料按计划成本计价的情况下，对于发出的材料，应计算发出材料应负担的材料成本差异，把发出材料的计划成本调整为实际成本。对于期末库存材料，应以实际成本反映在资产负债表上。采用实际成本进行材料日常核算的企业，发出材料的实际成本，可采用先进先出法、月末一次加权平均法、移动加权平均法或个别计价法等方法计算确定。对于不同的材料，可以采用不同的计价方法。材料计价方法一经确定，一般不应经常变动。

三、材料费用的分配

材料费用的分配主要是解决企业在生产经营过程中所消耗的原材料，其价值是由谁来承担及负担多少的问题。

(一) 原材料费用分配对象的确定

原材料是指企业通过采购或其他方式取得的用于制造产品并构成产品实体的物品及取得的供生产耗用但不构成产品实体的辅助材料、燃料等。这些材料或同一种材料，在生产经营活动中有着不同的用途，如有的用于产品生产，有的用于组织和管理生产等。这些材料费用发生后应由谁负担，各负担多少，是成本会计要解决的重要问题之一。通常情况下，原材料费用分配是按用途、按部门和按受益对象来分配的。具体来说：用于产品生产的材料费用由基本生产的各种产品负担，应计入“基本生产成本”总账账户及其明细账的有关成本项目；用于辅助生产的材料费用由辅助产品或劳务承担，应记入“辅助生产成本”总账账户及明细账中的有关成本项目；用于维护生产设备等的各种材料，应由产品或劳务承担，但由于不能直接计入“基本生产成本”或“辅助生产成本”的账户，应先记入“制造费用”账户进行归集，以后再分配计入上述两账户；而用于产品销售及组织和管理生产的材料费用，则由销售费用和管理费用负担，计入“销售费用”和“管理费用”账户的有关费用项目等。总之，原材料费用的分配对象，要视企业的生产特点和管理要求而定，不能随意确定。

（二）材料费用分配方法

材料费用的分配方法是指材料费用计入各负担对象的方法。一般而言，凡能辨清原材料费用承担对象的，应直接计入该分配对象。属于几种产品共同耗用的，即间接计入的，应采用适当的分配方法，分配计入各有关产品成本。在这种情况下分配方法的选择对成本核算的正确性有一定影响。由于生产过程中，原料和主要材料的耗用量一般与产品的重量、体积有关，因而原料和主要材料费用一般可以按产品的重量比例分配，如果企业有原料及主要材料消耗定额且比较准确的，也可以按照材料的定额消耗量或定额费用比例分配。对于系列产品生产的企业也可以采用将各种产品的产量按系数折合成标准产量，再以标准产量的比例分配原材料费用。下面主要说明材料定额耗用量分配方法和材料定额费用比例分配方法。

1. 材料定额耗用量比例法

材料定额耗用量是指一定产量下按照材料消耗定额计算的可以消耗的数量，所谓材料消耗定额是指单位产品可以消耗的材料数量限额。这种分配方法的计算步骤是：首先，计算某种产品材料定额消耗量；其次，计算单位材料定额耗用量，即计算材料耗用量分配率；再次，计算某种产品应分摊的材料数量；最后，求出某种产品应分摊的材料费用。

具体计算公式如式(3-1)、式(3-2)、式(3-3)和式(3-4)所示。

$$\text{某种产品材料定额耗用量}=\text{该种产品实际产量}\times\text{单位产品材料消耗定额} \tag{3-1}$$

$$\text{材料耗用量分配率}=\text{材料实际消耗总量各种产品材料定额耗用量之和} \tag{3-2}$$

$$\text{某种产品应分配的材料数量}=\text{该种产品定额消耗的材料总量}\times\text{材料耗用量分配率} \tag{3-3}$$

$$\text{某种产品应分配的材料费用}=\text{该种产品应分配的材料数量}\times\text{材料单价} \tag{3-4}$$

例 3-1 假定某企业生产 A、B 两种产品分别为 200 件、300 件，共同耗用某原材料 3740 千克，该原材料的单位实际成本为每千克 8 元，该材料单位消耗定额 A、B 产品分别为每件 8 千克和 6 千克。分配计算如下：

$$\text{A 产品原材料定额消耗量}=200\text{ 件}\times 8\text{ 千克}=1600\text{ 千克}$$

$$\text{B 产品原材料定额消耗量}=300\text{ 件}\times 6\text{ 千克}=1800\text{ 千克}$$

$$\text{原材料耗用量分配率}=\frac{3740}{1600+1800}=1.1$$

$$\text{A 产品应分配的原材料数量}=1600\times 1.1=1760\text{ 千克}$$

$$\text{B 产品应分配的原材料数量}=1800\times 1.1=1980\text{ 千克}$$

$$\text{A 产品应分配的材料费用}=1760\times 8=14\,080\text{ 元}$$

$$\text{B 产品应分配的材料费用}=1980\times 8=15\,840\text{ 元}$$

这种分配方法，可以考核材料消耗定额的执行情况，有利于进行材料消耗的实物管理，但分配的计算工作量较大。为了简化分配计算工作量，也可以直接按材料定额消耗量分配材料费用。分配计算公式如式(3-5)、式(3-6)所示。

$$\text{原材料费用分配率}=\frac{\text{原材料费用总额}}{\text{各种产品材料定额耗用量之和}} \tag{3-5}$$

$$\text{某种产品应分配的材料费用}=\text{该种产品的定额耗用量}\times\text{原材料费用分配率} \tag{3-6}$$

上述两种分配的计算结果相同，但后一种方法不能反映各种产品所应负担的材料消耗总量，不利于加强材料消耗的实物管理。

2. 材料定额费用比例法

在各种产品共同耗用原材料种类较多情况下，为了进一步简化分配计算工作，可以按照各种材料的定额费用的比例来分配材料实际费用，会计上称之为材料定额费用比例法。此方法的分配计算公式如式(3-7)、式(3-8)、式(3-9)所示。

$$\begin{aligned}\text{某种产品某种材料定额费用} &= \text{该种产品实际产量} \times \text{单位产品该种材料费用定额} \\ &= \text{该种产品实际产量} \times \text{单位产品该种材料消耗定额} \\ &\quad \times \text{该种材料计划单价}\end{aligned} \tag{3-7}$$

$$\text{材料费用分配率} = \frac{\text{各种材料实际费用总额}}{\text{各种产品各种材料定额费用之和}} \tag{3-8}$$

$$\text{某种产品分配负担的材料费用} = \text{该种产品各种材料定额费用之和} \times \text{材料费用分配率} \tag{3-9}$$

对于间接计入产品成本的辅助材料的分配方法：如果是耗用在主要材料上，可以按主要材料的耗用量比例分配；如果耗用的辅助材料与产品的产量有关，也可以按产品产量比例分配；如果辅助材料的消耗定额比较准确，还可以按辅助材料的定额消耗量或定额费用比例分配。

如果有余料退库和废料收回业务，应根据退料凭证和废料交库凭证，扣减原领用的材料费用。月末已领未用的材料，如果下月生产还需用，应办理假退料手续，以冲减当月生产费用。

原材料费用分配在实际工作中是通过编制"原材料费用分配表"进行的。这种分配表应根据领退料凭证和有关凭证编制。其中退料凭证的数额可以从相应的领料凭证的数额中扣除。下面举例说明其编制方法和会计处理。

例 3-2 南华公司 2016 年 8 月份发料情况，如表 3-1 所示。

表 3-1 发出材料明细表

2016 年 8 月

单位：元

材料类别	发料数量	单位成本	用途
原材料	200 吨	600	甲产品生产用
原材料	126 吨	1000	甲、乙两种产品共用
燃料	120 吨	60	锅炉车间 100 吨，机修车间 20 吨
燃料	20 吨	60	基本生产车间用
燃料	10 吨	60	管理部门用用
辅助材料	200 千克	40	基本生产车间用
修理用备件	50 只	6	基本车间修理用

该企业投产甲产品 140 件，乙产品 140 件，单耗原材料定额分别为 2.5 吨、3.5 吨，则编制"材料费用分配表"，如表 3-2 所示。

根据上列"材料费用分配表"编制会计分录如下：

借：基本生产成本——甲产品　　　　172 500

　　　　　　　　——乙产品　　　　 73 500

辅助生产成本——锅炉车间　　6000

——机修车间　　1200

制造费用——基本生产车间　　9500

管理费用　　600

贷：原材料　　263 300

表 3-2　材料费用分配表

2016 年 8 月　　单位：元

应借账户		成本或费用明细项目	间接计入			直接计入	合计
			定额耗用量（千克）	分配率	分配额		
基本生产成本	甲产品	直接材料	350	150	52 500	120 000	172 500
	乙产品	直接材料	490	150	73 500		73 500
	小计		840	150	126 000	120 000	246 000
辅助生产成本	锅炉车间	直接材料				6000	6000
	机修车间	直接材料				1200	1200
	小计					7200	7200
制造费用	基本生产车间	修理费				300	300
		机物料消耗				9200	9200
管理费用		机物料消耗				600	600
合计					126 000	137 300	263 300

要说明的是，在实际工作中，材料费用分配的核算并不是从企业材料发生的总分类核算中单独抽出进行的，而是作为材料发出总分类核算的内容一并进行。因此发出材料的总分类核算也根据发料凭证汇总表进行，而不是直接根据材料费用分配表进行。那么，如何处理“材料费用分配表”与“发料凭证汇总表”的编制关系呢？一般有以下四种方法供选择。

(1) 材料核算人员根据领退料单汇总编制发料凭证汇总表，登记有关的总账科目，进行材料发出的总分类核算，然后将与成本、费用有关的领退料单交给成本核算人员据以编制材料费用分配表，登记有关的成本、费用明细账，进行材料费用的明细核算。

(2) 成本核算人员根据领退料单编制材料费用分配表，进行材料费用的明细核算；然后将分配表或其中的一联交材料核算人员，由材料核算人员根据材料费用分配表和其他方面的发料（例如发出材料委托外单位加工、发出材料进行销售等）凭证，汇总编制发料凭证汇总表，进行材料发出的总分类核算。

(3) 材料核算人员按照成本、费用核算的要求，根据领退料单的具体用途归类汇编发料凭证汇总表，代替材料费用分配表，进行材料发出的总分类核算，然后将发料凭证汇总表或其中的一联交成本核算人员，据以进行材料费用的明细核算。在第二、三两种做法下，发料凭证汇总表一般只在月末汇总编制，不再按旬填列。

(4) 材料核算人员和成本核算人员，根据各自所持的领退料单的一联，分别编制发料凭证汇总表和材料费用分配表，在相互核对以后，由材料核算人员和成本核算人员同时分别进行材料发出的总分类核算和材料费用的明细核算。这种做法的核算工作量较大，但可以发挥材料发出核算与材料费用分配核算相互核对作用，提高核算的正确性。

四、燃料费用的归集与分配

燃料实际上也是材料，所以燃料费用分配及账务处理方法与上述材料费用分配及账务处理方法相同。但如果企业燃料费用比重较大，为了加强其管理，可在“原材料”账户外增设“燃料”账户进行核算，并在成本项目中与动力费用一起，单设“燃料和动力”项目进行成本核算。

燃料费用分配核算方法是：对直接用于产品生产的燃料，如果分产品领用，根据领料凭证直接计入各该产品成本的“燃料和动力”项目；如果不能分产品领用，则应采用适当分配方法，分配计入各有关产品成本的该成本项目。分配标准一般有产品的重量、体积、所耗原材料的数量或费用及燃料的定额消耗量或定额费用等。对辅助生产部门所耗用的燃料及基本生产管理部门、行政管理部门和产品销售部门等领用的燃料，则应分别列入“辅助生产成本”、“制造费用”、“管理费用”和“销售费用”等成本、费用账户。

例 3-3 假定南华公司生产成本中燃料和动力费用较多，为了加强对能源消耗的管理，在成本项目中专设“燃料和动力”项目，在资产科目中增设“燃料”科目。该公司 2016 年 8 月份直接用于甲、乙两种产品生产的燃料费用共为 11 340 元，按甲、乙两种产品所耗原材料费用比例分配甲产品材料费用 52 500 元，乙产品材料费用 73 500 元，则甲、乙两种产品应分燃料费用，如下：

$$燃料费用分配率=\frac{11\,340}{52\,500+73\,500}=0.09$$

$$甲产品应分配燃料费用=52\,500\times 0.09=4725（元）$$

$$乙产品应分配燃料费用=73\,500\times 0.09=6615（元）$$

另外，假定辅助生产车间耗用燃料费用 3000 元，其中锅炉车间 2200 元，机修车间耗用 800 元，则编制的燃料费用分配表如表 3-3 所示。

表 3-3 燃料费用分配表

2016 年 8 月　　　　单位：元

应借账户		成本项目或费用项目	直接计入	分配计入			合计
				原材料费用	分配率	分配额	
基本生产成本	甲产品	燃料及动力		52 500		4725	4725
	乙产品	燃料及动力		73 500		6615	6615
	小 计			12 600	0.09	11 340	11 340
辅助生产成本	锅炉车间	燃料及动力	2200				2200
	机修车间	燃料及动力	800				800
	小 计		3000				3000
合 计			3000			11 340	14 340

据此编制会计分录如下：

借：基本生产成本——甲产品　　4725

　　　　　　　　——乙产品　　6615

　　辅助生产成本——锅炉车间　　2200

　　　　　　　　——机修车间　　800

　　贷：燃料　　14 340

五、低值易耗品费用的归集与分配

低值易耗品在使用过程中价值会逐渐减少，该减少的价值理应根据其预计使用期，即受益期，采用计提的方法计入产品成本。但由于低值易耗品的价值较低或易损耗，使用时间也较短，所以是采用摊销的方法计入产品成本的。低值易耗品摊销计入成本、费用的方法，根据其价值大小可分别采用一次摊销法和五五摊销法，即低值易耗品价值较低的采用“一次摊销法”，价值较高的采用“五五摊销法”。

低值易耗品费用计入产品成本的方式主要有两种：一是直接为某种产品生产耗用的，直接计入基本生产成本的“直接材料”成本项目，如为生产某产品所领用的专用工具；二是按发生地点先计入综合费用内，然后通过对综合费用的分配再计入产品成本，如基本生产车间生产几种产品共同使用的低值易耗品费用及辅助生产部门领用的低值易耗品等。

低值易耗品费用的分配也可通过编制“低值易耗品分配表”进行。

例 3-4　南华公司 2016 年 8 月份基本生产车间领用生产甲产品的一批价值 850 元的专用工具，领用生产产品通用的一批价值 300 元的生产工具，均采用一次期摊销法；上期领用管理用具 2000 元，本月报废，残值收入 100 元，五五摊销法。锅炉车间领用劳保用品 250 元，机修车间领用劳保用品 120 元，采用一次摊销法。据此编制的“低值易耗品费用分配表”如表 3-4 所示。

表 3-4　低值易耗品费用分配表

2016 年 3 月　　　　金额单位：元

应借账户		成本项目或费用项目	摊销方法	领用额	报废额	残　值	摊销额
基本生产成本	甲产品	直接材料	一次摊销法	850			850
制造费用	基本生产车间	物料消耗	一次摊销法	300			300
	基本生产车间	低值易耗品摊销	五五摊销法	2000	1000	100	900
	小　计						1200
辅助生产成本	锅炉车间	机物料消耗	一次摊销	250			250
	机修车间	机物料品	一次摊销	120			120
合　计							2420

据此编制会计分录如下：

借：基本生产成本——甲产品　　850
　　辅助生产成本——锅炉车间　　250
　　　　　　　　——机修车间　　120
　　制造费用——基本生产车间　　300
　　贷：低值易耗品——专用工具　　850
　　　　　　　　——劳保用品　　370
　　　　　　　　——生产工具　　300
借：制造费用——基本生产车间　　900
　　原材料　　100
　　贷：低值易耗品——低值易耗品摊销　　1000

六、包装物费用的归集与分配

包装产品所领用的各种包装物品所发生的包装物费用,需区别其不同使用方式进行分配：对于生产领用作为产品组成部分的，计入“基本生产成本”账户的“直接材料”成本项目；对于随包装产品出售的，如不单独计价计入“销售费用”账户，单独计价计入“其他业务支出”账户。包装物的摊销方法同低值易耗品。

第二节 外购动力费用的归集与分配

一、外购动力的归集

外购动力主要指外购的电力、热力等。外购动力实际上也相当于外购的材料，只是没有实实在在的实物体存在。因而在会计处理上既有与材料相同之处，又有与材料不同之处。相同的是耗用的外购动力也可以计量，而且也是根据其不同用途计入有关的成本费用账户；不同的是购入时由于没有价值实体，因而无法设专门账户进行核算，也无收、发、存多环节的核算，而是在外购时，根据其具体用途直接借记各成本费用账户。但在实际工作中，由于外购动力付款期与成本费用核算期并不一致，即外购动力付款日期往往是下月初，而成本费用核算期一般在月末进行，因而付款时并不反映成本费用，而是先记入“应付账款”账户，等到月末核算成本费用时，再将其分配到各有关成本、费用账户。

二、外购动力的分配

外购动力费用的分配原则是：在不同受益单位或对象有仪表记录的情况下，应根据各仪表所示耗用动力的数量及动力的单价直接计算计入受益单位的成本费用；在没有仪表的情况下，则要按一定的标准分配计入各受益对象，如可以按生产工时的比例、机器功率时数(机器功率×机器时数)的比例或定额耗用量的比例分配。

如前所述，为了加强对能源的核算和管理，对动力与燃料耗费较大的企业，将生产工艺用动力一般与生产工艺用燃料合设一个“燃料和动力”成本项目。因此，用于产品生产的动力费用应单独计入“基本生产成本”账户的“燃料和动力”成本项目。在计入时，如果企业按所生产的产品分别装有显示动力耗用量的仪表，应根据仪表所显示的各种产品的耗用数量和外购动力的单价，直接计入各种产品成本的该成本项目；如果没有按产品安装动力仪表，应选择适当的分配方法，分配计入到各该产品成本的这一成本项目，外购动力费用的分配一般是通过编制“外购动力费用分配表”进行的。

例 3-5 南华公司 2016 年 8 月份耗用外购电力共 55 000 度，每度 0.60 元。其中：基本生产车间生产甲、乙两种产品耗电 40 000 度，锅炉车间耗电 8000 度，机修车间耗电 4000 度，基本生产车间照明用电 1000 度，公司管理部门用电 2000 度。该公司对产品生产用电按机器功率时数在两产品间进行分配，甲、乙两种产品的机器功率时数分别为 6000 小时和 4000 小时。根据上述资料编制外购动力费用分配表如表 3-5 所示。

表 3-5 外购动力费用(电费)分配表

2016 年 8 月　　　　单位：元

应借账户		成本项目或费用项目	耗用电量分配			每度电费	分配金额
			机械时数	分配率	分配量		
基本生产成本	甲产品	燃料及动力	6000		24 000		14 400
	乙产品	燃料及动力	4000		16 000		9600
	小计		10 000	4	40 000		24 000
辅助生产成本	锅炉车间	燃料及动力			8000		4800
	机修车间	燃料及动力			4000		2400
	小计				12 000		7200
制造费用	基本生产车间	水电费			1000		600
管理费用		水电费			2000		1200
合　计					55 000	0.6	33 000

据此编制会计分录如下：

借：基本生产成本——甲产品　　14 400
　　　　　　　　——乙产品　　9600
　　辅助生产成本——锅炉车间　　4800
　　　　　　　　——机修车间　　2400
　　制造费用——基本生产车间　　600
　　管理费用　　1200
　　贷：应付账款　　33 000

要说明的是，如果动力费用未与燃料费用专设“燃料及动力”成本项目，则将动力费用记入“制造费用”成本项目。

第三节　职工薪酬费用的归集与分配

一、职工薪酬费用的构成

职工薪酬费用是指企业为获得职工提供的服务而给予各种形式的报酬及其他相关支出，包括企业为职工在职期间和离职后提供的全部货币性薪酬和非货币性福利及提供给职工配偶、子女或其他被赡养人的福利等。职工薪酬费用是产品成本的重要组成内容，主要包括职工工资、奖金、津贴和补贴、职工福利费、医疗保险费、养老保险费、失业保险费、工伤保险费和生育保险费等社会保险费、住房公积金、工会经费和职工教育经费、非货币性福利、因解除与职工的劳动关系给予的补偿及其他与获得职工提供的服务相关的支出等。

(1)职工工资(包括奖金、津贴和补贴)，是指按照国家统计局《关于职工工资总额组成的规定》，构成工资总额的计时工资、计件工资、支付给职工的超额劳动报酬和增收节支的劳动报酬、为了补偿职工特殊或额外的劳动消耗和因其他特殊原则支付给职工的津贴，以及为了保证职工工资水平不受物价影响支付给职工的物价补贴等。企业按规定支付给职工的加班加点工资，以及根据国家法律、法规和政策规定，企业在职工因病、工伤、产假、计划生育假、婚丧假、事假、探亲假、定期休假、停工学习、执行国家或社会义务等特殊情况下，按照计时工资或计件工资标准的一定比例支付的工资，也属于职工工资范畴，在职工休假或缺勤时，不应当从工资总额中扣除。

(2)职工福利费，是指企业为职工集体提供的福利，如补助生活困难职工等。

(3)医疗保险费、养老保险费、失业保险费、工伤保险费和生育保险费等社会保险费，是指企业按照国家规定的基准和比例计算，向社会保险经办机构缴纳的医疗保险金、基本养老保险金、失业保险金、工伤保险费和生育保险费，以及根据《企业年金试行办法》、《企业年金基金管理试行办法》等相关规定，向有关单位(企业年金基金账户管理人)缴纳的补充养老保险费。此外，以商业保险形式提供给职工的各种保险待遇也属于企业提供的职工薪酬。

(4)住房公积金，是指企业按照国家《住房公积金管理条例》规定的基准和比例计算，向住房公积金管理机构缴存的住房公积金。

(5)工会经费和职工教育经费，是指企业为了改善职工文化生活、提高职工业务素质用于开展工会活动和职工教育及职业技能培训,根据同家规定的基准和比例,从成本费用中提取的金额。

(6)非货币性福利,是指企业以自产产品或外购商品发放给职工作为福利,将自己拥有的资产无偿提供给职工使用，为职工无偿提供医疗保健服务等。

(7)辞退福利，是指企业由于实施主辅业分离、辅业改制、分流安置富余人员、实施重组或改组计划、职工不能胜任等原因，在职工劳动合同到期之前解除与职工的劳动关系，或者为鼓励职工自愿接受裁减而提出补偿建议的计划中给予职工的经济补偿。辞退福利包括：职工劳动合同到期前，不论职工本人是否愿意，企业决定解除与职工的劳动关系而给予的补偿；职工劳动合同到期前，为鼓励职工自愿接受裁减而给予的补偿，职工有权选择继续在职或接受补偿离职。

(8)股份支付,是指企业为获取职工和其他方提供服务而授予权益工具或承担以权益工具为基础确定的负债的交易。股份支付分为以权益结算的股份支付和以现金结算的股份支付。以权益结算的股份支付，是指企业为获取服务以股份或其他权益工具作为对价进行结算的交易；以现金结算的股份支付，是指企业为获取服务承担以股份或其他权益工具为基础计算确定的支付现金或其他资产义务的交易。

二、职工薪酬费用的分配

根据会计期间假设和权责发生制原则要求，企业成本核算员每月终了时，应在会计部门根据计算出的职工薪酬，按车间、部门分别编制出“职工薪酬结算单”的基础上，分别受益对象来分配职工薪酬费用。分配时,应先在明确两个问题(即职工薪酬中哪些应计入成本费用，以及应计入成本费用的职工薪酬哪些可直接计入，哪些需要采用分配方法分配计入)基础上，解决职工薪酬费用的分配对象和分配方法问题。

(一)职工薪酬费用的分配对象

职工薪酬费用分配对象的确定与材料费用的分配基本相同，即按谁受益谁负担的原则进行分配。具体来说，为产品生产而发生的职工薪酬应由基本生产部门的各产品负担；为基本生产提供产品或劳务所发生的职工薪酬应由辅助生产部门生产的各产品或劳务承担；各生产部门的管理人员发生的薪酬由各生产部门的制造费用负担；企业行政管理部门发生的薪酬则由管理费用承担。

(二)职工薪酬费用的分配方法

职工薪酬费用的分配方法指的是将其计入产品成本的方法。职工薪酬计入产品成本的方法，因工资的计算形式不同，而有所区别。

1. 计时工资形式下的分配

在计时工资形式下，基本生产部门的生产工人工资计入产品成本的方法是：如果该生产部门只是生产一种产品，则直接计入基本生产成本账户的“直接工资”成本项目；如果是两种及两种以上的产品，则要把生产工人的工资按适当的分配标准分配计入基本生产成本账户的“直接工资”成本项目。可选择的标准一般有两个：一是产品生产的实用工时；二是产品生产的定额工时。上述两种标准中按实用工时比例分配比较合理，因为它能够将产品所分配的工资与劳动生产率联系起来。即某种产品如果单位产品耗用的生产工时减少，说明劳动生产率提高，其所分配的人工成本就应减少；相反，如果单位产品耗用的工时增加，说明劳动生产率降低，其所分配的人工成本就应增加。但如果取得各种产品的实际生产工时的数据比较困难，而各种产品的单件工时定额比较准确，也可以按产品的定额工时比例分配人工成本。工资分配的计算公式如式(3-10)所示。

$$\text{工资费用分配率}=\frac{\text{生产工人工资总额}}{\text{各种产品实际工时(或定额工时)之和}} \tag{3-10}$$

某种产品应分配的工资费用=该产品的实际工时(或定额工时)×工资费用分配率

2. 计件工资形式下的分配

生产工人的计件工资与产品生产直接联系，因此，发生时直接计入基本生产成本账户的“直接工资”成本项目。对于基本生产工人的奖金、津贴则要采用一定的标准分配计入产品成本的“直接工资”成本项目。其分配方法一般是按直接计入产品成本的生产工人计件工资额比例进行分配。

在实际工作中，工资费用的分配，一般是通过编制“工资费用分配表”进行的。编制的依据是工资结算单。

例 3-6 南华公司 2016 年 8 月份为生产甲、乙两种产品支付生产工人工资 24 600 元，锅炉车间生产工人工资 5600 元，机修车间生产工人工资 3200 元，基本生产车间、锅炉车间和机修车间管理人员工资分别为 4500 元、1800 元和 900 元，企业行政部门管理人员工资为 10 800 元。生产工人的工资规定按甲、乙两种产品的生产工时比例进行分配，其工时分别为 4100 小时和 2050 小时。编制的“职工薪酬费用分配表”如表 3-6 所示。

表 3-6 职工薪酬费用分配表

2016 年 8 月　　　　单位：元

应借账户		成本或费用项目	生产工时	分配率	应分工资费用
基本生产成本	甲产品	直接人工	4100		16 400
	乙产品	直接人工	2050		8200
	小 计		6150	4	24 600
辅助生产成本	锅炉车间	直接人工			7400
	机修车间	直接人工			4100
	小 计				11 500
制造费用	基本生产车间	工资费用			4500
管理费用	工 资				10 800
合 计					51 400

（三）职工薪酬费用分配的账务处理

企业职工薪酬费用的分配，除应通过有关成本费用科目外，还要通过“应付职工薪酬”科目的贷方，核算已分配计入有关成本费用项目的职工薪酬数额。该科目应按“工资”、“职工福利”、“社会保险费”、“住房公积金”、“工会经费”、“职工教育经费”、“非货币性福利”等应付职工薪酬项目设置明细账户，进行明细核算。

1. 货币性职工薪酬费用账务处理

企业应当在职工为其提供服务的会计期间，根据职工提供服务的受益对象，将应确认的职工薪酬（包括货币性薪酬和非货币性福利）计入相关资产成本或当期损益，同时确认为应付职工薪酬。具体分别以下情况进行处理。

生产部门人员的职工薪酬费用，借记“基本生产成本”、“辅助生产成本”、“制造费用”、“劳务成本”等账户，贷记“应付职工薪酬”账户。

管理部门人员的职工薪酬费用，借记“管理费用”账户，贷记“应付职工薪酬”账户。

销售人员的职工薪酬费用，借记“销售费用”账户，贷记“应付职工薪酬”账户。

在建工程、研发支出负担的职工薪酬费用，借记“在建工程”、“研发支出”账户，贷记“应付职工薪酬”账户。

如根据上述例3-6的“职工薪酬费用分配表”编制会计分录如下：

借：基本生产成本——甲产品	16 400	
——乙产品	8200	
辅助生产成本——锅炉车间	7400	
——机修车间	4100	
制造费用——基本生产车间	4500	
管理费用	10 800	
贷：应付职工薪酬——工资		51 400

对于企业工资以外的职工薪酬项目，如果政府有明确规定计提基础和计提比例的，应按规定标准计提。如企业应向社会保险经办机构（或企业年金基金账户管理人）缴纳的医疗保险费、养老保险费、失业保险费、工伤保险费、生育保险费等社会保险费；应向住房公积金管理中心缴存的住房公积金及应向工会部门缴纳的工会经费等就是此类情况。而对于政府（或企业年金计划）没有明确规定计提基础和计提比例的职工薪酬项目，如职工福利等，企业应当根据历史经验数据和实际情况，合理预计当期应付职工薪酬。当期实际发生金额大于预计金额的，应当补提应付职工薪酬；当期实际发生金额小于预计金额的，应当冲回多提的应付职工薪酬。这些项目的分配去向比照工资费用分配。

例 3-7 南华公司 2016 年 8 月应发工资 1000 万元，其中生产部门直接生产人员工资 600 万元，生产部门管理人员工资 100 万元，公司管理部门人员工资 250 万元，公司专设的销售机构人员工资 50 万元。根据当地政府的规定，公司分别按照职工工资总额的 10%、12%、2%和 10.5%计提医疗保险费、养老保险费、失业保险费和住房公积金缴纳给当地的社会保险经办机构和住房公积金经办机构。另按工资总额的 14%、2%和 1.5%分别计提了职工福利费、工会经费和职工教育经费。则该公司的有关职工薪酬分配业务的会计处理如下：

借：基本生产成本　　912
　　制造费用　　152
　　管理费用　　380
　　销售费用　　76
　　贷：应付职工薪酬——工资　　1000
　　　　　　　　——职工福利　　140
　　　　　　　　——社会保险费（医疗保险费）　　100
　　　　　　　　——社会保险费（养老保险费）　　120
　　　　　　　　——社会保险费（失业保险费）　　20
　　　　　　　　——住房公积金　　105
　　　　　　　　——工会经费　　20
　　　　　　　　——教育经费　　15

说明：

(1) 应计入基本生产成本的职工薪酬金额=600+600×（10%+12%+2%+10.5%+14%+2%+1.5%）=912（万元）

(2) 应计入制造费用的职工薪酬金额=100+100×（10%+12%+2%+10.5%+14%+2%+1.5%）=152（万元）

(3) 应计入管理费用的职工薪酬金额=250+250×（10%+12%+2%+10.5%+14%+2%+1.5%）=380（万元）

(4) 应计入销售费用的职工薪酬金额=50+50×（10%+12%+2%+10.5%+14%+2%+1.5%）=76（万元）

要说明的是，企业工资以外的职工薪酬项目的分配一般也是通过编制分配表进行的，而且在这些项目实行计提核算的情况下，由于是根据工资总额提取，因此可以将其与工资费用的分配合并编制分配表。就南华公司 8 月份业务来说，我们仍以例 3-6 为例，并假定只有按工资总额 14%提取的职工福利费，其他的职工薪酬项目略，则合并编制的分配表格式如表 3-7 所示。

表 3-7　职工薪酬分配表

2016 年 8 月

单位：元

应借账户		成本或费用项目	生产工时	分配率	工资费用	计提标准	福利费用	合　计
基本生产成本	甲产品	直接人工	4100		16 400		2296	18 696
	乙产品	直接人工	2050		8200		1148	9348
	小计		6150	4	24 600		3444	28 044
辅助生产成本	锅炉车间	直接人工			7400		1036	8436
	机修车间	直接人工			4100		574	4674
	小计				11 500		1610	13 110
制造费用	基本生产车间	职工薪酬			4500		630	5130
管理费用		职工福利			10 800		1512	12 312
合　计					51 400	14%	7196	58 596

据此表编制职工福利费分配的分录如下：

借：基本生产成本——甲产品　　2296
　　　　　　　　——乙产品　　1148

辅助生产成本——锅炉车间　　1036

——机修车间　　574

制造费用——基本生产车间　　630

管理费用　　1512

贷：应付职工薪酬——职工福利　　7196

2. 非货币性职工薪酬

企业以非货币性资产作为福利发给职工的，应根据非货币性资产的不同性质进行相应的账务处理。

(1)企业以自产产品作为非货币性福利发放给职工的，应当根据受益对象，按照该产品的公允价值，计入相关资产成本或当期损益，同时确认应付职工薪酬。分录为借记“基本生产成本”、“辅助生产成本”、“制造费用”、“管理费用”等账户，贷记“应付职工薪酬——非货币性福利”账户。

(2)企业将拥有的房屋等资产无偿提供给职工使用的，应当根据受益对象，将该住房每期应计提的折旧计入相关资产成本或当期损益，同时确认应付职工薪酬。分录为借记“基本生产成本”、“辅助生产成本”、“制造费用”、“管理费用”等账户，贷记“应付职工薪酬——非货币性福利”、“累计折旧”账户。

(3)租赁住房等资产供职工无偿使用的，应当根据受益对象，将每期应付的租金计入相关资产成本或当期损益，并确认应付职工薪酬，分录同上。

第四节　折旧费与其他费用的归集与分配

就一般生产企业来说，材料费用和职工薪酬费用是产品成本的主要构成内容，但由于产品生产的特点，决定了在生产过程中除了耗费劳动对象和劳动力外，还要耗费一定的劳动手段及发生与产品生产有关的其他支出。这些耗费和支出，在产品成本中都没有专门设立相应的成本项目，因而作为产品成本构成要素的特殊内容单设一节加以阐述。

一、折旧费的归集与分配

折旧费是指企业固定资产在使用过程中发生的耗费。这种耗费最终都要计入各有关产品成本或费用。但由于企业各生产单位或部门使用固定资产的用途不同，因而核算上先是按各使用单位进行归集，然后采用一定方法分配计入有关产品成本及费用。折旧费用的归集通常是采用固定资产折旧计算表形式进行的，而折旧费用的分配则是通过编制“固定资产折旧费用分配表”进行。“固定资产折旧计算表”在中级财务会计中已讲过，这里仅列示南华公司编制的“固定资产折旧分配表”作为例子来说明其会计处理。

例 3-8　南华公司 2016 年 8 月固定资产折旧费有关资料及各有关部门分配的折旧费见表 3-8。据此编制会计分录如下：

借：制造费用——基本生产车间　　5000

辅助生产成本——锅炉车间　　1560

——机修车间　　800

管理费用　　1840

贷：累计折旧　　9200

表 3-8　固定资产折旧费分配表

2016 年 8 月　　　　单位：元

应借账户	部　门	上月折旧额	上月增加折旧额	上月减少折旧额	本月份应计折旧额
制造费用	基本生产车间	4800	340	140	5000
辅助生产成本	锅炉车间	1400	160		1560
	机修车间	850		50	800
	小　计	2250	160	50	2360
管理费用	行政管理部门	1850	150	160	1840
合　计		8900	650	350	9200

二、其他费用的归集与分配

广义的其他费用是指除了本章以上各节所述的各成本费用以外的要素费用，具体包括邮电费、租赁费、印刷费、图书报刊资料费、办公用品费、试验检验费、排污费、差旅费、保险费、交通补助费、误餐补贴费、职工技术补助费及利息和有关费用性税金等。这些费用有的应计入产品成本，但由于未设其相应的成本项目，因而在发生时借记“制造费用”账户；有的计入期间费用，即在发生时列入“管理费用”、“财务费用”。有的则可以采用摊提的办法计入有关账户。由于这些费用支出的具体会计核算方法在中级财务会计中都已阐述，因而这里仅列出南华公司的“其他费用汇总分配表”作为例子，来简单说明其会计处理方法。

例 3-9　南华公司 2016 年 8 月其他费用资料及分配数额见表 3-9。

表 3-9　其他费用汇总表

2016 年 8 月　　　　单位：元

应借账户		成本或费用项目	金　额	备　注
制造费用	基本生产车间	办公费	680	银付
		保险费	4860	摊销
		其他	2240	银付
		小计	7780	
辅助生产成本	锅炉车间	办公费	486	银付
		保险费	1416	摊销
		其他	382	银付
		小计	2284	
	机修车间	办公费	240	银付
		保险费	346	摊销
		其他	120	银付
		小计	706	
管理费用	行政管理部门	办公费	3560	银付
		保险费	3850	摊销
		税金	4210	银付
		其他	3340	银付
		小计	14 960	
财务费用		利息	2100	预提
合　计			27 830	

据此作会计分录如下：

借：制造费用——基本生产车间	7780	
辅助生产成本——锅炉车间	2284	
——机修车间	706	
管理费用	14 960	
财务费用	2100	
贷：银行存款		15 258
待摊费用(或其他应收款等)		10 472
预提费用(或应付利息)		2100

同步测试题

一、名词解释

1. 永续盘存制
2. 实地盘存制
3. 定额耗用量比例分配法
4. 产品重量比例分配法
5. 产品产量比例分配法
6. 计时工资
7. 计件工资
8. 工资总额

二、单项选择题

1. 关于原材料费用的分配，下列说法不正确的是(　　)。
   A. 原材料费用分配的基本原则是谁受益谁承担
   B. 从加强材料消耗的实物管理来说，材料定额耗用量比例法下，直接按材料定额消耗量分配材料费用比先分配材料实际耗用量再分配材料费用方法要优
   C. 为了保证成本核算的真实性，生产车间已领未用的材料必须要退回材料仓库
   D. 作为产品成本组成部分的包装材料费用应计入基本生产成本账户的“直接材料”项目
2. 生产产品领用的一次性摊销的专用工具应计入(　　)。
   A. 直接材料　　B. 辅助生产成本　　C. 制造费用　　D. 营业费用
3. 下列说法正确的是(　　)。
   A. 外购动力在成本核算中没有独立的成本项目
   B. 企业生产产品耗用的燃料在实践中无法直接计入产品成本
   C. 计件工资制下生产工人取得的计件工资等收入都应直接计入直接工资项目
   D. 在工资核算中，工资费用分配的核算是根据工资结算单编制的工资费用分配表进行的

4．生产产品用的设备计提的折旧费应计入（　　）科目。

A．基本生产成本　　B．管理费用　　C．辅助生产成本　　D．制造费用

5．下列不应计入产品成本的费用是（　　）。

A．车间厂房折旧费　　B．车间机物料消耗

C．房产税、车船税　　D．有助于产品形成的辅助材料

6．直接用于产品生产并构成该产品实体的原材料费用应列入的会计科目是（　　）。

A．生产成本　　B．制造费用　　C．管理费用　　D．销售费用

7．企业行政管理部门人员的工资费用应列入的会计科目是（　　）。

A．营业外支出　　B．销售费用　　C．其他业务支出　　D．管理费用

8．按产品材料定额成本比例分配法分配材料费用时，其适用的条件是（　　）。

A．产品的产量与所耗用的材料有密切的联系

B．产品的重量与所耗用的材料有密切的联系

C．几种产品共同耗用几种材料

D．各项材料消耗定额比较准确稳定

9．在几种产品共同耗用几种材料的情况下，材料费用的分配可采用（　　）。

A．定额耗用量比例分配法　　B．产品产量比例分配法

C．产品重量比例分配法　　D．产品材料定额成本比例分配法

10．工作通知单是对每一位职工或班组按工序分配生产任务并记录其生产数量的一种（　　）。

A．出勤记录　　B．工时记录　　C．产量凭证　　D．质量凭证

三、多项选择题

1．计入产品成本的材料成本包括生产过程中耗用的（　　）。

A．原材料及辅助材料　　B．外购半成品及设备配件

C．燃料　　D．低值易耗品及包装物

2．产品成本构成要素核算一般要涉及下列成本费用账户（　　）。

A．基本生产　　B．管理费用　　C．制造费用　　D．待摊费用

3．计入产品成本的各种材料费用，按照其用途，应记入（　　）科目的借方。

A．管理费用　　B．制造费用　　C．基本生产成本　　D．营业费用

4．计入产品成本的工资费用包括（　　）。

A．生产部门工人的工资

B．生产部门管理人员的工资

C．生产工人与生产部门管理人员工资提取的福利费

D．生产部门职工食堂炊事员的工资

5．要素费用的分配原则是（　　）。

A．直接费用直接计入产品成本　　B．直接费用分配计入产品成本

C．间接费用直接计入产品成本　　D．间接费用分配计入产品成本

6．生产领用的材料被多种产品耗用且不能分清每种产品的消耗数量时，将材料费用在多种产品当中进行分配可采用的分配方法有（　　）。

A．约当产量法　　B．定额耗用量比例分配法
C．产品产量比例分配法　　D．产品重量比例分配法
E．产品材料定额成本比例分配法

7．下列应包括在工资总额中的项目是（　　）。
A．计时工资　　B．计件工资　　C．津贴和补贴　　D．病假工资
E．生活困难补助

8．计算应付职工薪酬的原始凭证主要有（　　）。
A．考勤簿　　B．产量记录
C．工作班组产量记录　　D．工作通知单

9．计算日工资时可用月标准工资除以（　　）。
A．30 天　　B．20.83 天
C．31 天　　D．当月满勤日数

10．下列属于特殊情况下支付的工资有（　　）。
A．病假期间支付的工资　　B．工伤休息期间支付的工资
C．探亲期间支付的工资　　D．婚嫁期间支付的工资

四、是非判断题

1．成本项目是企业生产费用按其经济内容所做的分类。（　　）

2．直接用于辅助生产的耗费及用于基本生产但没有专设成本项目的耗费应分别计入“辅助生产成本”和“制造费用”账户。（　　）

3．多种产品共同耗用的原材料费用，按“材料定额耗用量比例”分配与按“材料定额费用比例”分配，由于分配率不一样，其分配结果也是不同的。（　　）

4．企业生产耗用的外购动力和燃料如果耗用量不大，占产品成本的比例很小，可以不单独设立成本项目而直接计入直接材料项目核算。（　　）

5．生产企业发放给职工的工资应分别计入产品成本和期间费用。（　　）

6．企业在生产环节领用的与产品融为一体的包装材料应作为产品成本的构成内容核算。（　　）

7．企业生产管理过程中发生的机器设备折旧费，由于不单设成本项目，因而核算上是先按使用单位归集，然后再与其他间接费用一起分配计入产品成本和期间费用。（　　）

8．费用要素中的工资项目与成本项目中的直接人工项目，虽然名称有一点区别，但金额却是相等的。（　　）

9．当燃料费用在产品成本中所占比重较大时，可与动力费用合并设立“燃料及动力”成本项目。（　　）

10．企业按月计提的固定资产折旧费用，应该全部计入产品成本。（　　）

五、简答题

1．材料费用分配有哪些方法，如何选择?
2．简述材料费用的会计处理方法。
3．低值易耗品费用计入产品成本的方式有哪几种?

4．简述外购动力费用核算的特点及其分配原则。

5．如何确定工资费用的分配对象？简述工资费用的分配方法。

6．说明折旧费用和其他费用核算的分配方法。

六、业务处理题

1．某企业对甲材料采用计划成本进行核算：月初，甲材料明细账结存数量为 450 千克，“材料成本差异”账户甲材料明细账借方余额为 211 元。本月购入数量为 8050 千克，全部验收入库，支付实际成本为 93 380 元。本月发出原材料 7900 千克，用于产品生产消耗。甲材料计划单位成本为 12 元。

要求：对发出材料进行账务处理。

2．某企业生产 A、B 两种产品，共同耗用原材料 5670 千克，该材料实际成本为每千克 4 元。本月投产量：A 产品 480 件，B 产品 400 件。单位产品原材料定额：A 产品 5 千克，B 产品 7.5 千克。

要求：

(1) 计算原材料定额消耗量分配率，按定额消耗量分配原材料费用。

(2) 计算原材料定额费用分配率，按定额费用分配原材料费用。

(3) 根据分配结果，编制会计分录。

3. 三泰公司 2016 年 3 月月末汇总本月原材料发出情况如下：A 产品直接消耗 1200 千克，B 产品直接消耗 900 千克，A、B 产品共同耗用 3150 千克。基本生产车间一般耗用 100 千克；辅助生产车间：机修车间直接耗用 500 千克，一般耗用 100 千克，运输车间一般耗用 70 千克，管理部门一般耗用 120 千克。原材料实际单位成本 30 元。本月 A 产品产量 500 件，B 产品产量 400 件。单位产品消耗定额：A 产品 2.8 千克，B 产品 4 千克。

要求：

(1) 按材料定额耗量分配 A、B 产品共同消耗原材料费用。

(2) 编制材料费用分配表（见测试题表 3-1），编制分配原材料费用的会计分录。

测试题表 3-1　材料费用分配表

某公司　　　　2016 年 3 月

应借科目		成本或费用项目	直接计入	分配计入	原材料费用合计
基本生产成本	A 产品	原材料			
	B 产品	原材料			
	小　计				
辅助生产成本	机修车间	原材料			
	运输车间	原材料			
制造费用	基本车间	机物料			
	机修车间	机物料			
	运输车间	机物料			
	小　计				
管理费用	行政部门	其　他			
合　计					

4．某工人月标准工资为 240 元，本月实际出勤 19 天，正常休假 8 天，病假 2 天，事假 2 天。该工人病假扣款率 20%（病假期间无公休日）。

要求：按 30 天、20.92 天计算日工资率，分别用出勤天数计算月工资和缺勤天数扣月工资计算月工资额。

5．企业生产 A 产品需要由两个等级的工人进行加工，两等级工人的工时定额分别为 2.5 小时和 4 小时，工人的小时工资率分别为 1.8 元和 1.5 元。本月甲、乙、丙三人共同生产 A 产品，完工产品 130 件，其中工废废品 10 件，料废废品 8 件，其余的为合格品，三个人的出勤天数分别为 22 天、20 天、18 天，日工资率分别为 14 元、18 元、16 元。

要求：按照出勤天数和日工资率的乘积为标准分配计算每个人的计件工资。

6．月末汇总企业工资资料如下：基本生产工人工资 84 000 元，供电、供水车间生产工人工资分别为 14 000 元和 12 000 元，基本生产车间技术人员工资 8000 元，管理人员工资 12 000 元，销售人员工资 5000 元。

本月 A 产品生产工时为 22 000 小时，B 产品生产工时为 28 000 小时。

要求：

(1)按照产品生产工时比例分配 A、B 产品的工资费用。

(2)编制直接人工费用分配表(分别见测试题表 3-2、测试题表 3-3)。

(3)编制直接人工费用的会计分录。

测试题表 3-2　车间(部门)职工薪酬费用分配表

2016 年 3 月

应借科目		成本或费用项目	生产工人工资		辅助人员管理人员工资	合　计
			生产工时	分配金额		
基本生产成本	A 产品	直接人工				
	B 产品	直接人工				
	小　计					
制造费用	工　资					
合　计						

测试题表 3-3　全公司直接人工费用分配表

某公司　　2016 年 3 月

应借科目		成本或费用项目	工　资	其他职工薪酬	合　计
基本生产成本	A 产品	直接人工费用			
	B 产品	直接人工费用			
	小　计				
辅助生产成本	供电产品	直接人工费用			
	供水车间	直接人工费用			
	小　计				
制造费用	基本车间	人工费用			
管理费用	行政部门	人工费用			
销售费用	销售部门	人工费用			
合　计					

7．三泰公司本月发生业务如下。

(1)以银行存款支付动力费用 25 000 元。

(2)月末根据有关计量仪表所示，本公司共消耗电力 72 500 千瓦·时，每度电单位成本为 0.3 元，消耗情况：产品生产电力耗用 50 000 千瓦·时，供水车间直接耗用 2000 千瓦·时，供热车间直接耗用 5000 千瓦·时，基本生产车间照明耗用 7500 千瓦·时，管理部门耗用 6000 千瓦·时，销售部门耗用 2000 千瓦·时。

(3) 本月 A 产品机器工时 45 000 小时，B 产品机器工时 30 000 小时。

要求：按照产品机器工时分配电力费用，并编制电力费用分配表及会计分录。

8．某企业固定资产登记簿所记固定资产原值见测试题表 3-4 所示。

测试题表 3-4　某公司固定资产原值资料表

月日	摘　要	基本生产车间		辅助生产车间		管理部门	
		增加	减少	增加	减少	增加	减少
7 月 31 日	月末余额	490 000		230 000		370 000	
8 月 31 日	本月发生额合计	80 000	65 000		40 000	80 000	20 000
8 月 31 日	月末余额	505 000		190 000		430 000	

要求：根据测试题表 3-4 所列资料，编制 3 月固定资产折旧分配表，提取 3 月折旧。公司固定资产综合折旧率为 9.6%。

9．基本车间 8 月折旧额 23 200 元，辅助车间折旧 11 500 元，行政管理部门 9500 元，8 月增加的固定资产有：基本车间增加 150 000 元机器 1 台，预计使用 8 年，残值率为 4%；辅助车间增加 70 000 元设备一台，残值率为 4%，预计使用 5 年；行政管理部门增加 120 000 元设备一台，年折旧率为 12%。8 月减少固定资产：基本车间 60 000 元设备一台，预计使用 8 年，残值率为 5%，辅助车间 80 000 元设备一台，残值率为 4%，使用 4 年。

要求：计算 9 月折旧额。

第四章

集合费用的归集与分配

引导案例

人才招聘会上的考验

吴海 2016 年 6 月 15 日从南京师范大学商学院毕业，在人才招聘会上被格思特设备制造公司录用为成本会计员。该公司新增加了一个辅助生产车间，即供气车间，该车间主要生产蒸气，用的燃料室原煤。生产的蒸气主要由机械加工、冲压、供电、修理等车间使用，其他部门使用的较少。该公司过去辅助生产车间主要是供电车间和修理车间。本月份供气车间共发生费用 800 000 元，供电车间发生费用 1 200 000 元，修理车间发生费用 900 000 元，各辅助生产车间提供的劳务及耗用单位情况如下表。

辅助生产车间提供的产品或劳务资料表

耗用劳务单位		供气车间（立方米）	供电车间（千瓦）	修理车间（小时）
供气车间		—	10 000	12 000
供电车间		20 000	—	4000
修理车间		5000	25 000	—
第一车间	产品耗用	30 000	50 000	68 000
	一般耗用	4000	26 000	2000
第二车间	产品耗用	1000	60 000	13 000
	一般耗用	1500	18 000	9000
行政管理部门		2000	17 000	7000
设备自建工程		1500	14 000	5000
合　计		65 000	220 000	120 000

财务部领导向吴海提出了以下几个方面的问题要求其解答。

1. 原来企业采用直接分配法分配辅助生产费用，这种分配方法是否合适？有什么优缺点？

2. 新增加了一个辅助生产车间是否需要对辅助生产费用分配方法进行改变？

3. 若需要改变辅助生产费用分配方法，采用什么方法比较合适？请提供几种方案供领导决策时选择。

第一节　辅助生产费用的归集与分配

一、辅助生产费用的归集

辅助生产车间是指为企业的基本生产、行政管理部门服务而进行的产品生产和劳务供应的生产车间。这种生产在不同的企业提供的产品和劳务是不一致的，有的是生产一种产品或提供一种劳务，如供电或供水或供汽或供风或运输等；有的则生产多种产品或提供多种劳务，如从事工具、模具、修理用备件的制造及机器设备的修理等。企业辅助生产部门在产品生产和劳务提供过程中发生的各种耗费，构成了这些产品或劳务的成本。但对于耗用这些产品或劳务的基本生产等部门来说，其产品或劳务的成本又是一种费用，即辅助生产费用。为了核算辅助生产车间所发生的费用，计算辅助生产车间所产产品或劳务的成本，辅助生产车间应设置“生产成本——辅助生产成本”科目，据此进行辅助生产费用的归集和分配。“辅助生产费用明细账”的设置，应根据各个辅助生产车间的具体情况决定。

（一）辅助生产车间只生产一种产品或提供单一劳务

在只生产一种产品或提供单一劳务的辅助生产车间，如供水、供电、供气、运输等车间，应按车间分别设置“辅助生产费用明细账”，在账内按规定的成本项目设置专栏，车间所发生的所有费用都登记在“辅助生产费用明细账”内。

（二）辅助生产车间生产多种产品或提供多种劳务

在生产多种产品或提供多种劳务的辅助生产车间，如工具、模型等车间，除了按车间分别设置“辅助生产费用明细账”外，还应按所生产的各种产品或提供的各种劳务，分别开设“产品成本计算单”，登记当月发生的直接材料、直接人工等直接成本项目的费用。其他费用可先在“制造费用——辅助生产车间”明细账中进行核算，月末再采用适当的分配标准，分配记入各有关产品或劳务成本计算单中。

二、辅助生产费用的分配

由于辅助生产车间是为基本生产车间、行政管理部门提供产品或劳务的，所以，辅助生产车间发生的费用，应由企业生产的各种产品或行政管理等部门负担。

辅助生产车间发生的费用计入成本费用的方法，是由辅助生产车间生产的产品或提供劳务的性质及它们在生产过程中的作用决定的。如果辅助生产车间是生产产品的，如自制材料、工具等，在这些产品完工后，应将其成本从“生产成本——辅助生产成本”账户转入“原材料”或“低值易耗品”等账户中。各车间、部门领用时，再比照财务会计中存货的核算方法，根据具体的用途和数量，一次或分次转入有关成本费用账户。如果辅助生产车间提供水、电、气等产品或劳务，辅助生产车间发生的费用在归集后，应根据各受益部门的耗用量，在各受益部门之间进行分配。在这种情况下，辅助生产车间除主要向基本生产车间和行政管理等部门提供产品或劳务外，辅助生产车间之间也有相互提供产品或劳务的情况，如锅炉车间接受机修车间修理，机修车间用锅炉车间的气等。这样为了计算机修的成本，需要确定气的成本，为了计算汽的成本又要确定机修的成本。因此，为了正确地计算基本生产产品成本，在辅助生产费用分配时，还应在各辅助生产部门之间进行费用的相互分配。这是辅助生产费用分配的一个主要特性。

辅助生产费用的分配是一个较为复杂的过程，为了使分配的结果尽量客观，在分配时要根据企业各辅助生产部门生产产品或劳务的特点及受益单位提供服务的情况，结合企业管理的条件和要求来选用适当的分配方法。分配辅助生产费用的方法很多，但主要的有直接分配法、一次交互分配法、计划成本分配法、代数分配法和顺序分配法等。

(一) 直接分配法

直接分配法是指将辅助生产车间发生的产品或劳务成本全部直接分配给辅助生产车间以外各受益对象负担的一种方法。它的特点是辅助生产车间之间相互提供产品或劳务成本互不分配，即既不转出，也不转入。其分配计算公式如式(4-1)和式(4-2)所示。

$$费用分配率=\frac{某辅助生产车间直接发生的费用总额}{该辅助生产车间提供给辅助生产车间以外受益对象的产品或劳务总量} \quad (4\text{-}1)$$

$$某受益对象应负担的费用=该受益对象接受的产品或劳务供应量\times 费用分配率 \quad (4\text{-}2)$$

例 4-1 南华公司设有供水、供电两个辅助生产车间，主要为本企业基本生产车间和行政管理部门等服务，根据“辅助生产费用明细账”汇总的资料，供水车间本月发生的费用为 27 000 元，供电车间本月发生的费用为 36 960 元。该公司 2016 年 3 月提供劳务的资料汇总如表 4-1 所示。

表 4-1 提供劳务资料汇总表

受益单位		耗水(立方米)	耗电(度)
基本生产——甲产品			48 000
基本生产车间		24 000	8000
辅助生产车间	供水		12 000
	供电	3000	
行政管理部门		2000	4000
专设销售机构		1000	1600
合计		30 000	73 600

根据上述资料，用直接分配法计算各辅助生产部门的费用分配率如下：

$$供水车间费用分配率=\frac{27\,000}{30\,000-3000}=1.00(元/立方米)$$

$$供电车间费用分配率=\frac{36\,960}{73\,600-12\,000}=0.60(元/度)$$

根据费用分配率计算的各受益对象应负担的辅助生产费用，用分配表列示如表 4-2 所示。

表 4-2 辅助生产费用分配表(直接分配法)

2016 年 3 月

辅助生产车间名称		供水车间(立方米)	供电车间(度)	合计
待分配费用(元)		27 000	36 960	63 960
供应辅助生产车间以外单位的劳务量		27 000	61 600	
费用分配率		1.00	0.60	
基本生产——甲产品	耗用数量		48 000	
	分配金额		28 800	28 800
基本生产车间	耗用数量	24 000	8000	
	分配金额	24 000	4800	28 800
行政管理部门	耗用数量	2000	4000	
	分配金额	2000	2400	4400
专设销售机构	耗用数量	1000	1600	
	分配金额	1000	960	1960
合计		27 000	36 960	63 960

根据上列分配表编制会计分录如下：

借：生产成本——基本生产成本——甲产品　　28 800

　　制造费用——基本生产车间　　28 800

　　管理费用　　4400

　　销售费用　　1960

　　贷：辅助生产成本——供水　　27 000

　　　　　　　　　　——供电　　36 960

直接分配法由于将各辅助生产部门待分配的费用只对其以外的单位分配一次，因而计算工作简便；但由于各辅助生产部门包括的费用不全，如上例中供水车间的费用不包括所耗用的电费，供电车间的费用中不包括耗用的水费，造成分配的结果不够客观正确，因而它适用于辅助生产内部相互提供的劳务不多的情况。

（二）一次交互分配法

一次交互分配法是将辅助生产部门相互提供的劳务先行交互分配，然后再将各辅助生产车间交互分配后的实际费用全部分配给辅助生产车间以外各受益单位的一种分配方法。这种方法的特点是两次分配。第一次分配是先根据各辅助生产车间相互提供的劳务数量和交互分配前的分配率进行一次交互分配；第二次分配是将各辅助生产车间交互分配后的实际费用（即交互分配前的费用加上交互分配转入的费用减去交互分配转出的费用）再按向辅助生产车间以外各受益单位提供的劳务量进行分配。分配的计算公式如式（4-3）、式（4-4）和式（4-5）所示。

1. 交互分配

$$交互分配率=\frac{辅助生产车间直接发生的费用额}{辅助生产车间提供的劳务总量} \tag{4-3}$$

某辅助生产车间分入的辅助生产费用=该辅助生产车间受益的劳务量×对应的交互分配率

某辅助生产车间分出的辅助生产费用=提供给某辅助生产车间的劳务量×对应的交互分配率

2. 对外分配

$$辅助生产车间对外费用分配率=\frac{该辅助生产车间对外待分配费用}{对外提供的劳务总量} \tag{4-4}$$

某辅助生产车间对外待分配费用=该辅助生产车间直接费用+交互分入的费用
–交互分出的费用

某受益单位应分摊辅助生产费用=该单位受益的劳务量×对外费用分配率　　(4-5)

例 4-2　仍以例 4-1 资料，编制一次交互分配法的辅助生产费用分配表如表 4-3 所示。

表 4-3　辅助生产费用分配表（一次交互分配法）

2016 年 3 月

项目	交互分配			对外分配		
辅助生产车间名称	供水	供电	合计	供水	供电	合计
待分配费用	27 000	36 960	63 960	30 300.40	33 659.60	63 960
劳务供应数量总额	30 000	73 600	—	27 000	61 600	—
费用分配率	0.9	0.502 2	—	1.122 2	0.546 4	—

续表

项目			交互分配			对外分配		
辅助生产车间名称			供水	供电	合计	供水	供电	合计
辅助生产车间耗用	供水	数量		12 000				
		金额		6000.40				
	供电	数量	3000					
		金额	2700					
生产成本——基本生产成本——甲产品耗用		数量					48 000	
		金额					26 227.20	26 227.20
基本生产车间耗用		数量				24 000	8000	—
		金额				26 932.8	4371.20	31 304
行政管理部门耗用		数量				2000	4000	—
		金额				2244.4	2185.60	4430
专设销售机构耗用		数量				1000	1600	—
		金额				1123.20	27 102.80	28 226
合计						30 300.40	33 659.60	63 960

根据上述表 4-3 编制会计分录如下。

交互分配分录：

借：辅助生产成本——供水车间 6000.40

　　贷：辅助生产成本——供电车间 6000.40

借：辅助生产成本——供电车间 2700

　　贷：辅助生产成本——供水车间 2700

对外分配分录：

借：生产成本——基本生产成本——甲产品 26 227.20

　　制造费用——基本生产车间 31 304

　　管理费用 4430

　　销售费用 28 226

　　贷：辅助生产成本——供水车间 30 300.40

　　　　　　　　　　——供电车间 33 659.60

交互分配法由于辅助生产车间内部进行了交互分配，因而提高了分配结果的客观性和正确性。但由于要进行交互和对外两次分配，因而增加了计算工作量；另外，由于交互分配的分配率是根据交互分配前的待分配费用计算的，不是各辅助生产车间的实际单位成本，因而分配结果也不客观正确。这种方法一般适用于各辅助生产车间之间相互提供劳务较多的企业。

（三）计划成本分配法

计划成本分配法，是根据辅助生产提供劳务的计划单位成本和各受益单位的受益量分配辅助生产费用的一种方法。其内容也是进行两次分配，先是按劳务的计划单位成本分配辅助生产车间为各受益单位（包括其他辅助生产车间）提供的费用，然后再将辅助生产车间实际发生的费用（包括交互分配转入的费用在内）与按计划成本分配出去的费用的差额即成本差异，分配给辅助生产以外的受益单位。其计算公式及步骤如式（4-6）、式（4-7）、式（4-8）和式（4-9）所示。

1. 先按计划成本分配

$$\text{某各受益对象应分配劳务费用(含辅助生产车间)}=\text{各该受益对象的受益数量}\times\text{计划单位成本} \tag{4-6}$$

2. 分配成本差异

$$\text{成本差异}=(\text{各辅助生产车间发生的费用}+\text{按计划成本分配转入的费用})-\text{按计划成本分配转出的费用} \tag{4-7}$$

$$\text{成本差异分配率}=\frac{\text{成本差异额}}{\text{辅助生产车间以外的受益单位劳务量(或分配的计划成本)}} \tag{4-8}$$

$$\text{某受益单位应分成本差异}=\text{该受益单位受益量(或分摊的计划成本)}\times\text{成本差异分配率} \tag{4-9}$$

为了简化核算，也可将其成本差异直接计入管理费用。

例 4-3 仍以例 4-1 资料为基础，假定南华公司按计划成本分配辅助生产费用，计划单位成本供水车间的水每立方米 11 元，供电车间的电每度 25 元，则编制辅助生产费用分配表如表 4-4 所示。

表 4-4 辅助生产费用分配表(按计划成本分配)

2016 年 3 月

项目	直接发生费用	分配数量	计划单位成本	按计划成本分配的金额												直接发生数与转入数合计	差异
				供水		供电		生产成本		制造费用		管理费用		销售费用			
				数量	金额	数量	金额	数量	金额	数量	金额	数量	金额	数量	金额		
供水	27 000	30 000	11	—	—	3000	33 000			24 000	264 000	2000	22 000	1000	11 000	327 000	3000
供电	36 960	73 600	25	12 000	300 000	—	—	48 000	1 200 000	8000	200 000	4000	100 000	1600	40 000	69 960	1 770 040
合计	—	63 960	—	—	300 000	—	33 000	—	1 200 000	—	464 000	—	122 000	—	51 000	396 960	—

根据表辅助生产分配表编制会计分录如下。

按计划成本分配的分录：

借：辅助生产成本——供水车间　　300 000

　　　　　　　——供电车间　　33 000

　　生产成本——基本生产成本——甲产品　　1 200 000

　　制造费用——基本生产车间　　464 000

　　管理费用　　122 000

　　销售费用　　51 000

　　贷：辅助生产成本——供水车间　　330 000

　　　　　　　　　——供电车间　　1 840 000

成本差异分配的分录：

借：管理费用　　1 773 040

　　贷：辅助生产成本——供水车间　　3000

　　　　　　　　　——供电车间　　1 770 040

采用按计划成本分配法，尽管也经过两次分配，但由于第一次分配时计划成本事先制定，不要单独计算费用分配率，第二次分配虽然要计算分配率，但由于涉及的受益对象少，特别是在实际中完全可以将成本差异金额一次计入管理费用，因而大大简化了计算工作。另外，通过辅助生产成本的计算，还能反映和考核辅助生产成本计划的执行情况；又由于辅助生产成本按比例分配的差异在实际中可全部计入管理费用，各受益单位所负担的劳务费用都不包括辅助生产成本差异因素，因而还便于分析和考核各受益单位的成本，有利于分清企业内部各单位的经济责任。但采用这种分配方法的前提要求是，制定的计划单位成本必须比较准确，否则影响分配结果的合理性。

（四）代数分配法

代数分配法是运用代数中解联立方程式原理求出辅助生产单位产品和劳务的实际单位成本以后，再按各个受益对象耗用产品或劳务的数量分配辅助生产费用的一种方法。其基本计算步骤如下：

(1) 设未知数，并根据辅助生产车间之间交互服务关系建立方程组；

(2) 解方程组，算出各种产品或劳务的单位成本；

(3) 用各单位成本乘以各受益部门的耗用量，求出各受益部门应分配计入的辅助生产费用。

例 4-4 仍以上例 4-1 资料进行假设和计算如下：

设：X 为每立方米水的成本；Y 为每度电的成本

则设立联立方程式为：

$$27\,000+12\,000Y=30\,000X \tag{1}$$

$$36\,960+3000X=73\,600Y \tag{2}$$

将 (1) 式移项得：

$$12\,000Y=30\,000X-27\,000$$

$$Y=30\,000X/12\,000-27\,000/12\,000=2.5X-2.25 \tag{3}$$

将 (3) 式代入 (2) 得：

$$36\,960+3000X=73\,600\times(2.5X-2.25)$$

$$36\,960+3000X=18\,400X-165\,600$$

$$15\,400X=165\,600$$

$$X=10.75（元）$$

将 X=10.75 代入 (3) 式得：

$$Y=2.5X-2.25$$

$$Y=2.5\times 10.75-2.25=24.625（元）$$

根据上列计算结果，编制代数分配法的辅助生产费用分配表如表 4-5 所示。

表 4-5　辅助生产费用分配表（代数分配法）

2016 年 3 月

应借账户	辅助生产车间名称			供水车间	供电车间	合　计
	待分配费用			27 000	36 960	63 960
	劳务供应总量			30 000	73 600	—
	用代数法算出实际单位成本			10.75	24.625	—
	辅助生产	供水车间	耗用数量		12 000	—
			分配金额		295 500	295 500

续表

	辅助生产车间名称			供水车间	供电车间	合 计
应借账户	辅助生产	供电车间	耗用数量	3000		—
			分配金额	32 250		32 250
	生产成本	基本生产成本	耗用数量		48 000	—
			分配金额		1 182 000	1 182 000
	制造费用	基本生产车间	耗用数量	24 000	8000	—
			分配金额	258 000	197 000	455 000
	管理费用	行政管理部门	耗用数量	2000	4000	—
			分配金额	21 500	98 500	120 000
	销售费用	专设销售机构	耗用数量	1000	1600	—
			分配金额	10 750	39 400	50 150
	分配金额合计				63 960	

根据表 4-5 的辅助生产分配表编制会计分录如下：

借：辅助生产成本——供水车间　　295 500
　　　　　　　　——供电车间　　32 250
　　生产成本——基本生产成本——甲产品　　1 182 000
　　制造费用——基本生产车间　　455 000
　　管理费用　　120 000
　　销售费用　　50 150
　　贷：辅助生产成本——供水车间　　27 000
　　　　　　　　　　——供电车间　　36 960

采用代数分配法分配费用，分配结果最正确。但在分配之前要解联立方程，如果辅助生产车间较多、未知数较多，计算工作就比较复杂。因而这种方法在计算工作已经采用电算化的企业中采用比较适宜。

（五）顺序分配法

顺序分配法又称阶梯法，是根据各辅助生产车间相互提供产品或劳务费用的多少排成顺序，耗用其他辅助生产车间费用少的排列在前，先将费用分配出去；耗用其他辅助生产车间费用多的排列在后，后将费用分配出去的一种方法。其分配特点是，前者分配给后者，而后者不分配给前者，后者的分配额等于其直接费用加上前者分配入的费用之和。例如供水和供电两个辅助生产车间若供电车间耗用供水车间的费用少，而供水车间耗用供电车间的费用多，则辅助生产车间费用的分配顺序是应分配供电车间的费用，然后再分配供水车间的费用。

采用顺序分配法分配辅助生产费用的计算公式如式(4-10)和式(4-11)所示。

$$\text{某辅助生产车间费用分配率}=\frac{\text{该辅助生产车间直接发生的费用}+\text{分配转入费用}}{\text{该辅助生产车间向其他车间、部门提供的产品或劳务数量}} \quad (4\text{-}10)$$

$$\text{各车间、部门应分配的辅助生产费用}=\text{该车间、部门耗用的产品或劳务数量}\times\text{某辅助生产车间费用分配率} \quad (4\text{-}11)$$

例 4-5 现仍以上例 4-1 资料为基础，通过一次交互分配法的计算可知，供电车间耗用供水车间的费用少，而供水车间耗用供电车间的费用多，因而供电车间排列在先，先将费用分配出去。分配时既要将电费分配给基本生产车间、行政管理部门、专设销售机构等，还要分配给排列在后的供水车间。由于供水车间排列在后，因此，其所分配的费用由两部分组成，即本车间发生的费用和供电车间转入的费用。所应分配的劳务数量，不包括供电车间耗用的3000立方米。根据上述的分析，编制辅助生产费用分配表见表4-6所示。

表4-6　辅助生产费用分配表(顺序分配法)

2016年3月

项目	分配数量	分配费用			分配率	分配额									
		直接发生费用	分配转入费用	小计		供水车间		生产成本		制造费用		管理费用		销售费用	
						数量	金额	数量	金额	数量	金额	数量	金额	数量	金额
供电	73 600	36 960			0.502 2	12 000	6026.40	48 000	24 105.60	8000	4017.60	4000	2008.80	1600	801.60
供水	30 000	27 000	6026.40	33 026.40	1.223 2					24 000	29 356.80	2000	2446.40	1000	1223.20
合计	—	63 960				—		—		—	33 374.40	—	4455.20	—	2024.80

根据表4-6中的数字，应作如下的会计分录：

借：辅助生产成本——辅助生产成本——供水车间　　6026.40
　　生产成本——基本生产成本　　24 105.60
　　制造费用——基本生产车间　　33 374.40
　　管理费用　　4455.20
　　财务费用　　2024.80
　贷：辅助生产成本——供电车间　　36 960
　　　　　　　　　——供水车间　　33 026.40

采用顺序分配法不进行交互分配，各辅助生产部门只分配一次辅助生产费用，即分配给辅助生产以外的受益单位和排在后面的其他辅助生产部门，因而计算工作较为简便，但其毕竟未全面考虑辅助生产部门之间交互服务关系，因此，分配结果不够准确。另外，各辅助生产车间费用分配的先后顺序也较难确定。所以，这种方法一般只适用于辅助生产车间较多且交互服务数量有较明显顺序的企业。

第二节　制造费用的归集与分配

一、制造费用的归集

基本生产的制造费用(以下简称制造费用)是企业为生产产品而发生，应该计入产品成本，但没有专设成本项目的各项生产费用。也就是企业生产部门在组织和管理产品生产过程中发生的，所有不能直接归属到所制造产品或其他有收益的生产活动中的各项费用。制造费用包括的内容很多也比较复杂，其中大部分是间接用于产品生产的费用，例如机物料消耗、生产车间用房屋、建筑物的折旧费、修理费、保险费或租赁费，车间生产用的照明费、取暖费、降温费、运输费、劳动保护费及季节性停工和生产用固定资产修理期间的停工损失等；制造费用也包括直接用于产品生产，但管理上不要求或核算上不便于单独核算，因而未专设成本项目的费用，如生产用机器设备的折旧费、修理费、保险费或租赁费，生产用低值易耗品的摊销、设计图纸费和试验检验费等，生产工艺用动力如果没有专设成本项目，也列入制造费用；制造费用还包括生产部门用于组织和管理生产而发生的费用，如生产部门管理人员工资及福利费，生产部门管理用房屋及设备的折旧费、修理费、保险费或租赁费，生产部门管理用具摊销及生产管理部门的照明费、取暖费、差旅费和办公费等。这些费用是具有管理性质的费用，似乎应作为管理费用直接列入当期损益，但由于生产部门是企业直接从事产品生产的单位，其发生的管理费用与制造费用很难严格划分，因此，为了简化核算，也作为制造费用核算。

但对制造费用的核算并不是按上述间接用于产品生产、直接用于产品生产及组织和管理生产来划分项目进行的，而是将这些方面相同性质的费用合并设立相应的费用项目，如将这些方面的固定资产折旧费合并设立一个“折旧费”项目等，据此设立的制造费用明细项目一般包括：机物料消耗、工资及福利费、折旧费、修理费、租赁费、保险费、低值易耗费摊销、水电费、取暖费、运输费、劳动保护费、设计制图费、试验检验费、差旅费、办公费、在产品盘亏、毁损和报废及季节性及修理期间停工损失等。

制造费用的归集是通过设置“制造费用” 账户进行的，该账户应按不同的生产车间、部门设立明细账户，账内再按照费用项目设立专栏分别反映各生产部门各项制造费用的发生情况，其登记依据是有关的付款凭证、转账凭证和前述的各种费用分配表。“制造费用”作为集合分配账户，借方归集某会计期间生产过程中所发生的各项制造费用，贷方登记在会计报告期末分配计入各种产品成本的制造费用，期末一般无余额。

现将南华公司 2016 年 3 月份基本生产车间的制造费用明细账如表 4-7 所示。

表 4-7 制造费用明细表（基本生产车间）

×年		凭证号数	摘要	工资	福利费	折旧费	修理费	动力费	低值易耗品摊销	办公费	机物料消耗	水电费	保险费	其他	合计	转出	余额
月	日																
8	31		原材料费用分配表				300				9200				9500		9500
			低值易耗品费用分配表						1200						1200		10 700
			外购动力费用分配表									600			600		11 300
			职工薪酬分配表	4500	630										5130		16 430
			折旧费用分配表			5000									5000		21 430
			其他费用汇总表							680			4860	2240	7780		29 210
			辅助生产分配表					31252.5							31252.5		60 462.5①
			分配转出														60 462.5
3	31		本月合计	4500	630	5000	300	31252.5	1200	680	9200	600	4860	2240	60462.5		0

注：①为交互分配法的数额。

二、制造费用的分配

通过制造费用的归集，企业在某一会计期间发生的制造费用都已归属到了制造费用的明细账内，在会计期末时，为了正确计算产品的生产成本，还要将其合理地分配到有关产品成本中去。分配原则是：在基本生产部门只生产一种产品的情况下，其归集的制造费用是直接计入费用，应直接计入该种产品的成本；在生产多种产品的情况下，则间接计入费用应采用适当的分配方法分配计入各种产品的成本。分配的方法很多，但通常采用的有实际分配率法、计划分配率法和累计分配率法等。

(一) 实际分配率法

实际分配率法是根据当月实际制造费用及其分配标准来分配制造费用的方法。由于采用的分配标准不同，其计算方法也不一样。

1. 生产工时比例法

生产工时比例法是以各种产品所耗用的实际(或定额)工时为标准，来分配制造费用的一种方法。其计算公式如式(4-12)和式(4-13)所示。

$$制造费用分配率=\frac{制造费用总额}{各产品实际(或定额)工时之和} \tag{4-12}$$

$$某种产品应分配的制造费用=该种产品实际(或定额)工时\times制造费用分配率 \tag{4-13}$$

按生产工时比例分配制造费用，能将劳动生产率与产品负担的制造费用结合起来，使分配结果比较合理。如劳动生产率提高，则单位产品生产工时减少，所负担的制造费用也就降低，因此，它是一种较好的分配方法，在实际工作中用得也较多。

例 4-6 假定南华公司 2016 年 3 月发生的制造费用为 60 462.50 元，甲、乙两种产品生产工人的实际生产工时分别为 4100 小时、2050 小时。按生产工人的实际生产工时比例分配制造费用，分配制造费用如下：

$$制造费用分配率=\frac{60\,462.50}{4100+2050}=9.8313$$

$$甲产品应分配制造费用=4100\times9.829\,67=40\,308.33(元)$$

$$乙产品应分配制造费用=60\,462.50-40\,308.33=20\,154.17(元)$$

在实际工作中，制造费用分配一般是通过编制制造费用分配表进行。其格式如表 4-8 所示。

表 4-8 制造费用分配表

产 品 名 称	生产工时(小时)	分配率	分配额
甲产品	4100		40 308.33
乙产品	2050		20 154.17
合 计	6150	9.831 3	60 462.50

根据上述制造费用分配表，编制会计分类如下：

借：基本生产成本——甲产品　　40 308.33
　　　　　　　　——乙产品　　20 154.17
　贷：制造费用　　60 462.50

2. 生产工人工资比例法

生产工人工资比例法是按照计入各种产品成本的生产工人实际工资的比例分配制造费用的方法。其计算公式如式(4-14)和式(4-15)所示。

$$制造费用分配率=\frac{制造费用总额}{各产品生产工人工资总额} \tag{4-14}$$

$$某种产品应负担的制造费用=该种产品生产工人工资\times制造费用分配率 \tag{4-15}$$

采用这种分配方法由于其分配依据即生产工人工资的资料在工资分配表中是现成的，因而核算工作很简便；另外，如果生产工人工资对产品来说是直接计入费用，则生产工人的工资便能直接反映产品生产的多少，从而使用此方法分配的制造费用对不同产品来说负担也比较合理。但要注意的是，采用这种方法的前提是各种产品生产的机械化程度应该差不多，否则，机械化程度高的产品，由于工资费用少，分配负担的制造费用也少，会影响费用分配的合理性。另外，还要说明的是，如果生产工人工资是按照生产工时比例分配计入各种产品成本的，那么按照生产工人工资比例分配制造费用，实际上也就是按照生产工时比例分配制造费用。

3．机器工时比例法

机器工时比例法是按照各种产品生产时所用机器设备时数作为分配标准来分配制造费用的一种方法。其计算公式如式(4-16)和式(4-17)所示。

$$\text{制造费用分配率}=\frac{\text{制造费用总额}}{\text{各产品所用机器工时总数}} \tag{4-16}$$

$$\text{某种产品应负担的制造费用}=\text{该种产品机器工时数}\times\text{制造费用分配率} \tag{4-17}$$

当机器设备是主要的生产因素，以及机器小时与人工时间没有必然联系时，这种方法较为适用。特别是在机械化生产程度较高的生产部门，这种分配结果较为精确。因为在这种情况下，制造费用中与机器设备使用有关的费用比重大，如折旧费、修理费等，而人工费用则较少，如仍按前两种方法分配，则会造成机械化程度较低的产品由于其生产工人工资及所用人工工时较多，而负担的制造费用较大，但其中绝大部分却是机器设备的折旧费，修理费；而机械化程度较高的产品，由于其人工成本和所用人工工时较少，则会造成负担的制造费用也较少的不合理分配结果。因此，在生产机械化程度较高的生产部门，其制造费用宜采用与设备运转的时间有密切关系的机器工时为标准进行分配比较合理。但采用这种方法，必须具备各种产品所用的机器工时的原始记录，从而增加了机器工时资料收集的成本。

值得一提的是，由于制造费用包括各种性质和用途的费用，为增加分配结果的合理性，也可以将制造费用加以适当的分类，例如分为与机器设备有关的费用和与生产的组织和管理有关的费用两大类，分别选用机器工时比例法和生产工时比例法进行分配。当然这种分配方法的采用要考虑是否值得，也就是说这种选择的前提是：制造费用在产品成本中占的比重较大，且增加的核算工作量不多。

(二)计划分配率法

计划分配率法也叫预定分配率法，它是根据企业正常经营条件下的年度制造费用预算数和预计的定额标准数预先计算分配率，然后按此分配率分配制造费用的一种方法。这种分配方法的基本步骤是：

1．计算计划分配率。其公式如式(4-18)所示。

$$\text{制造费用计划分配率}=\frac{\text{制造费用计划总额}}{\text{预计产量的定额标准数}} \tag{4-18}$$

预计产量的定额标准数可以是预计产量的生产工人工时，也可以是直接生产工人的工资，还可以是机器工时数等。

2．按计划分配率分配制造费用。其公式如式(4-19)所示。

$$\text{某种产品应分配的制造费用}=\text{该种产品的实际产量定额标准}\times\text{计划分配率} \tag{4-19}$$

3．处理分配的差异。

按计划分配率分配的制造费用数额与制造费用实际数额之间一般存在有差异，对此差异的处理方法是：年末时，将其差异额按已分配的比例进行一次再分配，计入到各生产单位所生产的各产品成本中去。实际数大于已分配数的，用蓝字补计，小于已分配数的用红字冲回。下面举例说明。

例 4-7 仍以上述南华公司为例，假定全年制造费用计划为 62 000 元，全年甲、乙两种产品的计划产量分别为 600 件和 400 件，单位产品的工时定额甲产品为 7 小时，乙产品为 5 小时，则：

$$\text{制造费用计划分配率}=\frac{62\,000}{600\times 7+400\times 5}=\frac{62\,000}{4200+2000}=10\text{ 元/小时}$$

假定该公司 3 月份的实际产量为：甲产品 50 件，乙产品 30 件，该月实际制造费用 5200 元。则：

$$\text{甲产品应分配制造费用}=50\times 7\times 10=3500\text{ 元}$$

$$\text{乙产品应分配制造费用}=30\times 5\times 10=1500\text{ 元}$$

因而 3 月份出现差异额 200 元(5200−5000)，即该企业 3 月份出现制造费用借方余额 200 元，这 200 元的借方余额平时不分配。

因此，这种分配方法下，年度中间制造费用明细账及与之相联系的制造费用总账账户不仅可能有月末余额，而且既可能是借方余额，也可能是贷方余额。到年底时，如果制造费用账户仍然有余额，就是全年制造费用的实际发生额与计划分配额的差异，那么，就要进行一次再分配，予以调整使之余额为 0。

仍以例 4-7 为例，假定南华公司到年底其已按计划分配率分配其制造费用 60 100 元，其中甲产品为 41 000 元，乙产品为 19 100 元，那么本年度共少分配制造费用为 362.50 元(即 60 462.5− 60 100)。则甲乙两种产品再应分配制造费用如下：

$$\text{甲产品再应分配数}=41\,000\times\frac{362.5}{60\,100}=247.30(\text{元})$$

$$\text{乙产品再应分配数}=362.50-247.30=115.20(\text{元})$$

例 4-7 是全年制造费用实际发生额大于计划分配额的情况，如果是实际发生额小于计划分配额，则用红字记录，即借记“基本生产成本”红字金额，贷记“制造费用”红字金额。

采用计划分配率分配法分配制造费用，因年度内各个月份并不进行差异的再分配，因此相对来说可简化分配手续，并能及时计算产品成本。但采用这种分配方法，必须有较高的计划管理工作水平，否则，年度制造费用的计划数脱离实际成本太大，就会影响成本计算准确性，这种方法特别适用于季节性生产企业。因为在这种企业中，每月发生的生产费用相差不多，但生产淡月和旺月的产量却相差悬殊，如果按照实际费用分配，各月单位产品成本中的制造费用将随之或高或低，而这并不是生产部门工作本身引起的，因而不便于成本分析工作的进行。而采用年度计划分配率分配法来分配则可较好地避免这个问题。

(三)累计分配率法

累计分配率法是在产品完工时一次性分配其应负担的全部制造费用，至于未完工产品暂不分配，其应负担的制造费用保留在“制造费用”账户中，累计工时保留在“产品成本计算单”中，待其完工后一次性分配。累计分配率法中的分配标准，可采用上述分配方式中分配标准的任何一种。其计算公式如式(4-20)和式(4-21)所示。

$$\text{制造费用累计分配率}=\frac{\text{制造费用期初余额}+\text{本月发生的制造费用}}{\text{各种产品累计分配标准之和}} \tag{4-20}$$

$$\text{完工产品应分配的制造费用}=\text{完工产品的累计分配标准}\times\text{制造费用累计分配率} \tag{4-21}$$

例 4-8 南华公司 2016 年 3 月共生产 A、B、C、D 四批产品，A 批产品上月投产，生产工时为 400 小时，本月发生工时 1500 小时。另外三批产品均为本月投产，工时分别为 2400 小时、1800 小时和 3250 小时。月初制造费用余额为 1360 元，本月发生 5652.50 元。A 批产品本月完工，其余三批产品均未完工。采用累计分配率法计算分配制造费用，其计算结果如下：

$$\text{制造费用累计分配率}=(1360+5652.50)\div(400+2400+1800+3250)=0.75(\text{元/小时})$$

$$\text{A 批产品应分配的制造费用}=(400+1500)\times 0.75=1425(\text{元})$$

B、C、D 三批产品由于未完工，所以暂不分配，可将这三批产品应负担的费用 5587.50 元保留在“制造费用”账户中，而这三批产品的分配标准则保留在各自的“产品成本计算单”中。待这三批产品完工时，再根据其累计工时和完工月份的制造费用累计分配率，分配应负担的制造费用。

累计分配率法的优点是在生产周期较长的企业，假若完工产品批次少，未完工产品批次多，则可简化会计核算的工作量。若完工的批次多，而未完工的批次少，由于简化的工作量较少，所以可不采用这种方法进行分配。同时，采用这种方式分配制造费用时，各月份制造费用水平应相差不大，否则会影响计算结果的准确性。因此，这种方法一般是在每月完工产品的批次少，未完工产品的批次多，各月费用水平相差不大的情况下采用。

第三节 生产损失的归集与分配

生产损失是指在生产过程中发生的不能正常产出的各种耗费。生产损失的类型由于企业的生产特点不同而不尽相同。但通常情况下，可将其归为四类：一是生产损耗，即投入原材料的跑、冒、滴、漏及自然耗费等；二是生产废料，即生产过程中产生的边角余料；三是废品损失，即生产过程中造成的产品质量不符合规定的技术标准而发生的损失；四是停工损失，即由于机器故障及季节性修理期间的停工而发生的耗费。但这四类中的前两类，即“生产损耗”和“生产废料”在成本计算时，已经进行了考虑，有的将其列入了产品成本，有的变卖或作价入库成为收入。因此，真正属于成本核算中的生产损失主要指的是“废品损失”和“停工损失”。

一、废品损失的核算

废品损失是指在生产过程中由于主客观的原因造成的产品质量不符合规定技术标准而发生的没有价值的耗费。为了正确理解废品损失的含义，还必须明确什么叫废品及废品损失所包括的范围。

生产中的废品是指不符合规定的技术标准，不能按照原定用途使用，或需要加工修理才能使用的在产品、半成品或产成品。它包括在生产过程中发现及入库后发现的所有废品。但不包括入库时确定为合格品，由于保管不善等原因而发生损坏变质的产品；质量虽不符合规定标准，但经检定，可以不需返修即可进行降级出售或使用的产品和实行“三包”企业在产品出售后发现的废品所发生的一切损失。

废品按能否修复分为可修复废品和不可修复废品。可修复废品是指经过修理可以使用，而且所花费的修复费用在经济上合算的废品；不可修复废品则是指技术上不能修复，或者所花费的修复费用在经济上不合算的废品。

为了单独核算废品损失，应增设“废品损失”账户，在成本项目中增设“废品损失”项目。“废品损失”账户借方登记包括修复废品的生产成本和可修复废品的修复费用；贷方反映废品材料回收的价值，有关赔偿的数额及分配转出的废品损失。“废品损失”一般按车间设立明细账并按产品品种分设专户，期末该账户无余额。

（一）不可修复废品损失的核算

不可修复废品损失核算主要涉及两个内容，即不可修复废品损失额的计算和对损失的会计处理。

不可修复废品的损失额为废品的生产成本、扣除回收的残料价值及应收赔偿款后的损失。但由于不可修复废品生产成本是同合格品成本混合在一起的，所以要将废品报废以前与合格品计算在一起的各项费用，采用适当的分配方法，在合格品与废品之间进行分配。废品生产成本的确定方法一般有按废品所消耗的实际费用计算和按废品所耗的定额费用计算。

1. 按废品所耗实际费用计算废品损失的核算。

这一方法是指在废品报废时，根据废品和合格品发生的全部实际费用，采用一定的分配标准，在合格品与废品之间进行分配，计算出废品的实际成本。其计算公式如式(4-22)、式(4-23)和式(4-24)所示。

$$\text{废品负担的直接人工费用}=\frac{\text{某产品直接人工总额}}{\text{合格品数量}+\text{废品数量（或约当产量）}}\times\text{废品数量（或约当产量）} \tag{4-22}$$

$$\text{废品负担的直接材料费用}=\frac{\text{某产品直接材料总额}}{\text{合格品数量（或工时）}+\text{废品约当产量（或工时）}}\times\text{废品约当量（或工时）} \tag{4-23}$$

$$\text{废品负担的制造费用}=\frac{\text{某产品制造费用总额}}{\text{合格品数量（或工时）}+\text{废品约当产量（或工时）}}\times\text{废品约当产量（或工时）} \tag{4-24}$$

如果该产品于月末尚有部分产品未完工，则上述公式中的分母还应包括在产品数量或约当产量(或工时)。约当产量是指将在产品折合成相当于完工产品的数量。

废品损失的计算一般是通过编制废品损失计算表进行的。下面举例说明。

例 4-9 假定南华公司基本生产车间生产甲产品 2000 件，生产过程中发现其中有 20 件为不可修复废品。合格品和废品共同发生的生产费用为：原材料费用 300 000 元、直接工资费用 80 000 元、制造费用 65 000 元，合计 445 000 元。原材料在生产开始时一次投入。原材料费用按产量比例分配，其他费用按生产工时比例分配。产品生产工时为：合格品 9920 小时，废品 80 小时。废品残料回收价值 200 元。根据上述资料，编制废品损失计算表如表 4-9 所示。

表 4-9　不可修复废品损失计算表

车间名称：×基本生产车间　　　　产品名称：甲产品

项　目	产量(件)	直接材料	生产工时	直接工资	制造费用	成本合计
生产费用总额	1980	300 000	10 000	80 000	65 000	445 000
费用分配率		150		8	6.5	
废品生产成本	20	3000	80	640	520	4160
减：残料价值		200				200
废品损失		2800		640	520	3960

根据表 4-9 的废品损失计算表编制会计分录如下。

① 结转废品生产成本

借：废品损失——甲产品　　4160

　　贷：基本生产成本——甲产品　　4160

② 回收残料入库

借：原材料　　200

　　贷：废品损失——甲产品　　200

③ 将废品净损失 3960 元转入合格品成本

借：基本生产成本——甲产品——废品损失　　3960

　　贷：废品损失——甲产品　　3960

在上述会计分录中，第 1 项分录是从甲产品成本明细账的各成本项目中将属于废品的成本项目转出；第 3 项分录是将废品净损失转入该产品成本明细账中“废品损失”项目。这样，既可通过“废品损失”账户总括反映整个企业的废品损失，又可通过产品成本明细账“废品损失”项目具体反映各种产品的废品损失。具体内容用“产品生产成本明细账”列示如表 4-10 所示。

表 4-10　产品生产成本明细账

车间名称：×基本生产车间　　产品名称：甲产品　　金额单位：元

×年		凭证号数	摘　要	直接材料	直接工资	制造费用	废品损失	合计
月	日							
略	略	略	原材料费用分配表	300 000				300 000
			职工薪酬分配表		80 000			80 000
			制造费用分配表			65 000		65 000
			减不可修复废品成本	3000	640	520		4160
			转入废品净损失				3960	3960
			本月完工入库合格品总成本	297 000	79 360	64 480	3960	444 800

从表 4-10 来看，从产品成本中转出废品损失 4160 元，而转入产品成本的废品净损失只有 3960 元，这似乎意味着产品成本由于发生废品反而减低了。事实并非如此，因为这里减低的只是产品的总成本，单位合格品的生产成本实际上是提高了。

如果废品是在完工以后发现的，这时单位废品负担的各项生产费用应与单位合格产品完全相同，因此可按合格品产量和废品的数量比例分配各项生产费用，计算分配的实际成本。按废品的实际费用计算和分配废品损失，计算结果符合实际，但核算工作量较大。

2. *按废品所耗定额费用计算废品损失的核算*

这种方法是按废品的数量和各项费用定额计算废品的定额成本，再将废品定额成本扣除废品残值或应收赔款后即为废品损失，而不考虑废品实际发生的费用。

例 4-10 假定某企业基本生产车间在生产乙产品过程中，发生不可修复废品 10 件，按其所耗定额费用计算废品的生产成本。其原材料费用单位定额 200 元，废品已完成定额工时 10 小时，每小时费用定额为：工资及福利费 3 元、制造费用 9 元、回收残料价值 150 元。根据此资料编制废品损失计算表如表 4-11 所示。

表 4-11 不可修复废品损失计算表

车间名称：×基本生产车间 （按定额成本计算） 产品名称：乙产品 废品数量：10 件 金额单位：元

项 目	直接费用	定额工时	直接工资	制造费用	成本合计
每件或每小时费用定额	200		3	9	
废品定额成本	2000		30	90	2120
减：残料价格	150				
废品报废损失	1850		30	90	1970

根据此表编制会计分录的方法与按实际费用计算废品成本的方法相同。

采用这一方法，计算工作比较简便并且可以不受废品实际费用水平高低的影响，便于进行成本的分析与考核。但采用此法计算废品生产成本必须具备准确的消耗定额和费用定额资料。

（二）可修复废品损失的核算

可修复废品损失指的是在修复过程中发生的各种费用。因此，修复后的产品成本应该是由修复前发生的生产费用加上修复过程中发生的各项修复费用构成。如果有废品回收残值或应收赔偿款的话，也从废品损失中扣除。

可修复废品损失在废品修复时计算。其计算公式如式(4-25)所示。

可修复废品损失=修复废品材料费用+修复废品工资及福利费+修复废品制造费用 (4-25)

上述公式中的材料费用、工资及福利费和制造费用数额从前述的各种费用分配表中取得。具体会计处理如下。

1. 根据各种费用分配表结转修复费用时：

借：废品损失——×产品

　　贷：原材料(应付工资、制造费用等)

2. 回收残值或应收赔偿款时：

借：原材料(或其他应收款)

　　贷：废品损失——×产品

3. 废品损失计入生产成本时：

借：基本生产成本——×产品(废品损失)

　　贷：废品损失——×产品

在不单独核算“废品损失”的生产企业，不设“废品损失”账户，在产品成本项目中也不设“废品损失”项目，只是在回收残值或应收赔偿款时冲减“基本生产成本”账户，并从其产品成本明细账的有关成本项目中扣除。

二、停工损失的核算

停工损失是指企业生产部门由于停电、待料、机器设备发生故障或进行大修、发生非常灾害及计划减产而停止正常生产所造成的损失。它主要包括停工期间的原材料费用、工资和福利费用及制造费用等。由过失单位或保险公司负担的赔款应冲减停工损失。为了简化核算工作，停工不满一个工作日的，一般不计算停工损失。

企业发生停工时，由车间填制“停工单”，并在考勤记录中登记，在“停工单”中，应详细列明停工的范围、起止时间、原因、过失单位或个人等内容。“停工单”经会计部门审核后，作为停工损失核算的原始凭证。

为了单独核算停工损失，应专设“停工损失”账户，并在成本项目中增设“停工损失”项目。

“停工损失”账户是为了归集和分配停工损失而设立的，借方归集本月发生的停工损失，贷方分配结转的停工损失，月末一般无余额。该账户应按车间别设置明细账，账内分设专栏或专行进行明细分类核算。

停工损失由于产生的原因不同，其分配结转的方法也不同。对于应向过失人或保险公司索赔的，转入“其他应收款”账户；属于自然灾害等原因引起的非正常停工损失计入“营业外支出”账户；对于其他原因造成的损失，如季节性、固定资产修理期间的停工损失则应计入产品成本，列入“基本生产成本”账户。如果停工的车间生产多种产品，则应当采用适当的分配方法（一般采用分配制造费用的方法）分配计入各产品成本。分配完毕，该账户无余额。

在不单独核算停工损失的企业，不单设“停工损失”账户和“停工损失”成本项目。停工期间发生的属于停工损失的各种费用，直接计入“制造费用”和“营业外支出”等账户。

对季节性生产企业在停工期内的费用，不作为停工损失，而应采用待摊、预提的方法，由开工期内的生产成本负担。

同步测试题

一、名词解释

1．辅助生产
2．直接分配法
3．一次交互分配法
4．计划分配法
5．代数分配法
6．制造费用
7．生产损失
8．停工损失

二、单项选择题

1．辅助生产车间完工的修理用备件，应借记的科目是（　　）。

A．库存商品　　B．原材料

C．修理用备件　　D．自制半成品

2．在下列各种分配方法中，属于辅助生产费用分配方法的是（　　）。

A．约当产量法　　B．计划成本分配法

C．定额成本分配法　　D．生产工时比例分配法

3．在辅助生产费用分配方法中，最为准确的一种方法是（　　）。

A．直接分配法　　B．一次交互分配法

C．代数分配法　　D．计划成本分配法

4. 采用直接分配法分配辅助生产费用时，各辅助生产车间费用分配率计算公式中的分母数应是（　　）。

A．该辅助生产车间向基本生产车间提供的产品或劳务总量

B．该辅助生产车间向行政管理部门提供的产品或劳务总量

C．该辅助生产车间提供的产品或劳务总量

D．该辅助生产车间向基本生产车间和行政管理部门提供的产品或劳务总量

5．采用一次交互分配法分配辅助生产费用时，计算第二阶段直接分配率的分子数应是（　　）。

A．各该辅助生产车间直接发生的费用

B．该辅助生产车间直接发生的费用加上分配转入的费用

C．该辅助生产车间直接发生的费用加上分配转入的费用减去转出的费用

D．该辅助生产车间直接发生的费用减去转出的费用

6．制造费用各种分配方法各有其适用范围，其中适用于季节性生产的方法是（　　）。

A．年度计划分配率法　　B．生产工人工时比例法

C．机器工时比例法　　D．生产工人工资比例法

7．关于废品损失，下列说法正确的是（　　）。

A．废品损失包括实行“三包”的企业在产品出售后发现的废品损失

B．产品生产过程中发生的废品，由于其损失要从生产成本中转出，所以完工产品成本中不含废品损失

C．可修复废品发生的修复费用就是修复后产品的成本

D．如果废品是在完工后发现的，则单位废品负担的各项生产费用应与单位合格产品完全相同

8．辅助生产成本的直接分配法，是将辅助生产成本直接（　　）的方法。

A．分配给所有受益单位

B．计入基本生产成本

C．分配给辅助生产以外的各受益单位的方法

D．分配给完工产品成本

9．生产车间归集的制造费用在进行分配后，制造费用科目一般应无余额，如果有余额，可能是（　　）。

A．该企业属于大量大批生产的企业　　B．该企业制造费用采用累计分配率法
C．该企业属于单件小批生产的企业　　D．该企业生产过程中产生的废品较多

10．制造费用科目在月末进行分配后，一般应无余额，如果有余额，则（　　）。
A．一定是借方余额
B．一定是贷方余额
C．可能是借方余额，也可能是贷方余额
D．计算发生错误，不可能有余额

三、多项选择题

1．在下列各种分配方法中，属于辅助生产费用分配方法的是（　　）。
A．交互分配法　　B．代数分配法
C．约当产量分配法　　D．顺序分配法
E．计划成本分配法

2．在下列情况中，辅助生产车间的制造费用可以不通过制造费用科目核算的是（　　）。
A．车间的规模很大　　B．车间只生产一种产品
C．制造费用很多　　D．制造费用很少
E．车间不生产商品产品

3．辅助生产费用的顺序分配法一般适用于（　　）。
A．辅助生产车间相互提供产品或劳务有着明显顺序
B．辅助生产车间相互提供产品或劳务没有顺序
C．排列在先的辅助生产车间耗用排列在后的辅助生产车间的费用较少
D．排列在先的辅助生产车间耗用排列在后的辅助生产车间的费用较多
E．排列在先和排列在后的辅助生产车间耗用其他的辅助生产车间的费用差不多

4．在进行辅助生产车间费用分配时，应将分配出去的辅助生产费用从生产成本——辅助生产成本科目和所属的明细账中转入（　　）科目。
A．生产成本——基本生产成本　　B．管理费用
C．制造费用　　D．在建工程
E．销售费用

5．需要对辅助生产成本进行两次或两次分配的分配方法有（　　）。
A．代数分配法　　B．交互分配法
C．计划成本分配法　　D．顺序分配法。

6．计划成本分配法的优点是（　　）。
A．简化计算工作量
B．能反映和考核辅助生产成本计划的执行情况
C．有利于分清企业内部各单位的经济责任
D．计算结果准确

7．“废品损失”账户贷方可能对应的账户有（　　）。
A．其他应收款　　B．营业外支出
C．基本生产成本　　D．制造费用

8、“停工损失”账户借方的对应账户可能是(　　)。

A．基本生产成本　　B．制造费用

C．原材料　　D．应付工资

9．采用交互分配法分配辅助生产费用时，应该(　　)。

A．先在企业内部各受益单位之间进行一次交互分配

B．先在辅助生产内部各受益单位之间进行一次交互分配

C．算出交互分配后的实际费用

D．再向企业以外的各受益单位进行一次对外分配

E．再向辅助生产以外的各受益单位之间进行一次对外分配

10．制造费用采用实际分配率方法时，一般的计算方法是(　　)。

A．生产工时比例法　　B．直接工资比例法

C．直接材料比例法　　D．联合分配法

四、是非判断题

1．直接用于辅助生产的耗费以及用于基本生产但没有专设成本项目的耗费应分别计入“辅助生产成本”和“制造费用”账户。(　　)

2．部门发生的各项费用，在会计核算上均应直接计入“辅助生产成本”账户。(　　)

3．企业的辅助生产部门有的是提供劳务如供电、运输等，有的是生产产品如生产工具模具等。提供劳务的通过“辅助生产成本”账户核算，生产工具的通过“基本生产成本”账户核算。(　　)

4．在所有的辅助生产费用分配方法中，最准确的方法是一次交互分配法。(　　)

5．采用直接分配法分配辅助生产费用时，一般不需要考虑各辅助生产车间之间相互提供产品或劳务的情况。(　　)

6．制造费用是集合分配账户，所以，企业对制造费用无论采用什么方法分配，该账户期末均无余额。(　　)

7．废品发生的损失，无论是可修复废品损失还是不可修复废品损失均应由合格产品成本承担。(　　)

8．企业发生的停工损失，无论是什么原因造成的，扣除责任人或保险公司赔偿后的净损失均计入产品成本。(　　)

9．企业制造费用分配方法一经确定，不得随意变更。(　　)

10．采用计划费用分配率分配法，制造费用明细账应留有年末余额。(　　)

五、简答题

1．如何进行辅助生产费用的归集?

2．辅助生产费用分配方法有哪几种，如何进行分配?

3．什么是制造费用? 它包括的主要项目有哪些?

4．如何设置制造费用明细账?

5．什么是废品损失，可分为哪两类，各包括哪些内容?

6．什么是停工损失? 如何对停工损失进行核算?

六、业务处理题

1．某企业有两个辅助生产车间，即运输车间和机修车间，本月有关资料如测试题表 4-5 所示。

要求：

采用直接分配法、顺序分配法、交互分配法、代数分配法、按计划成本分配辅助生产费用，并编制费用分配表（分别见测试题表 4-1～测试题表 4-4 所示）和会计分录。

测试题表 4-1　某企业的辅助车间费用及其劳务量

项　　目	供 电 车 间	供 水 车 间
费用	18 000	24 000
供电		0.5 万吨
供水	1 万千瓦・时	
A 产品	4.5 万千瓦・时	2 万吨
基本车间	0.3 万千瓦・时	0.2 万吨
管理部门	0.2 万千瓦・时	0.3 万吨
合计	6 万千瓦・时	3 万吨

测试题表 4-2　辅助生产费用分配表（直接分配法）

2016 年 3 月

辅助生产车间名称		运输车间	机修车间	合　　计
待分配辅助生产费用				
供应辅助生产以外单位的劳务数量				
费用分配率（单位成本）				
基本生产车间	耗用量			
	金　额			
行政管理部门	耗用量			
	金　额			
合　计				

测试题表 4-3　辅助生产费用分配表（交互分配法）

2016 年 3 月

项　　目			第一次交互分配			第二次对外分配		
辅助生产车间名称			运输车间	机修车间	合　　计	运输车间	机修车间	合　　计
待分配辅助生产费用								
供应劳务数量								
费用分配率（单位成本）								
辅助生产车间	运输车间	耗用量						
		金　额						
	机修车间	耗用量						
		金　额						
基本生产车间	耗用量							
	金　额							
行政管理部门	耗用量							
	金　额							
合　计								

测试题表 4-4　辅助生产费用分配表（代数分配法）

2016 年 3 月

辅助生产车间名称			运输车间	机修车间	合计
待分配辅助生产费用					
用代数分配法算出的实际单位成本					
应借记“辅助生产成本”科目	运输车间	耗用数量			
		分配金额			
	机修车间	耗用数量			
		分配金额			
	小计				
应借记“制造费用”科目	基本生产车间	耗用数量			
		分配金额			
应借记“管理费用”科目		耗用数量			
		分配金额			
合计					

测试题表 4-5　辅助生产费用分配表（按计划成本分配法）

2016 年 3 月

辅助生产车间名称			运输车间	机修车间	合计
待分配费用					
供应劳务数量					
计划单位成本					
辅助生产	运输车间	耗用量			
		金额			
	机修车间	耗用量			
		金额			
基本生产车间		耗用量			
		金额			
行政管理部门		耗用量			
行政管理部门		金额			
按计划成本分配金额合计					
待分配费用加上按计划成本分配转入数					
辅助生产成本差异					

2．企业有机修和运输两个辅助车间，在费用归集时，通过制造费用明细账，本月发生以下业务。

（1）机修车间直接用原材料费用 5200 元，运输车间机物料消耗费用 300 元。

（2）机修车间一般消耗燃料费用 300 元，运输车间直接耗用燃料费用 6000 元。

（3）分配动力费用：机修车间直接耗用动力 2000 元，照明用电费用 200 元；运输车间照明用电费用 400 元。

（4）分配本月工资：机修车间工人工资费用 12 000 元，运输车间工人工资费用 15 000 元，车间技术人员工资分别为 3000 元、2000 元。

（5）提取其他职工薪酬。

（6）提取折旧：机修车间本月 3800 元，运输车间负担 8700 元。

（7）摊销保险费：机修车间负担 1200 元，运输车间负担 3000 元。

(8) 预提设备租赁费：机修车间负担 200 元，运输车间负担 2000 元。

(9) 结转制造费用。

要求：求出两个车间的辅助费用总额。

3．某企业的辅助车间费用及其劳务量如测试题表 4-1 所示。

要求：采用直接分配法、顺序分配法、交互分配法、代数分配法和计划成本分配法五种方法分配费用。

4．某企业基本生产车间 2016 年 5 月发生以下业务：

(1) 存款支付劳动保护费 7200 元。

(2) 分配车间技术人员工资 50 000 元，并按 40%提取各种职工薪酬费用。

(3) 一般消耗材料 8660 元。

(4) 本月提取折旧 1700 元，预提租赁费用 4000 元，摊销财产保险费 400 元。

(5) 分配转入的辅助费用 24 140 元。

(6) 以银行存款支付其他费用支出 1000 元。

该车间生产三种产品，A 产品本月生产工时为 1500 小时，B 产品为 1700 小时，C 产品为 1200 小时。

要求：按照生产工时分配制造费用。

5．某车间全年制造费用计划 220 000 元，全年各种产品的计划产量为：甲产品 5200 件，乙产品 4500 件；单件产品的工时定额为甲产品 10 小时，乙产品 8 小时。该车间是季节性生产，1 月为淡季，实际产量为：甲产品 300 件，乙产品 300 件，实际发生制造费用为 19 000 元；2 月为旺季，实际产量为：甲产品 650 件，乙产品 580 件，实际发生制造费用 27 000 元。11 月末制造费用账户余额为借方 76 130 元，12 月发生制造费用 19 600 元，12 月的产量为甲产品 400 件，乙产品 500 件。

要求：

(1) 按年度计划分配率计算分配 1 月、2 月产品应负担的制造费用。

(2) 开设“制造费用”丁字账，登记账户，比较 1 月、2 月余额。

(3) 分配 12 月份的费用。

6．某车间本月生产甲产品 400 件，其中经验收入库发现废品 10 件；合格品的生产工时为 11 700 小时，废品工时为 300 小时，全部生产工时为 12 000 小时。甲产品成本计算所列合格品和废品的全部生产费用为：原材料 20 000 元、燃料及动力费 11 880 元、直接人工费用 12 120 元、制造费用 7200 元，共计 51 200 元。废品残料回收价值 120 元，原材料是生产开工时一次投入，原材料费用按合格品数量和废品数量的比例分配；其他费用按生产工时比例分配。

要求：编制废品损失计算表(如测试题表 4-6 所示)和会计分录。

测试题表 4-6　废品损失计算表

车间名称：　　　　2016 年 3 月　　　　产品名称：甲产品

项　目	数量(件)	原 材 料	生产工时	燃料及动力费	工资及福利费	制造费用	成本合计
费用总额							
费用分配率							
废品成本							
减：废品残料							
废品损失							

7. 某车间本月生产丙产品，验收入库时发现不可修复废品 6 件，收回残料价值 200 元。单位废品费用定额：原材料 600 元，燃料及动力费 50 元，直接人工费用 40 元，制造费用 30 元。

要求：计算不可修复废品成本，编制废品损失计算表(如测试题表 4-7 所示)和会计分录。

测试题表 4-7　废品损失计算表

车间名称：　　　　2016 年 3 月　　　　产品名称：甲产品

项　　目	原　材　料	燃料及动力费	工资及福利费	制 造 费 用	成 本 合 计
费用总额					
废品定额成本					
减：回收残值					
废品损失					

8．企业生产 A 产品本月共投产 400 件，原材料在生产开始一次性投入费用总额 48 000 元、全部人工费用 18 000 元、制造费用 24 000 元，生产中发现有不可修复废品 15 件，生产工时中合格品生产工时 19 000 小时，不可修复废品工时 1000 小时，按工时比例分配人工费用、制造费用，不可修复废品报废后收残料 300 元，应收赔款 200 元，结转净损失。

要求：进行相应的计算并作账务处理。

第五章

生产费用在产成品与在产品之间的分配

引导案例

@人民日报：大学虚度一日至少“亏”60元

以西安一普通本科生为例：4年里，学费18 000元、住宿4000元、伙食28 800元、生活用品3000元、上网800元、话费2000元、衣服及教辅4000元、交通费3200元，其他3000元，合计66 800元。一年约16 700元，每月超1800元，每天超60元。有同学感叹：“父母养我好贵”！

讨论与思考：

1. 上学成本应包含哪些内容？
2. 是否有必要算上学成本？
3. 生产费用在产成品与在产品之间分配的方法有哪几种？

（资料来源：2014年01月07日 新华每日电讯3版）

第一节 产成品成本与在产品成本

如果以一月为期，在月末进行产品成本核算，企业在当月所生产的产品，可能会有以下三种不同情况：当月投入生产的产品，当月全部完工；当月投入生产的产品，当月有一部分完工，有一部分未完工；当月投入生产的产品，当月全部未完工。如果企业产品的生产周期超过一定的时间长度(假如一天以上)，又分期按月，在月末进行产品成本核算，那么到月末，企业当月投入生产的产品，一般会是一部分以“已经完工”，另一部分则以“已经投入生产，但未完工，尚在(需)继续生产”的形态存在。

一、产成品与在产品的含义

所谓产成品，是指在成本核算期末已经生产100%完工的产品。而在产品则是指在成本核算期末，由于未100%完工而尚在(需)继续生产的产品。对于多步骤生产的产品来说，是否已经完工，可以站在整个企业的角度而言，也可以是相对于企业中的一个生产车间或生产步骤而言。因此，产成品与在产品的含义，都有广义和狭义之分。

广义的产成品，是指在整个企业中，已经100%完成了全部商品生产过程，准备作为商品对外销售的最终产品。狭义的产成品，则是相对于企业中的一个生产车间或生产步骤而言的，指在成本核算期末已经完成了本特定生产车间或生产步骤加工过程的产品。除了上述狭义的产成品外，已经完成某一生产车间或生产步骤的自制半成品，虽然还需在本企业以后的生产车间或生产步骤中继加工，不直接用以对外销售，但对于该特定生产车间或生产步骤而言，由于本生产车间或生产步骤的加工过程已经完成，它无论存放在什么地方，以什么形态存在，都属于广义的产成品。

狭义的在产品，与上述广义的产成品相对应，是相对某一生产车间或生产步骤而言的，是指在该生产车间或生产步骤加工中的在制品(含返修中的废品)。广义的在产品，是相对狭义的产成品，从整个企业商品生产的角度而言，它包括除完成了企业全部或部分生产过程，被作为商品销售的产成品之外的、全部狭义的在产品和自制半成品。但已经验收入库、准备对外销售的自制半成品属于商品产品，不应列入在产品范围之内。

生产单位在一定时期内所生产的全部产品，等于产成品加上在产品。站在整个企业的角度而言，等于狭义的产成品加上广义的在产品；对于企业中的一个生产车间或生产步骤而言，等于广义的产成品加上狭义的在产品。

在成本核算过程中，生产费用在在产成品与在产品之间的分配，有时候是在狭义的产成品与广义的在产品之间进行分配，有时候又是在广义的产成品与狭义的在产品之间进行分配。

二、产成品成本与在产品成本的关系

一般来说，计算产成品成本，为商品定价提供依据，是成本核算的基本目的之一。

但是在持续经营假定下，企业对上月月末(或成本计算期期末，下同)的在产品，会转入下月继续生产加工；与此相对应，上月末的在产品成本也会转入下一月份。因此，企业当月月末的生产费用，一般由上月在产品成本转入的“月初在产品成本”与归集当月生产费用而形成的“本月生产费用”两个部分所组成。这时，如果企业当月投入生产的产品，当月全部完工，则“月初在产品成本”+“本月生产费用”之和，全部为产成品成本；如果企业当月投入生产的产品，当月不能全部完工，则其生产费用之和全部为在产品成本；当月投入生产的产品，当月有一部分完工，一部分未完工，那么上述两方面的费用之和，就是当月产成品与月末在产品的共有费用。可见，“月初在产品成本”、“本月生产费用”、“产成品成本”、“月末在产品成本”四者之间的关系，可用公式(5-1)表示：

$$\text{月初在产品成本}+\text{本月生产费用}=\text{产成品成本}+\text{月末在产品成本} \tag{5-1}$$

也就是说，计算产品成本，应该将月初在产品成本加上本月生产费用所得到的生产费用合计数额，在产成品成本与月末在产品成本之间进行分配。

由于“月初在产品成本”由上月结转而来，“本月生产费用”通过当月各种费用的分配归集而来，因此，在将生产费用合计数额在产成品成本与月末在产品成本之间进行分配时，上述公式中的前两项是已知的。

而在产成品成本与月末在产品成本之间进行分配，可以有以下两种不同途径。

(一)分配法

分配法是指将上述公式中的前两项，即月初在产品成本和本月生产费用之和，按一定比例在后两项，即产成品成本与在产品成本之间分配。

(二)倒推法

倒推法，也称倒轧法，是指采用一定方法先确定月末在产品成本，然后从公式中的前两项之和中减去月末在产品成本，再计算出产成品成本。在这种途径下，月末在产品成本确定在先，产成品成本计算在后，因而被称为“倒轧”。

企业无论采用哪一种途径在产成品与在产品之间分配生产费用，一般都是以产成品与在产品的数量为依据进行的。因此，企业都必须正确组织和加强在产品收、发、存的日常核算，提供正确的在产品数量资料，为生产费用在产成品与在产品之间的分配提供依据。

第二节　在产品数量核算

一、在产品收、发、存的日常核算

在产品数量是核算在产品成本的基础。因此，要准确核算在产品成本必须要准确地确定在产品数量。在产品数量的确定方式通常有两种：一是通过账面核算资料确定；二是通过月末实地盘点确定。在采用前种确定方式下，要求企业设置“在产品收发存账簿”，这种账簿也叫在产品台账，通过在产品台账的登记，反映在产品的数量。

在产品台账应当分生产单位(分厂、车间)，按产品的品种和零部件的名称来设置，以反映各生产单位各种在产品收入、发出和结存情况；在产品台账还可以结合企业生产工艺特点和内部管理的需要，进一步按照加工工序(生产步骤)来组织在产品数量核算。在产品台账的一般格式如表 5-1 所示。

表 5-1　在产品台账

生产单位：　　　　生产工序：　　　　在产品名称：　　　　计量单位：

日期	摘要	收　入		转　出			结　存			备　注
		凭证号数	数量	凭证号数	合格品	废品	已完工	未完工	废品	
	合计									

“在产品台账”根据有关领料凭证、在产品内部转移凭证、产品检验凭证和产品入库单等原始凭证逐笔登记。

在实际工作中，在产品数量的两种确定方式往往同时运用，即在做好在产品收发日常核算工作的同时，做好在产品的定期盘点工作，以便随时掌握在产品的动态，按期确定在产品的数量，并保证在产品数量的准确性。

二、在产品清查及其盈亏的核算

为了核实在产品实际结存数量，保证在产品的安全完整，做到账实相符，必须定期地进行在产品的清查盘点。

在产品清查一般于月末结账前进行，并采用实地盘点法。盘点的结果，应填制“在产品盘点表”，并与在产品的台账核对。如有不符还应填制“在产品盘盈盘亏报告表”并说明发生盈盘的原因。企业会计人员应对在产品盘盈盘亏的数量、原因及处理意见在进行认真审核报经有关部门和领导审批后，进行相应的账务处理。具体处理程序和方法如下：

(一)盘盈的会计处理

1. 发生盘盈时

借：基本生产成本——某产品

　　贷：待处理财产损溢——待处理流动资产损溢

2. 批准后予以转销时

借：待处理财产损溢——待处理流动资产损溢

贷：管理费用

（二）盘亏及毁损的会计处理

1. 发生盘亏及毁损时

借：待处理财产损溢——待处理流动资产损溢

贷：生产成本——基本生产成本——某产品

2. 批准后转销时，区别不同情况处理

借：原材料（毁损在产品收回的残值）

其他应收款（应收过失人或保险公司赔偿的损失）

营业外支出（非常损失的净损失）

管理费用（无法收回的损失）

贷：待处理财产损溢——待处理流动资产损溢

在产品盘亏、毁损要换算应负担的增值税，其增值税额也计入“待处理财产损溢”，即借记“待处理财产损溢”账户，贷记“应交税费——应交增值税（进项税额转出）”账户。

第三节　生产费用在产成品与在产品之间的分配方法

生产费用在产成品与在产品之间的分配是成本计算工作中一个重要问题，在在产品加工工序较多的企业，又是一个复杂问题。企业应该根据在产品数量的多少，各月在产品数量变化的大小，各项费用比重的大小及定额管理基础等具体条件并考虑管理的要求，选择合理而又简便的方法。常用的分配方法主要有：在产品不计成本法、在产品按年初（固定）成本计算法、在产品按所耗原材料费用计算法、在产品按定额成本计算法、在产品按产成品成本计算法、定额比例法和约当产量比例法。

一、在产品不计成本法

在产品不计成本法，是指虽然月末有在产品，但在产品数量很少，价值很低，且各月月末在产品数量相差不大，因而在产品不计成本，全部由本月完工产成品负担。它适用于各月在产品数量很少的产品。如果月初、月末在产品成本很少，那么月初成本与月末在产品成本的差额就更小。根据公式：月初在产品成本+本月生产费用=产成品成本+月末在产品成本，可知，计算各月在产品成本与否对产成品成本影响都不大。因此，为了简化成本计算工作，可不计算在产品成本，产成品成本就是该产品本月发生的生产费用数额。例如，自来水生产企业、采煤企业、发电企业可以采用这一方法，因其在产品数量少且稳定。

二、在产品按年初（固定）成本计算法

在产品按年初（固定）成本计算法，是指年内 1 月～11 月各月在产品成本都按年初在产品成本计算，固定不变成本计算的方法。该方法适用于各月月末之间在产品数量变化不大的产品。因为各月月末在产品数量变化不大，月初、月末在产品成本的差额也就不大，因而计算不计算各月

初、月末在产品成本的差额对于完工产品成本的确定影响也就很小，那么为了简化产品成本计算工作，在计算完工产品成本时，可以将月末在产品成本按年初在产品成本固定计算。

由此可见，在该种分配方法下，每月发生的生产费用就是该月份完工产成品的成本。但在年末，应该根据实际盘点的在产品数量，具体确认年末在产品的实际成本，并据以计算 12 月份的完工产品成本。将计算出的年末在产品成本，作为下一年度各月固定的在产品成本，以免相隔时间过长，使在产品成本与实际出入过大，影响产品生产成本计算的正确性。如炼铁企业和化工企业等生产的产品，由于高炉和化学反应装置的容积固定，其在产品成本就可以这样计算。

三、在产品按所耗原材料费用计算法

在产品按所耗原材料费用计算法，是指月末在产品成本只按所耗的原材料费用计算确认，人工成本和制造费用则全部由完工产成品成本承担。这种方法适用于各月月末在产品数量较大，各月在产品数量变化也较大及原材料费用在产品成本中所占比重也较大的产品。这是因为，各月月末在产品数量较大且变化也较大的产品采用上述两种方法都不合适，因而对月末在产品成本就要采用具体的计算方法计算。由于产品成本中原材料费用比重大，工资及制造费用比重就较小，对于未完工的在产品来说，其工资、制造费用就更小，这样月初、月末在产品制造费用的差额也就很小。因此，为了简化计算工作，在产品可以不计算工资及制造费用，如酿酒、造纸、纺织等企业的产品就可以采用这种方法。其具体计算公式为（假定原材料在生产开始时一次投入）如式（5-2）、式（5-3）和式（5-4）所示。

$$\text{单位产品原材料成本}=\frac{\text{原材料费用总额}}{\text{完工产成品数量}+\text{月末在产品数量}} \tag{5-2}$$

$$\text{月末在产品成本}=\text{月末在产品数量}\times\text{单位产品原材料成本} \tag{5-3}$$

$$\text{本月完工产成品成本}=\text{月初在产品成本}+\text{本月生产费用}-\text{月末在产品成本} \tag{5-4}$$

例 5-1 南华公司生产甲产品，该产品的原材料费用占产品成本的比重较大，月末在产品成本只计算原材料费用，原材料在生产开始时一次投入，假定该公司 9 月份有关产量及费用资料如表 5-2 所示。

表 5-2 甲产品产量及费用表

单位：元

项目	月初在产品		本月发生		月末产品数量	
	数量	成本	数量	生产费用	完工	在产品
直接材料		89 000		336 000		
直接人工				8000		
制造费用				12 000		
合计	200	89 000	800	356 000	600	400

根据上述资料，完工产成品与月末在产品成本计算如下：

$$\text{单位产品材料成本}=\frac{89\,000+336\,000}{600+400}=425(\text{元})$$

$$\text{月末在产品成本}=400\times425=170\,000(\text{元})$$

$$\text{完工产品成本}=89\,000+356\,000-170000=275\,000(\text{元})$$

四、在产品按定额成本计算法

在产品按定额成本计算法是指根据月末在产品数量、投料和加工程度，以及单位材料消耗定额、工时定额、加工费用定额等定额成本资料，先计算月末在产品成本，然后从本月该种产品的全部生产费用(如果有月初在产品，包括月初在产品成本)中扣除，以求得完工产成品成本。其计算公式如式(5-5)和式(5-6)所示。

在产品材料定额成本=在产品数量×在产品单位材料定额成本 (5-5)

=在产品数量×单位材料消耗定额×材料计划单价

在产品工资定额成本=在产品定额工时×在产品单位工时定额工资

=在产品数量×单位工时定额×单位工时定额工资 (5-6)

在产品制造费用定额成本的计算与在产品工资定额成本的计算基本相同，如式(5-7)和式(5-8)所示。

在产品定额成本=在产品材料定额成本+在产品工资定额成本+在产品制造费用定额成本 (5-7)

产成品成本=月初在产品定额成本+本月生产费用－月末在产品定额成本 (5-8)

该种方法的特点是，在产品成本按定额成本计算，定额成本与实际成本之间的差异，完全由完工产成品承担，因此人工定额不合理，就会导致极大的成本计算的误差，所以这种方法只能适用于各项消耗定额或费用定额比较准确、稳定，各月末在产品数量变化比较小的产品。因为产品各项定额准确，月初和月末单位在产品实际费用脱离定额的差异就不会大，又由于各月末在产品数量变化不大，因而月初在产品费用总额脱离月末在产品定额费用的总额差异也就不会大。所以，月末在产品成本不计算成本差异，对完工产品成本影响不大，为了简化成本计算工作，可以用此法分配费用。另外，如果消耗定额不稳定，那么在修订消耗定额的月份，月末在产品成本就按新的定额计算，这样完工产品成本中就包括了月末在产品按新的定额成本计算所发生的差额，从而不利于完工产品成本的分析和考核。因此采用此法，产品的各项消耗定额还必须比较稳定。

例 5-2 南华公司 2016 年 3 月生产 A、B 两种产品。两种产品完工产成品与在产品费用的分配采用在产品按定额成本计算法。A 产品月末在产品 50 件，单位原材料费用定额为 310 元(原材料在生产开始时一次投入)，在产品定额机器工时 200 小时，定额人工工时 950 小时；B 产品月末在产品 150 件，单位原材料费用定额为 300 元(原材料在生产开始时一次投入)，在产品定额机器工时 450 小时，定额人工工时 2250 小时。其他有关资料及月末在产品定额成本的计算结果如表 5-3 所示。

表 5-3 月末在产品定额成本的计算

2016 年 3 月

产品名称	在产品数量(件)	直接材料定额费用(元)	定额工时		直接燃料和动力(每机时 2.1 元)	直接人工(每工时 12 元)	制造费用(每工时 4.8 元)	定额成本合计(元)
			机器工时	人工工时				
A	50	15 500	200	950	420	11 400	4560	31 880
B	150	45 000	450	2250	945	27 000	10 800	83 745
合计	—	60 500	—	—	1365	38 400	15 360	115 625

五、在产品按产成品成本计算法

在产品按产成品成本计算法是将在产品视同完工产成品来分配生产费用。它适用于在产品已接近完工，只是尚未包装或未验收入库的产品。因为这种情况下的在产品已基本加工完毕或已加工完毕，在产品的成本也就已经接近或等于完工产成品成本，为了简化产品成本计算工作可以把在产品视同完工产品，按两者的数量比例分配各项费用。

例 5-3 南华公司 2016 年 3 月生产甲种产品月初在产品成本和本月生产费用的合计数为：直接材料 25 600 元，直接人工 5600 元，制造费用 6400 元。完工产成品 600 件，月末在产品 200 件，该产品已经接近完工，在产品按产成品成本计算法计算，其计算分配结果如表 5-4 所示。

表 5-4 南华公司生产费用分配

成本项目	生产费用合计	费用分配率	完工产成品		在产品	
			数量（件）	费用	数量（件）	费用
1	2	3=2/4+6	4	5=4×3	6	7=6×3
直接材料	25 600	32	600	19 200	200	6400
直接人工	5600	7	600	4200	200	1400
制造费用	6400	8	600	4800	200	1600
合计	37 600	—	—	28 200	—	9400

表 5-4 中的各项费用的分配率是根据各该生产费用的合计数除以完工产成品与在产品数量之和计算出的；各该生产费用分别乘以完工产成品与在产品数量，即求出完工产成品与在产品分配的各项费用。

六、定额比例法

定额比例法是指以完工产成品和月末在产品的定额消耗量或定额费用的比例作为分配标准，将实际生产费用在完工产成品和月末在产品之间分配的方法。由于直接材料与直接人工、制造费用的定额耗用量计量标准不同，定额比例法同样也需分成本项目分别计算分配费用。按照具体分配标准的不同，定额比例法又可以分为定额耗用量比例法与定额费用比例法两种。由于定额费用等于定额耗用量乘以计划单价，而无论是材料、人工或制造费用，计划单价都是唯一的，所以按两种分配标准分配的结果是相同的。其差别主要在于：定额耗用量比例法，是先计算材料与人工的消耗量分配率，在完工产成品与在产品之间分配材料与人工的消耗量，再分别将完工产成品与在产品所分得的消耗量，乘以材料、人工与制造费用单价，计算出所分配的费用额；定额费用比例法，则是直接计算材料、人工与制造费用的费用分配率，在完工产成品与在产品之间分配费用。

（一）定额耗用量比例法

定额耗用量通常为实物性指标。采用定额耗用量比例法分配费用时，直接材料项目以原材料定额耗用量为标准进行分配；直接人工、制造费用等成本项目以定额工时（生产工时的定额耗用量）为标准进行分配。其计算公式如式（5-9）～式（5-13）所示。

$$耗用量分配率（定额比例）= \frac{月初在产品实际耗用量+本月实际耗用量}{完工产成品定额耗用量+月末在产品定额耗用量} \tag{5-9}$$

完工产成品实际耗用量=完工产成品定额耗用量×耗用量分配率(定额比例)　(5-10)

月末在产品实际耗用量=月末在产品定额耗用量×耗用量分配率(定额比例)　(5-11)

完工产成品实际成本=完工产成品实际耗用量×材料单价(或单位工时人工费用、制造费用)　(5-12)

月末在产品实际成本=月末在产品实际耗用量×材料单价(或单位工时人工费用、制造费用)　(5-13)

例 5-7　南华公司生产甲产品，采用定额耗用量比例法分配费用。2016 年 3 月甲产品完工产成品产量 5000 千克，其他有关资料如表 5-5 所示。

表 5-5　甲产品有关成本资料

单位：元

项　目	直接材料			工时		直接人工	制造费用	合　计
	定额耗用量(千克)	实际耗用量(千克)	实际费用金额	定额耗用量(小时)	实际耗用量(小时)			
月初在产品	1800	1600	3520	8000	8400	15 800	8900	28 220
本月发生	28 200	26 000	57 200	17 000	19 500	40 000	19 000	116 200
合计	30 000	27 600	60 720	25 000	27 900	55 800	27 900	144 420
材料单价、工资、费用率			2.2			2.0	1.0	
本月完工产成品	25 000			21 000				
月末在产品	5000			4000				

根据上述资料，计算分配费用如下。

1．直接材料：

$$直接材料定额耗用量分配率(比例)=\frac{1600+26\,000}{25\,000+5000}=0.92$$

完工产成品材料实际耗用量=25 000×0.92=23 000(千克)

在产品材料实际耗用量=5000×0.92=4600(千克)

完工产成品应承担的直接材料费用=23 000×2.2=50 600(元)

在产品应承担的直接材料费用=4600×2.2=10 120(元)

2．直接人工：

$$直接人工、制造费用项目定额耗用量分配率(比例)=\frac{8400+19\,500}{21\,000+4000}=1.116$$

完工产成品实际耗用量(工时)=21 000×1.116=23 464(小时)

在产品实际耗用量(工时)=4000×1.116=4464(小时)

完工产成品应承担的直接人工费用=23 464×2.0=46 872(元)

在产品应承担的直接人工费用=4464×2.0=8928(元)

3．制造费用：

完工产成品应承担的制造费用=23 436×1.0=23 436(元)

在产品应承担的制造费用=4464×1.0=4464(元)

根据上述计算结果，可编制“产品成本计算单”，见表 5-6。

表 5-6　产品成本计算单

产品名称：甲产品　　　　　　　　　　　　　　　　　　　　　　　　　　2016 年 3 月

项　　目		直接材料			工　　时		直接人工（单价 2.0 元）	制造费用（单价 1.0 元）	合　　计
		定额耗用量（千克）	实际耗用量（千克）	金额（元）	定额耗用量（小时）	实际耗用量（小时）			
合计		30 000	27 600	60 720	25 000	27 900	23 436	15 624	144 420
定额耗用量分配率（比例）			0.92			1.116			
完工产成品	总成本	25 000	23 000	50 600	21 000	23 436	46 872	23 436	120 908
	单位成本			10.12			9.37	4.69	24.18
在产品		5000	4600	10 120	4000	4464	8928	4464	23 512

（二）定额费用比例法

采用定额费用比例法，直接材料项目按原材料定额费用为标准进行分配，直接人工、制造费用等成本项目则按定额费用为标准进行分配。有关计算公式如式（5-14）、式（5-15）、式（5-16）、式（5-17）、式（5-18）和式（5-19）所示。

直接材料

$$\text{直接材料分配率}=\frac{\text{月初在产品材料费用}+\text{本月材料费用}}{\text{完工产成品定额材料费用}+\text{月末在产品定额材料费用}} \tag{5-14}$$

$$\text{完工产成品材料费用}=\text{完工产成品定额材料费用}\times\text{直接材料分配率} \tag{5-15}$$

$$\text{月末在产品材料费用}=\text{月末在产品定额材料费用}\times\text{直接材料分配率} \tag{5-16}$$

直接人工

$$\text{直接人工分配率}=\frac{\text{月初在产品直接人工}+\text{本月直接人工}}{\text{完工产成品定额工时}+\text{月末在产品定额工时}} \tag{5-17}$$

$$\text{完工产成品直接人工}=\text{完工产成品定额工时}\times\text{直接人工分配率} \tag{5-18}$$

$$\text{月末在产品直接人工}=\text{月末在产品定额工时}\times\text{直接人工分配率} \tag{5-19}$$

计算分配制造费用的方法与计算分配直接人工的方法一样。计算工资等费用没有用定额费用，原因是用定额工时与其计算结果一样，而定额工时资料易取得且方便。

例 5-8　南华公司生产 C 产品，月初与本月生产费用合计为：直接材料 28 350 元，直接人工 4410 元，制造费用 2520 元，费用合计 35 280 元。原材料在生产开始时一次投入，完工产成品 400 件，月末在产品 50 件，单件产品直接材料费用定额 60 元，工时定额 10 小时，在产品完工程度为 40%，要求采用定额费用比例法分配。有关计算如下。

1．直接材料：

$$\text{完工产成品定额费用}=400\times60=24\ 000\text{（元）}$$

$$\text{在产品定额费用}=50\times60=3000\text{（元）}$$

$$\text{直接材料分配率}=\frac{28\ 350}{24\ 000+3000}=1.05$$

$$\text{完工产成品应承担的直接材料费用}=24\ 000\times1.05=25\ 200\text{（元）}$$

$$\text{在产品应承担的直接材料费用}=3000\times1.05=3150\text{（元）}$$

2．直接人工：

$$完工产成品定额工时=400\times 10=4000(小时)$$

$$在产品定额工时=50\times 40\%\times 10=200(小时)$$

$$直接人工分配率=\frac{4410}{4000+200}=1.05$$

$$完工产成品应承担的直接人工费用=4000\times 1.05=4200(元)$$

$$在产品应承担的直接人工费用=200\times 1.05=210(元)$$

3．制造费用：

$$完工产成品定额工时=400\times 10=4000(小时)$$

$$在产品定额工时=50\times 40\%\times 10=200(小时)$$

$$制造费用分配率=\frac{2520}{4000+200}=0.6$$

$$完工产成品应承担的制造费用=4000\times 0.6=2400(元)$$

$$在产品应承担的制造费用=200\times 0.6=120(元)$$

其计算结果如表 5-7 所示。

表 5-7　基本生产成本明细账

产品名称：C 产品　　　　单位：元

摘　　要		直接材料	直接人工	制造费用	合　　计
—	—	—	—	—	—
生产费用合计		28 350	4410	2520	35 280
分配率		1.05	1.05	0.6	
完工产成品	定额	24 000	4000	4000	
	实际	25 200	4200	2400	31 800
在产品	定额	3000	200	200	
	实际	3150	210	120	3480

七、约当产量比例法

(一) 约当产量比例法的含义与适用范围

约当产量比例法，是指将月末结存的在产品实际数量，按其完工程度折算为相当于完工产品的数量，即约当产量，然后按照完工产成品数量与月末在产品数量折合成的完工产品数量(即约当产量)的比例来分配生产费用，计算完工产成品成本和月末在产品成本的方法。约当产量比例法适用于月末在产品数量较大，各月月末在产品数量不稳定，变化较大，产品成本中原材料费用和人工及制造费用的比重相差不大的情况。

采用约当产量比例法，首先必须将月末在产品按完工程度折算为约当产量。

(二) 约当产量比例法的一般程序

采用约当产量比例法，其生产费用分配的一般程序如下。

(1) 分别成本项目，将月末在产品按完工程度折算为约当产量。

完工程度是指在产品相当于完工产品的完工百分比，一般统称为“完工率”。但由于在生产过程中，产品生产的材料投入与生产加工的进度不一定同步，所以对于月末在产品材料投入完工率和加工过程的完工率要分别计算。

其中，对于在产品材料消耗量占完工产品的完工百分比，为表示区别，通常称为投料程度或投料率；对于在产品加工时间占完工产品全部加工时间的完工百分比，为表示区别，通常称为加工程度或加工率。

根据所确定的投料率或加工率，分别计算料、工、费等成本项目在产品的约当产量。在产品约当产量的计算公式如式(5-20)所示。

$$在产品约当产量=在产品数量\times完工百分比(率) \tag{5-20}$$

要计算在产品约当产量，除统计、记录好在产品数量外，投料率或加工率的确定是关键。投料率或加工率必须根据产品生产的加工与投料的具体情况确定。方法与计算相对较为复杂，我们将在后面加以专门介绍。

(2)分别成本项目，计算费用分配率，并分配费用。有关计算公式如式(5-21)所示。

$$某成本项目分配率=\frac{该成本项目费用合计}{完工产成品产量+在产品约当产量} \tag{5-21}$$

(3)计算完工产成品和在产品应分配某成本项目费用。计算公式如式(5-22)和式(5-23)所示。

$$完工产成品应承担某成本项目费用=完工产成品产量\times某成本项目分配率 \tag{5-22}$$

$$在产品应承担某成本项目费用=在产品约当产量\times某成本项目分配率 \tag{5-23}$$

(4)根据全部各项费用分配的结果，编制产品成本计算单，并进行相应的账务处理。

(三)完工率与约当产量的计算

1. 直接材料费用分配时的完工率与约当产量的计算

产品生产过程中的投料情况较为复杂，概括起来主要有以下五种不同情况，应视具体情况而定。

1)材料在生产开工时一次集中投入

如果材料是在产品生产开工时一次集中投入，无论产品生产是单步骤，还是多步骤，每一生产步骤的在产品，其投料率均按100%计算，即对在产品视同完工产成品，等量分配材料费。因为在这种情况下，在产品无论其完工程度如何，都只是存在加工程度上的差异，在材料费用的消耗上，与完工产成品没有差异。这时在产品的约当产量等于在产品的实际数量。

2)材料在产品加工达到某特定程度时，按特定的投料比例投入

如果材料在产品加工达到某特定程度时，按特定的投料比例投入，则原材料为陆续投入，且投疗程度与加工程度不一致。这时在产品的投料率与约当产量，应按照以下公式如式(5-24)所示。

$$\begin{aligned}在产品约当产量=&\Sigma已经达到某特定加工程度的在产品数量\\&\times在产品在该特定加工程度前各次投料的投料率之和\end{aligned} \tag{5-24}$$

例 5-9 南华公司生产 C 产品，原材料分三次投入：在生产开始时第一次投料，投料率 50%；在产品加工达 50%时第二次投料，投料率 30%；在产品加工达 70%时第三次投料，投料率 20%。月末在产品为 200 件，其中 120 件加工率为 40%，80 件加工率为 60%。这时，加工率为 40%的在产品，只是在在生产开始时投料一次，投料率 50%；加工率为 60%的在产品，

实际上已经投料两次，投料程度为 50%+30%=80%。其月末在产品约当产量计算为：月末在产品约当产量=120×50%+80×80%=124（件）。

3）产品生产为单步骤，材料在生产过程中随着加工进度逐步投入

在这种情况下，可以以相同情况下的直接人工、制造费用分配时的完工率与约当产量。具体计算可参见下面有关相同情况下的直接人工、制造费用分配时的完工率与约当产量计算的介绍。

4）产品生产为多步骤，材料在各步骤生产开始时分次集中投入

原材料随每道工序开始时一次投入，实质上是材料分次集中投入。此时，在产品的投料率与约当产量计算，与第二种情况，即材料在产品加工达到某特定程度时，按特定的投料比例投入相似。可按照以下公式计算投料率与约当产量如式（5-25）所示。

在产品约当产量=Σ各不同工序的在产品数量
×在产品在本特定加工程度前各次投料的投料率之和　　(5-25)
+在产品在本特定工序的投料率

例 5-10　南华公司生产 D 产品，经三道工序制成，原材料随加工程度在每道工序开始时一次投入，该产品的材料费用定额为 100 元。其中，第一道工序 60 元，第二道工序 30 元，第三道工序 10 元。该产品月末在产品 80 件。其中，第一道工序 30 件，第二道工序 10 件，第三道工序 40 件，其月末在产品的投料率与约当产量计算如表 5-8 所示。

表 5-8　月末在产品的投料率与约当产量计算表（材料）

工　　序	本工序材料费用定额	投料率（%）	月末在产品数量	月末在产品约当产量
1	60	60 ÷ 100=60	30	18
2	30	（60+30）÷ 100=90	10	9
3	10	（60+30+10）/100=100	40	40
合　　计	100	—	80	67

5）产品生产为多步骤，材料在各步骤生产过程中，随着加工进度逐步投入

在产品生产多步骤，原材料随着加工程度在每道工序中随着加工进度逐步投入的情况下，由于对处于各不同生产步骤的在产品而言，均为本步骤之前各步骤的材料已经全部投入，但是在产品所在步骤，其材料并未全部投入，投入比例与加工率相同。因此，可以将材料分次集中投入与陆续投入的计算方法结合起来运用，计算在产品约当产量。这时，计算在产品的投料率与约当产量，与多步骤生产时直接人工、制造费用分配时的完工率与约当产量计算相似。具体公式如式（5-26）所示。

在产品约当产量=Σ各不同工序的在产品数量×在产品在本特定工序前各次投料的投料率之和
+在产品在所在工序的投料率×在产品在本特定工序的加工率（50%）
(5-26)

在产品成本特定工序的加工率，为在产品在该工序已经实际耗费的加工时间占产品在本工序定额加工时间的百分率。为简化计算，在产品在本特定工序的加工率通常按 50%计算。

例 5-11　南华公司生产 D 产品，经三道工序制成，原材料随加工程度在每道工序中随加工进度逐步投入，该产品的材料费用定额为 100 元。其中，第一道工序 60 元、第二道工序

30元、第三道工序10元。该产品月末在产品80件。其中，第一道工序30件、第二道工序10件、第三道工序40件，其月末在产品的投料率与约当产量计算如表5-9所示。

表5-9　月末在产品的投料率与约当产量计算表(材料)

工序	本工序材料费用定额	投料率(%)	月末在产品数量	月末在产品约当产量
1	60	60×50% ÷ 100=30	30	9
2	30	(60+30)×50% ÷ 100=75	10	7.5
3	10	(60+30+10)×50% ÷ 100=95	40	38
合计	100	—	80	54.5

2. 直接人工、制造费用分配时的完工率与约当产量的计算

直接人工与制造费用，统称为“加工费”。这类成本项目是根据月末在产品的加工程度，即加工率计算约当产量。加工率按加工时间计算确定。加工率的计算公式如式(5-21)所示。

$$\text{在产品加工率}=\text{在产品已经完成加工时间(实际工时或定额工时)} \div \text{完工产成品应耗实际工时或定额工时}\times 100\% \quad (5\text{-}27)$$

但具体又要分别单步骤生产与多步骤生产两种不同情况计算确定。

1)单步骤生产时完工率与约当产量的计算

在进行单步骤生产时，在产品的完工率有个别测定法和经验平均值法两种方法。个别测定法，即以实际测定每一在产品所实际耗费的加工时间为基础，然后除以单位完工产品实际平均工时耗费或定额工时，计算其完工率。例如，某产品从投产到完工平均需要160工时，其在产品实际已经耗费120工时，则其完工率为120 ÷ 160=75%。

经验平均值法，即直接以50%的大数平均值，作为在产品的完工率。在在产品数量较大，且各产品加工耗时有多有少的情况下，一般采用这种方法。在这种情况下，个别测定烦琐困难，采用50%作为全部在产品的平均完工率，不仅可以简化工作，而且基本合理。因为在产品数量较大，完工率的高低相弥补，后面多加工的可弥补前面少加工的，其平均值也为50%左右。

2)多步骤生产时完工率与约当产量的计算

在进行多步骤生产时，应按照在产品所在的加工工序或步骤，分别计算各不同工序的在产品的加工率与约当产量，然后加总计算全部在产品的约当产量。每道工序或步骤的加工率，前面工序已完成的，要以100%计算；在本工序的加工率，也可按平均50%折算(即在产品平均完成本工序加工的50%)。有关计算公式如式(5-28)、式(5-29)和式(5-30)所示。

$$\text{某道工序在产品加工率}=(\text{前面各工序累计工时定额}+\text{本工序工时定额}\times 50\%) \div \text{完工产成品工时定额} \quad (5\text{-}28)$$

$$\text{某道工序在产品约当产量}=\text{某道工序在产品数量}\times\text{某道工序在产品完工率} \quad (5\text{-}29)$$

$$\text{月末全部在产品约当产量}=\Sigma(\text{每道工序在产品数量}\times\text{该道工序完工率}) \quad (5\text{-}30)$$

例5-12　南华公司生产D产品，经三道工序制成，原材料随加工程度在每道工序中随加工进度逐步投入，该产品的工时定额为25小时。其中，第一道工序10小时、第二道工序9小时、第三道工序6小时。该产品月末在产品80件。其中，第一道工序30件、第二道工序10件、第三道工序40件，其月末在产品的完工率与约当产量计算如表5-10所示。

表 5-10 月末在产品的完工率与约当产量计算表(工费)

工 序	本工序工时定额	完工率(%)	月末在产品数量	月末在产品约当产量
1	10	10×50% ÷ 25=20	30	6
2	9	(10+9) ×50% ÷ 25=58	10	5.8
3	6	(10+9+6) ×50% ÷ 25=88	40	35.2
合计	25	—	80	47

(四)采用约当产量法分配费用举例

例 5-13 南华公司基本生产车间 2016 年 3 月生产 D 产品，月初在产品成本：直接材料 23 390 元，直接人工 2415 元，制造费用 2960 元；本月发生的生产费用：直接材料 78 400 元、直接人工 15 184 元，制造费用 15 920 元。该产品本月完工产成品 120 件，月末在产品 75 件。其中，第一道工序 25 件、第二道 50 件。D 产品单位产品工时定额为 25 小时，经两道工序加工制成，第一道工序、第二道工序工时定额分别为 10 小时、15 小时，各工序中的各件在产品加工程度均按 50%计算，原材料是在生产开始时一次投入，采用约当产量法分配费用如下：

1. 在产品完工程度的计算

(1) 在产品投料程度：由于原材料是在生产开始时一次投入，所以在产品投料程度均为 100%。

(2) 在产品加工程度：第一道工序在产品加工程度=10×50%/25=20%

第二道工序在产品加工程度=10+15×50%/25=70%

2. 在产品约当产量的计算

第一道工序在产品约当产量=25×20%=5(件)

第二道工序在产品约当产量=50×70%=35(件)

在产品约当产量=5+35=40(件)

3. 在完工产成品与月末在产品之间分配各项费用

(1) 直接材料的分配

直接材料的分配率=(23 390+78 400) ÷ (120+75)=101 790 ÷ 195=522

完工产成品应承担的直接材料=120×522=62 640(元)

月末在产品应承担的直接材料=75×522=39 150(元)

(2) 直接人工的分配

直接人工的分配率=(2415+15 184) ÷ (120+40)=17 599 ÷ 160=109.99

完工产成品应承担的直接人工=120×109.99=13 198.80(元)

月末在产品应承担的直接人工=40×109.99=4400.20(元)

(3) 制造费用的分配

制造费用的分配率=(2960+15 920) ÷ (120+40)=18 880 ÷ 160=118

完工产成品应承担的制造费用=120×118=14 160(元)

月末在产品应承担的制造费用=40×118=4720(元)

根据上述资料和计算结果，编制完工产成品与月末在产品费用分配表如表 5-11 所示。

表 5-11 完工产成品与月末在产品费用分配表

南华公司 2016 年 3 月 D 产品

项目	月初在产品费用	本月生产费用	生产费用合计	费用分配率	完工产成品		月末在产品	
					产量	分配金额	约当产量	分配金额
=	1	2	3=1+2	4=3÷(5+7)	5	6=5×4	7	8=7×4
直接材料	23 390	78 400	101 790	522	120	62 640	75	39 150
直接人工	2415	15 184	17 599	109.99	120	13 198.80	40	4400.20
制造费用	2960	15 920	15 920	118	120	14 160	40	4720
合计	28 765	109 504	135 309	—	—	89 998.80	—	48 270.20

同步测试题

一、名词解释

1．产成品
2．在产品
3．约当产量
4．约当产量比例法
5．定额比例法
6．定额耗用量比例法
7．定额费用比例法
8．完工程度

二、单项选择题

1．月末完工产品与在产品之间分配费用不计算在产品成本法，适用于（ ）。

A．各月在产品数量很小　　B．各月在产品数量很大

C．没有在产品　　D．各月末在产品数量变化很小

2．完工产品与在产品之间分配费用，采用在产品按固定成本计价法，适用于（ ）的产品。

A．各月末在产品数量很小

B．各月末在产品数量大，但各月之间变化不大

C．各月成本水平相差不大

D．各月末在产品数量较大

3．某种产品月末在产品数量较大，各月末在产品数量变化也较大，原材料费用占产品成本比重较大，月末在产品与完工产品之间费用分配应采用（ ）。

A．约当产量比例法　　B．在产品按定额成本计价法

C．定额比例法　　D．在产品按所耗原材料费用计价法

4．某种产品月末在产品数量较大，各月在产品数量变化也较大，产品成本中原材料费用和工资等其他费用所占比重相差不多，应采用（ ）。

A．定额比例法　　B．约当产量比例法

C．固定成本计价法　　D．按在产品所耗原材料计价法

5．按完工产品和月末在产品数量比例，分配计算完工产品和月末在产品的原材料费用，必须具备的条件是（　　）。

A．产品成本中原材料费用比重较大　B．原材料随生产进度陆续投料

C．原材料在生产开始时一次投料　　D．原材料消耗定额比较准确、稳定

6．按完工产品和月末在产品数量比例，分配计算完工产品和月末在产品成本，必须具备的条件是（　　）。

A．在产品已接近完工　　　　　　　B．原材料在生产开始时一次投料

C．在产品原材料费用比重较大　　　D．各项消耗定额比较准确、稳定

7．在产品完工率为（　　）与完工产品工时定额的比率。

A．所在工序工时定额

B．所在工序工时定额之半

C．所在工序累计工时定额

D．上道工序累计工时定额与所在工序工时定额之半的合计数

8．原材料在每道工序开始时一次投料的情况下，分配原材料费用的在产品完工率，为原材料的（　　）与完工产品消耗定额的比率。

A．所在工序消耗定额　　　　　　　B．所在工序累计消耗定额

C．所在工序累计消耗定额之半　　　D．所在工序消耗定额之半

9．在多工序生产情况下，某工序在产品的完工程度为（　　）与单位完工产品工时定额的比率。

A．所在工序单位在产品工时定额的 50%

B．前道工序的单位在产品累计工时定额与所在工序单位在产品工时定额 50%的合计数

C．所在工序单位在产品工时定额的 100%

D．所在工序累计工时定额

10．关于产品成本在完工产品和在产品之间的分配方法，下列说法不正确的是（　　）。

A．在产品忽略不计法适用于各月在产品数量很少的产品

B．在产品按固定成本计价法适用于各月末之间在产品数量变化不大的产品

C．如果在产品接近完工，只是尚未包装或尚未验收入库的产品，可以按完工产品计算法计算在产品成本

D．如果某产品各项消耗定额或费用定额比较准确、稳定，各月末在产品数量变化又不大，可以采用定额比例法计算

三、多项选择题

1．约当产量比例法适用于（　　）的分配。

A．原材料费用　　　　　　　　　　B．各项费用

C．工资等其他加工费用　　　　　　D．随生产进度陆续投料的原材料费用

E．在第一工序一次投入的原材料费用

2．采用在产品按所耗原材料费用计价法，分配完工产品和月末在产品费用，应具备的条件包括（　　）。

A．原材料费用在产品成本中所占比例较大

B．各月在产品数量比较稳定

C．各月末在产品数量较大

D．各月末在产品数量变化较大

E．能够制定比较准确的消耗定额

3．采用在产品按定额成本计价法，分配完工产品和月末在产品费用，应具备的条件包括（　　）。

A．定额管理基础较好　　B．各项消耗定额变化较大

C．各月末在产品数量变化较小　　D．各月末在产品数量变化较大

E．原材料在各工序陆续投入

4．采用定额比例法分配完工产品和在产品费用，应具备的条件包括（　　）。

A．消耗定额比较准确　　B．消耗定额比较稳定

C．各月末在产品数量变化不大　　D．各月末在产品数量变化较大

E．原材料在各工序陆续投入

5．采用约当产量比例法，必须正确计算在产品的约当产量，而在产品约当产量正确与否，取决于产品完工程度的测定，测定在产品完工程度（完工率）的方法有（　　）。

A．定额工时　　B．按 50%平均计算各工序完工率

C．分工序分别计算完工率　　D．按定额比例法计算

6．选择生产费用在完工产品和在产品之间分配方法时，主要应考虑的条件是（　　）。

A．各月末在产品数量的多少　　B．定额管理基础的完善情况

C．成本项目构成比重的大小　　D．各月末在产品数量变化的大小

7．某企业的 A 产品经两道工序加工完成，原材料分两道工序并在每道工序陆续投入，投料量分别为 700 千克、300 千克；两道工序单位在产品工时定额分别为 60 小时、40 小时，则每道工序的在产品投料程度为（　　）。

A．70%　　B．100%　　C．30%　　D．80%

8．在在产品按定额成本计价法下，下列说法正确的是（　　）。

A．月末在产品定额工资成本与定额制造成本的计算依据即月末在产品定额工时是一样的

B．如在产品第一道工序工时定额 40 小时，在产品数量 50 件，则在产品定额工时为 1 000 小时

C．此种方法的关键是确定在产品定额工时

D．如原材料为投产时一次投料，则在产品定额原材料费用为每道工序在产品数量乘以材料定额费用之和

9．某企业 B 产品经过三道工序加工而成，三道工序工时定额分别为 100 小时、60 小时和 40 小时；三道工序在产品数量分别为 100 件、200 件和 300 件，则 B 产品的在产品约当产量为（　　）件。

A．25　　B．130　　C．160　　D．270

10．下列说法正确的是（　　）。

A．采用定额比例法的必备前提条件是要有比较稳定和准确的消耗定额或费用定额

B．约当产量法下不分工序确定在产品完工程度的方法适用于各工序在产品数量和单位在产品在各工序加工量相差很大的产品

C．为了简化核算，对各月在产品数量很少的产品，可以将本期产品成本全部由本期完工产品负担

D．约当产量比例法的核心是约当产量的计算，而计算约当产量的关键又在于在产品完工程度或投料程度的确定

四、是非判断题

1．各月末在产品数量变化不大的产品，可以不计算月末在产品成本。（　）

2．采用按年初数固定成本计算在产品成本法时，某种产品本月发生的生产费用就是本月完工产品的成本。（　）

3．采用在产品按所耗原材料费用计价法时，某种产品月末在产品只计算所耗的原材料费用，不计算工资等其他费用，产品的加工费用全部计入完工产品成本。（　）

4．完工产品与在产品之间分配费用的约当产量比例法适用于工资等其他费用的分配，不适用于原材料费用的分配。（　）

5．月末没有在产品时，月初与本月生产费用之和就是完工产品成本。（　）

6．某工序在产品的完工率为该工序累计的工时定额与完工产品工时定额的比率。（　）

7．某工序在产品完工率=(本工序工时定额+前面各工序工时定额之和×50%)÷产品工时定额。（　）

8．采用在产品按定额成本计价法时，月末在产品的定额成本与实际成本的差异，全部由完工产品成本负担。（　）

9．月初在产品费用、本月生产费用、本月完工产品费用和月末在产品费用四者之间的关系，用下列公式表示：月末在产品费用+本月生产费用=本月完工产品费用+月初在产品费用。（　）

10．根据月初在产品费用、本月生产费用和月末在产品费用的资料，完工产品费用=月初在产品费用+本月生产费用−月末在产品费用。（　）

五、简答题

1．划分完工产品与在产品成本的意义有哪些？

2．简述完工产品与在产品之间划分费用的方法的适用范围。

3．什么是约当产量、约当产量法？

4．在多工序生产条件下，如何计算用于分配材料费用、工资费用和制造费用的在产品约当产量？

5．什么是定额成本法，其计算程序怎样？

6．定额比例法有什么特点？在定额比例法下，计算费用分配率可以用两种方法，说出这两种方法下分配费用的计算程序和计算公式。

六、业务处理题

1．某工业企业甲产品期末在产品数量很少，不计算在产品成本。3 月份的生产费用：原材料 13 000 元、直接人工费用 8200 元、制造费用 6500 元。本月完工产品 200 件，在产品 1 件。

要求：计算该月完工甲产品的总成本和单位成本。

2. 某工业企业每月在产品数量较大，但各月末在产品数量变化不大，在产品按固定成本计价。其月初余额为：原材料 2700 元、直接人工费用 1300 元、制造费用 2200 元。5 月份的生产费用：原材料 13 600 元、人工费用 7200 元、制造费用 10 900 元。该月完工产品 100 件，月末在产品 50 件。

要求：算完工产品总成本和单位成本。

3. 企业生产的 A 产品原材料在生产开始时一次投入，产品成本中的原材料费用比重很大，月末在产品按其所耗原材料费用计价。5 月初在产品成本为 6000 元，本月生产费用：原材料 45 000 元、直接人工费用 3700 元、制造费用 2800 元。该月完工产品 220 件，月末在产品 80 件。

要求：分配计算完工产品成本和月末在产品成本。

4. 企业生产 B 产品，月末在产品数量较大，各月末在产品数量变化也较大，产品成本中各项费用比重相差不大，采用约当产量比例法计算完工产品与在产品的生产成本。月初在产品的生产费用：直接材料 5500 元、直接人工 2200 元、制造费用 1903 元。本月发生的生产费用：直接材料 15 086 元、直接人工 9740 元、制造费用 9440 元。本月完工产品 350 件、月末在产品计 120 件。原材料在生产开始时一次投入，在产品加工程度为 40%。

要求：按约当产量比例分配各项费用并计算完工产品与在产品成本。

5. 某产品生产经过两道工序完工，完工产品工时定额为 80 小时，第一道工序为 50 小时，第二道工序为 30 小时。每道工序在产品工时定额按本工序工时定额的 50%计算。

要求：计算完工产品第一、第二道工序在产品的完工率。

6. 某种产品的月末在产品已经加工完毕，但尚未入库，在产品按完工产品成本计价。5 月份在产品费用和本月生产费用如测试题表 5-1 所示，该产品月末完工产品 240 件，在产品 60 件。

要求：计算完工产品和在产品成本。

7. 某企业定额管理基础较好，各项消耗定额或费用定额比较准确、稳定，而且各月在产品数量变化不大，月末在产品采用定额成本计价。某产品在生产开始时原材料一次性投入，单位产品的直接材料定额成本为 27 元，本月完工产品 600 件、月末在产品 200 件，在产品的工时定额为每件 4 小时。计划每小时费用为：人工 4.5 元、燃料及动力 2 元、制造费用 5.5 元。月初在产品费用及本月生产费用如测试题表 5-2 所示。

要求：计算在产品与完工产品成本。

测试题表 5-1　在产品费用和半月生产费用表

	直接材料	直接人工	制造费用
月初在产品	2700	4800	3200
本月生产费用	15 300	22 200	19 600

测试题表 5-2　月初在产品费用及本月生产费用表

	直接材料	燃料及动力	直接人工	制造费用
月初在产品	4960	1440	3240	3960
本月生产费用	16 440	2460	5000	7480

8. 企业定额管理基础较好，各项消耗定额或费用定额比较准确、稳定，但各月末在产品数量变动较大，在产品与完工产品之间费用分配采用定额比例法。

月初在产品费用及本月生产费用如测试题表 5-3 所示。本月完工产品 3500 件，单位产品材料消耗定额为 2 千克，单位产品工时定额为 12.5 小时，月末在产品 1000 件，单位产品材料消耗定额 2 千克，工时定额 10 小时。直接材料费用按材料定额消耗量比例划分，直接人工和制造费用按定额工时比例分配。

要求：

(1)分配各项费用，计算各种费用分配率。

(2)计算完工产品与在产品的生产成本。

9. 企业采用定额比例法计算完工产品与在产品成本，月初在产品生产费用定额及本月生产费用定额资料如测试题表 5-4 所示。本月完工产品 500 件，每件原材料费用定额 260 元，完工产品工时定额 35 小时，月末在产品 300 件。

要求：开设基本生产成本明细账，计算完工产品与月末在产品成本。

测试题表 5-3　月初在产品费用及本月生产费用表

	直接材料	直接人工	制造费用
月初在产品	12 000	2500	4100
本月生产费用	69 000	19 000	26 000

测试题表 5-4　月初在产品生产费用定额及本月生产费用定额资料表

	原材料	直接人工费用	制造费用	定额材料	定额工时
月初在产品	4000	2000	1600	10 000	2000
本月生产费用	166 000	20 000	18 200	140 000	18 000

10. 本月生产甲产品，月初余额：原材料费用 17 600 元、人工费用 11 200 元、制造费用 13 500 元，本月费用：原材料费用 27 500 元、人工费用 14 800 元、制造费用 16 900 元，本月完工产量 300 件、在产品 200 件，原材料在生产开始一次投入，在产品加工程度 50%，按约当产量法分配费用。

要求：计算完工产品和在产品成本。

11. 月初原材料费用 17 200 元，本月原材料费用 45 600 元，产品生产经三道工序，每道工序投料定额分别为 10 千克、30 千克、60 千克，每道工序在产品数量分别为 100 件、50 件、40 件，完工产品产量 180 件，原材料在每道工序陆续投入。

要求：按照约当产量法分配完工产品与在产品的费用。

12. 生产产品经四道工序，投料定额分别为 30 千克、40 千克、20 千克、10 千克，月末在产品分别为 90 件、40 件、50 件、60 件，完工产量 200 件，全部材料费用 78 600 元，按约当产量划分费用，原材料在每工序开始一次性投入。

要求：按照约当产量法分配完工产品与在产品的费用。

第六章

生产特点、管理要求与成本核算方法

引导案例

百安居节俭体现于细节

对企业来说，成本决定效益。然而对于零售行业来说，成本意味着生存还是死亡。当今的零售行业，在利润微薄的同时还要快速扩张，如果不实行良好的成本控制，就很难在市场上立足。位列世界500强企业的大型家装超市百安居将节俭原则贯穿到企业发展的战略中，成为成本控制的典范之一。

节俭体现于细节

如果有人梦想享受大公司的高级办公环境而到百安居去工作的话，现实会给他当头一棒。与明亮宽敞的卖场相比，百安居办公区显得寒碜。

华北区的百安居总部就借居在北京四季青桥百安居一楼卖场偏僻的西南角。华北区总经理办公室可以用简陋形容：一张能容6人的会议桌，毫无档次可言的普通灰白色文件柜，没有老板桌，总经理坐的椅子甚至连扶手都没有。

总经理手中的签字笔只要1.5元，由行政部门按不高于公司的指导价统一采购。“既然都能写字，为什么要用贵的呢？”百安居员工回答到。这就是百安居的节俭原则：企业的所有支出，都是建立在可以给客户提供更多价值的基础之上。换句话说，企业所有的投入都应该为客户服务，以提供给客户更多的让渡价值为本。

节约还体现在人力成本控制中。百安居对人事的成本控制，控制的是总量，特别是员工数量，而对员工的个人收入不加限制。百安居北京金四季店2万多平方米的卖场，只有230多名员工，平均100平方米配置1名。顾客所看到的店员由三部分人组成：固定员工、供应商派过来的促销员、配送和收银中的部分小时工，临时工占员工总数的20%～30%，目前主要在部分配送和收银工作中使用。

人员配置的调整，主要以部门、全店、全国人力效率(每小时的销售额)的对比为主来考虑。在运营过程中，有关部门会设置以各部门为纵向坐标，“标准配置、实际配置、建议配置、销售达成、员工效率”等项为横向坐标的表格进行分析汇总。而对防损、物业、行政、团购等支持部门，主要采取定岗编制。

正是这种节约的意识，使百安居的营运费用占销售额的百分比远低于同行。以百安居北京金四季店为例，京城另一家营业面积同样为2万平方米的建材超市，销售额只有金四季的1/2，营运费用却比金四季店多出一倍。

多方位支持节约行动

成本控制需要高科技的数据系统的支持。百安居的人力成本控制正是在价值分析坐标下计算出来的。价值分析就是从客户的角度评估企业的所有支出。“百安居的数据库不会让客户多花一分冤枉钱”，一位相关负责人说。

据了解，百安居收集全球范围内的经营活动数据，并据此形成各种费用在不同情况下的不同标准。其包括核心城市、二类城市；单层店、二层店等不同参考体系。在已有的控制体系中，当标准同实际实施情况比较时，任何有助于降低成本的差异都能够被用来作为及时更正的依据。

好的标准更需要好的操作规范。对直接的、显性的成本项目，“每一项费用都有年度预算和月度计划，财务预算是一项制度，每一笔支出都要有据可依，执行情况会与考核挂钩”这位负责人说。

“员工工资、电费、电工安全鞋、推车修理费、神秘顾客购物……”5 月份的营运报表上记录着 137 类费用单项。其中，可控费用 84 项，不可控费用 53 项。尽管单店日销售额曾突破千万元，但有的营运单月费用仍被细化到不及 100 元。每个月、每个季度、每一年都会由财务汇总后发到管理者的手中，超支和异常的数据会用红色特别标识，管理者会对报告中的红色部分相当留意，在会议中，相关部门需要对超支的部分做出解释。

此外，一套成型的操作流程和控制手册在百安居被使用，将节俭费用用制度固化下来。该手册从电能、水、印刷用品、劳保用品、电话、办公用品、设备和商店易耗品八个方面提出控制成本的方法。比如将用电的节俭规定到了以分钟为单位，如用电时间控制点从 7：00 到 23：30，依据营业、配送、春夏秋冬季和当地的日照情况划分为 18 个时间段，相隔最长的 7 个小时，相隔最短的仅有两分钟。

节俭成为百安居的一种企业组织行为，甚至植入到员工的文化血脉中。“我们希望所有员工不要混淆‘抠门’与‘成本控制’的关系，‘要花该花的钱，少花甚至不花不该花的钱’，我们要讲究花钱的效益。”百安居《营运控制手册》如是说。

讨论与思考：

1. 何谓生产费用？
2. 生产费用与产品成本是什么关系？
3. 降低产品成本的途径除了节俭还有哪些？

（资料来源：百度资料库）

第一节　企业的生产类型及其特点

企业的生产类型及其特点，对企业选择成本核算方法有着重要的影响。企业的生产类型，按生产流程的特点和生产组织的特点进行分类。

一、企业的生产按生产流程的特点分类

企业的生产按照工艺流程的特点划分，可以分为简单生产和复杂生产两种类型。

（一）简单生产

简单生产是指生产过程在工艺上不能间断，或者不便于分散在几个不同地点的生产，如发电、采掘、燃气生产及铸件等。简单生产的生产周期一般较短，生产过程中间没有自制的半成品产出。一般也称为单步骤生产。

（二）复杂生产

复杂生产是指生产工艺流程是由可以间断的若干生产步骤所组成的生产。它既可以在一个企业或车间内独立进行，也可以由几个企业或车间在不同时间、地点进行的产品生产。属于复杂生产的企业，其产品的生产周期一般较长，产品品种不是单一的，有半成品或中间产品，而且可以由几个企业或车间协作进行生产，因此也称为多步骤生产。

复杂生产按其产品生产过程的加工方式的不同，又划分为连续式复杂生产和装配式复杂生产。

1．连续式复杂生产

连续式复杂生产是指原材料投入后顺序经过若干步骤的逐步加工制成产成品的生产。这种生产方式除了最后步骤生产出完工产品外，其余步骤生产的产品完工后都是企业自制的半成品，这些半成品主要是用于下一步骤继续加工，直至最后加工成产成品，如棉纺织企业就是这种类型的多步骤生产。它在生产过程中，先将棉花经过清棉、梳棉、并条、粗纺和细纺等步骤制成半成品棉纱，然后对棉纱经过络筒、整经、装纱、穿经和织造等步骤最后制成棉布。

2．装配式复杂生产

装配式复杂生产是指各种原材料投入到不同的加工部门制成所产产成品的各种零部件，再将零部件装配成产成品的生产。机械制造企业大都属于这种类型的多步骤生产。如自行车生产企业，就是将材料分别加工成车把、前叉、车架和车轮钢圈等零部件，然后组装成自行车。

二、企业的生产按生产组织的特点分类

生产组织是指企业产品生产的专业化程度，即一定时期内产品生产的重复性。企业的生产按组织的特点分类可以分为大量生产、成批生产和单件生产三种类型。

（一）大量生产

大量生产是指不断重复品种相同的产品生产。它的特点是陆续投入、陆续产出、不分批别、品种稳定、产量大，如冶金、纺织、造纸和酿酒等企业产品的生产。这类生产专业化程度高，一般要采用专用设备进行。

（二）成批生产

成批生产是指按规定的数量和规格进行批量生产。成批生产按每批生产的数量多少，又可分为大批生产和小批生产。大批生产的产品数量较多，通常在一段时期内连续不断地生产相同的产品，因而其特点类似于大量生产，如服装生产企业、食品生产企业等；小批生产的产品数量较少，每批产品同时投产，往往也同时完工，如电梯生产企业等，它的特点类似于单件生产。

(三) 单件生产

单件生产是指根据客户的要求，制造个别的、性质特殊的产品生产，如造船、大型机械设备制造等。其特点是：制造时间长，而且在较长时期内一般不重复生产相同品种的产品，产品的稳定性差，大多采用通用设备生产等。

上述两种分类方法之间不是孤立、相斥的，而是有着密切的联系。在一般情况下，简单生产大多都是大量生产；装配式复杂生产可以是大量生产、成批生产或单件生产。

第二节　生产类型的特点及成本管理的要求对成本核算方法的影响

一、生产类型的特点对成本核算方法的影响

生产类型的特点对成本核算方法的影响，主要表现在以下三个方面：成本核算对象、成本核算期、生产费用在完工产品与在产品之间的分配。这三个方面的有机结合，构成了特定成本核算方法的主要特点。

(一) 成本核算对象

成本核算对象是指企业为了核算产品成本而确定的归集和分配生产费用的各个对象，即成本费用的承担者。企业在进行成本核算时，首先应确定成本核算对象，然后按照确定的成本核算对象来设置“基本生产成本明细账”(或“产品成本计算单”)，据以归集和分配每一成本核算对象所发生的生产费用。

成本核算对象主要取决于生产类型的特点。在大量大批单步骤的生产中，由于不间断地重复生产同类产品，中间又没有自制半成品存在，因而只能以产品的品种作为成本计算对象来归集生产费用；而在大量大批多步骤生产中，由于各个步骤相对独立地生产半成品，生产费用完全可以按产品的生产步骤归集,因而就可以按各个加工步骤的产品作为成本核算对象，以计算各步骤半成品(最后步骤为产成品)的成本；至于单件或小批量生产，由于产品是以客户的订单或批别组织生产，因而就决定了可以按产品的订单或批别作为成本计算对象，以某订单或批别来归集生产费用，以计算各订单或各批别的产品总成本。

(二) 成本核算期

成本核算期，指的是生产费用计入产品成本所规定的起止时期。在大量大批生产情况下，由于产品生产不间断进行，即不间断地投入也不间断地产出，在会计分期原则下，只能按月定期地计算产品成本，以满足分期计算损益的需要。这种成本计算期与会计报告期一致。在小批或单件生产情况下，各批产品的生产周期往往不同，而且批量小，生产不重复或重复少，这样，宜按照各批产品的生产周期计算产品成本，成本核算期与产品的生产周期一致，但与会计报告期不同。

(三) 生产费用在完工产品与在产品之间的分配

在大量大批生产情况下，由于成本核算期与产品的生产周期不一致，每月末一般会有在产品存在，因而要将产品的生产成本采用适当的方法在完工产品与月末在产品之间分配。

在单件或小批量生产情况下，由于成本核算期与产品生产周期一致，什么时候产品完工，

什么时候才计算完工产品的成本，因此在每报告期末时，一般不需要将产品成本在完工产品与在产品之间分配。

二、成本管理要求对成本核算方法的影响

成本核算方法主要受企业生产特点的制约，但并不完全服从于生产特点。企业对成本管理的不同要求，对成本核算方法(主要是成本核算对象)的确定也会产生影响。如在大量大批多步骤生产的企业，由于产品生产过程可以间断，并可分散在不同地点进行生产，这样客观上具备了按生产步骤计算半成品成本的条件。如果企业管理上要求分步骤计算各步骤所产产品的成本，以提供半成品成本资料，那么成本计算对象就可确定为各加工步骤的半成品和最后步骤的产成品；但如果管理上不要求提供半成品成本资料，那么尽管这种生产具备了按步骤计算产品成本的条件，也不以各步骤的半成品作为成本计算对象，而以最终产成品作为计算对象。再如，在确定单件小批生产的产品成本计算对象时，可以根据经济、合理地组织生产和便于管理的要求，对客户的订单作适当地归并或细分，按重新组织的生产批别作为成本计算对象。企业生产按不同的生产标准，可以分为不同的生产类型，这些类型的特点客观上决定了产品成本核算对象，从而决定成本核算方法。

三、成本核算方法

(一)成本核算的基本方法

如上所述，成本核算方法受企业生产类型的特点和管理要求影响。具体地说，生产类型的不同特点和不同的管理要求决定着产品成本的核算对象、成本核算期和生产费用在完工产品与在产品之间的分配方法；不同的成本核算对象、成本核算期和生产费用在完工产品与在产品之间分配方法相互组合，形成了企业成本核算的不同方法。但其中起决定因素的是成本的核算对象，成本核算对象是区别不同成本计算方法的主要标志。从上节可知，产品成本的核算对象一般为产品品种、产品的批别和生产步骤三种，因而产品成本核算的基本方法也就有品种法、分批法和分步法三种。

品种法是以产品品种为成本核算对象来归集生产费用，计算产品成本的一种方法。它适用于大量大批单步骤生产的企业和管理上不要求分步骤计算产品成本的大量大批多步骤生产企业。

分批法是以产品的批别作为成本核算对象来归集生产费用，计算产品成本的一种方法。它适用于单件小批单步骤生产的企业和管理上不要求分步计算产品成本的单件小批多步骤的企业。

分步法是以产品的品种及其所经过的生产步骤为成本计算对象来归集生产费用，核算产品成本的一种方法。它适用于管理上要求分步骤计算产品成本的大量大批多步骤生产的企业。

这三种方法是计算产品实际成本必不可少的方法。任何成本核算必然要采用其中一种或将其结合应用，所以将这三种方法称为成本核算的基本方法。这三种方法的基本特点简单列示如表 6-1 所示。

(二)成本核算的辅助方法

在实际工作中，由于产品生产情况复杂多样，企业管理条件差异不一，为了简化成本计算工作，或为了适应成本管理基础工作较好的企业管理需要，还采用一些其他的成本核算方法，如分类法、定额法、作业成本法、标准成本法等。

表 6-1　成本核算基本方法特点

成本计算方法	成本核算对象	成本核算期	期末在产品成本的计算	适用范围	
				生产特点	成本管理要求
品种法	产品品种	按月计算与会计报告期一致	简单生产下，一般不需计算，复杂生产下一般需计算	大量大批简单生产或复杂生产	管理上不要求分步计算产品成本
分批法	产品批别	不定期计算与生产周期一致	一般不需要计算	单件小批简单生产或复杂生产	管理上不要求分步计算成本
分步法	产品品种及其所经过的步骤	按月计算，与会计报告期一致	需要计算	大量大批复杂生产	管理上要求分步计算成本

分类法是为了解决一些企业产品品种规格繁多，成本核算工作量繁重情况而设计的一种简化成本计算方法。它的基本特点是：以产品类别为成本计算对象，将生产费用先按产品的类别进行归集，计算各类产品成本，然后再按照一定的分配标准在类内各种产品之间分配，来计算各种产品的成本。它主要适用于产品的品种规格多，但每类产品的结构、所用原材料、生产工艺过程都基本相同的企业。

定额法是在定额管理基础较好的企业，为了加强生产费用和产品成本的定额管理，加强成本控制而采用的成本计算方法。它的基本特点是：以产品的定额成本为基础，加上或减去脱离定额差异及定额变动差异来计算产品的实际成本。它适用于管理制度比较健全、定额管理基础工作较好、产品生产定型、消耗定额合理且稳定的企业。

分类法和定额法、作业成本法、标准成本法从核算产品实际成本的角度来说，不是必不可少的，因而统称为辅助方法。这些辅助方法必须结合基本方法使用。

第三节　成本核算方法的实际应用

一、同时采用几种成本核算方法核算成本

在工业企业里，一般既设有基本生产车间来生产企业的产品，又设有辅助生产车间为基本生产车间或其他部门提供工具或劳务。基本生产车间生产的产品要计算成本，辅助生产车间生产的工具或劳务等也要计算成本，但基本生产车间和辅助生产车间在生产特点和管理要求上会有不同，采用的成本计算方法也就会不同。例如钢铁生产企业的炼铁、炼钢和轧钢，属于大量大批的多步骤生产，而且各步骤所产的半成品可以对外出售，因此所产产品要采用分步法核算产品的成本，而设立辅助生产车间则为基本生产部门制造工具、模具等，一般属于小批单件生产，所产产品则可采用分批法计算成本。再如，在一个基本生产车间或企业生产几种产品，其中有的已经定型，开始大量大批生产，那么对这些产品就可以采用品种法或分步法核算成本；有的是非定型产品尚在试制过程中，属于小批单件生产，则应采用分批法核算成本。这样，就一个企业来说，就同时采用了不同的成本核算方法。

二、结合运用几种成本核算方法核算成本

在有的工业企业，除同时采用几种成本核算方法外，还会有以一种成本核算方法为主，结合其他成本核算方法的某些特点加以综合采用的情况。如在单件小批生产的机械产品企业，其产品的主要生产过程是由铸造、机加工、装配等相互关联的各个生产阶段所组成，其最终产

品应采用分批法进行成本核算；但从各个生产步骤看，由于其特点和管理要求不同计算方法有所不同。如在铸造阶段，由于品种少并可直接对外出售，可采用品种法进行成本计算，从铸造到机加工阶段，由于是连续或多步骤生产，因而就可以采用分步法计算成本等；如成本核算的分类法和定额法，作为成本核算的辅助方法，它与生产类型的特点没有直接的联系，就可以适用于各种类型的生产，但必须与各该类型生产中所采用的基本成本核算方法，即品种法、分批法、分步法结合起来应用。例如，生产皮鞋的鞋业制造企业，由于品种、规格较多，又可以按照一定标准分为若干类别，因而就可以在所采用的基本核算方法基础上，结合采用分类核算产品成本法；又如，在大批大量生产的多步骤生产的机械制造企业中，如果定额管理的基础较好，各项消耗定额比较准确、稳定，则就可以在采用分步法的基础上结合定额法计算产品成本。

综上所述，企业生产情况复杂，管理要求多样，所采用的成本核算方法也是多种多样。学习时，重点掌握基本方法特别是典型方法——品种法的基本原理；应用时，则需结合不同的生产特点和管理要求，并考虑企业规模大小和管理水平高低等实际情况，灵活加以应用，切勿不切实际死搬硬套某种成本核算方法。

同步测试题

一、名词解释

1．简单生产
2．复杂生产
3．大量生产
4．成批生产
5．单件生产
6．连续式复杂生产
7．装配式复杂生产
8．成本核算对象

二、单项选择题

1．企业应当(　　)，确定适合本企业的成本核算方法。
A．根据生产类型特点和管理要求　　B．根据职工人数的多少
C．根据生产规模的大小　　D．根据生产车间的多少

2．冶金、纺织、造纸、服装等企业的生产属于(　　)。
A．简单生产　　B．单步骤生产
C．连续式复杂生产　　D．装配式复杂生产

3．大量大批复杂生产适用的成本核算方法是(　　)。
A．品种法　　B．分批法　　C．分类法　　D．分步法

4．企业的生产按其组织方式不同可分为(　　)。
A．单步骤生产和多步骤生产　　B．大量生产、成批生产和单件生产
C．连续式生产和装配式生产　　D．简单生产和复杂生产

5. 生产特点和管理要求对产品成本核算的影响，主要表现在(　　)的确定上。

A. 成本核算对象　　B. 间接费用的分配方法

C. 成本计算日期　　D. 费用在完工产品与在产品之间的分配

6. 区分各种成本核算的基本方法的主要标志是(　　)。

A. 成本核算对象　　B. 成本核算日期

C. 成本项目　　D. 制造费用的分配方法

7. 划分产品成本核算的基本方法和辅助方法的标准是(　　)。

A. 成本核算工作的简繁　　B. 对成本管理作用的大小

C. 应用是否广泛　　D. 对于核算产品实际成本是否必不可少

8. 不断重复生产品种相同的产品的生产，属于(　　)。

A. 大量生产　　B. 复杂生产　　C. 成批生产　　D. 单件生产

9. 单件小批生产的成本核算期通常(　　)。

A. 与产品生产周期一致　　B. 与会计报告周期一致

C. 与日历年度一致　　D. 与生产费用发生期不一致

10. 成本核算的基本方法有(　　)。

A. 分批法、分步法、分类法　　B. 品种法、分批法、分步法

C. 品种法、分批法、分类法　　D. 分批法、分步法、定额法

三、多项选择题

1. 采掘、发电、自来水等生产属于(　　)。

A. 单步骤生产　　B. 大量生产　　C. 多步骤生产　　D. 成批生产

2. 汽车制造、机器制造等生产属于(　　)。

A. 单步骤生产　　B. 装配式多步骤生产

C. 大量生产　　D. 连续式多步骤生产

3. 生产特点和成本管理要求对成本核算方法的影响，主要表现在对(　　)的影响等方面。

A. 成本核算对象

B. 成本核算期

C. 生产费用在完工产品与在产品之间的分配

D. 生产费用在成本核算对象之间的分配

4. 产品成本计算的辅助方法有(　　)。

A. 分类法　　B. 定额法　　C. 品种法　　D. 分步法

5. 产品成本计算的基本方法有(　　)。

A. 品种法　　B. 分步法

C. 分批法　　D. 定额比例法

6. 企业在确定产品成本计算方法时，必须从企业的具体情况出发，同时考虑以下(　　)等因素。

A. 企业的生产特点　　B. 企业生产规模的大小

C. 进行成本管理的要求　　D. 月末有无在产品

7. 成本核算的定额法和分类法归为产品成本的辅助方法的原因主要是(　　)。

A．与生产类型的特点没有直接联系

B．成本计算工作繁重

C．不涉及成本核算对象的确定

D．从核算产品实际成本的角度来说不是必不可少的

8．产品成本核算期与产品生产周期不一致的成本计算方法有（　　）。

A．品种法　　B．分批法　　C．分步法　　D．定额比例法

9．如果企业或车间的规模较小，管理上不要求按生产步骤考核生产耗费，核算产品成本在这种情况下（　　）。

A．不按生产步骤核算成本　　B．可以只按产品品种核算成本

C．可以只按产品批别核算成本　　D．可以既按生产步骤，又按产品品种核算成本

10．在多步骤生产的企业里，为了核算各生产步骤的成本，加强各个生产步骤的生产管理，一般要求按照（　　）核算成本。

A．产品的品种　　B．产品的批别

C．产品的类别　　D．产品的生产步骤

E．产品的件别

四、是非判断题

1．成本计算对象是区分产品成本核算基本方法的主要标志。（　　）

2．发电企业属于大量大批多步骤生产企业。（　　）

3．在一个工厂内可以同时采用几种产品成本核算方法，但同一种产品只能采用一种产品成本核算方法。（　　）

4．进行产品成本核算，都必须划分完工产品与在产品的费用界限。（　　）

5．产品成本核算的基本方法可以在成本核算中单独使用，也可结合使用。（　　）

6．产品成本核算的辅助方法不能单独使用，必须结合基本成本核算方法使用。（　　）

7．在多步骤生产中，为了加强各生产步骤的成本管理，都应当按照生产步骤核算产品成本。（　　）

8．生产特点和管理要求对产品成本核算的影响，主要表现在成本核算对象的确定上。（　　）

9．单步骤生产由于工艺过程不能间断，因而只能按照产品的品种核算成本。（　　）

10．由于按照产品品种核算成本是产品成本核算的最一般、最起码的要求，因而只有品种法才是核算产品成本的基本方法。（　　）

五、简答题

1．简述成本核算方法的组成。

2．企业的生产根据生产流程的特点不同可以分为哪几类？

3．企业的生产根据生产组织的特点不同可以分为哪几类？

4．简述生产特点和管理要求对成本计算方法的影响。

5．确定成本核算方法的原则是什么？

6．在实际工作中，为什么一个企业往往同时采用多种成本核算方法，或者以一种方法为主，同时结合运用几种成本核算方法？

第七章

成本核算的基本方法(上)

引导案例

理想的成本

免费，一直是摧毁传统经营方式的模式，但也有风险。一家叫青番茄的公司曾以免费的方式开启图书馆革命，并成为全球第一个网上中文实体图书馆。它让人坐在家里就可以通过快递免费借阅图书，用户体验超出以往，所以快速扩张。但所有质疑者都认为这是一个无法持续的方式。因为庞大的物流成本，青番茄也终止了有关服务，改为落地实体图书馆。这一次它依旧还是免费的方式。

它当然唤起人们的不理解，到底图什么？青番茄认为自己根本就是公益的，只是为了唤起公民参与阅读，培养高雅生活方式的兴趣。这在商人逐利天经地义的中国思维下，自然难以被信任。

不过这也让我们有机会检视在中国并不引人注目的领域，“社会企业”。青番茄就是一个自命社会企业的“怪公司”。

事实上，中国社会企业已经发展多年，不乏青番茄这类思维的公司。但是大部分令人熟悉的社会企业都是致力慈善事业的传统非营利组织，我们对于“用商业思维来解决社会问题，同时还允许赚取利润”的社会企业缺乏认识和认可。

我们习惯性地认为，像提醒全民阅读的事不是政府，就应该是不缺钱的大公司。如小型公司有这么大的理想估计已经疯了。其实近几年来中国在社会企业的孵化方面已经有了巨大进步，社会企业较过去几年也有了较高增长。但在中国一些非营利组织都因透明度问题广受质疑，更不要说人们是否能接受这种有理想主义的企业还可以赚钱的主张。

也许人们愿意免费享受社会企业提供的服务的同时还认为他们赚了大钱。短时间内无论是政策还是公众接受度方面，对于社会企业的信任与支持都还会面临一些障碍，而始终以理想主义自居的社会企业本身缺乏经营能力也是它的致命伤。不过我们还是希望理想主义能够实现理想，毕竟我们的社会需要这样的“笨”企业。

讨论与思考：

1. 成本核算的基本方法有哪几种？
2. 品种法的特点是什么？
3. 分批法的特点是什么？

（资料来源：深圳晚报：企业的理想主义该得到尊重. 评论员 梁坚）

第一节　成本核算品种法

一、品种法概述

(一)品种法的含义

品种法是以产品品种作为成本计算对象来归集生产费用计算产品成本的方法。品种法是产品成本计算方法中的最基本的方法。因为，不论什么特点的工业企业，不论什么类型的产品生产，也不论管理要求如何，最终都必须按照产品品种算出产品成本。品种法特点主要表现在以下三个方面。

(1)以产品品种作为成本计算对象，并据以设置产品成本明细账归集生产费用，计算产品成本。

以品种法为成本计算方法的企业，往往是大量大批重复生产一种或几种产品。在只生产一种产品的企业，只需以这一产品开设生产成本明细账(也可以用产品成本计算单替代)并按成本项目开设专栏。由于这种情况下发生的各项生产费用都是直接费用，因而直接将其计入产品成本计算单中的有关栏目。如果企业生产的产品不止一种，则需要按每一种产品分别开设若干张产品成本计算单，并按成本项目开设专栏。在这种情况下，直接费用直接计入产品成本计算单中有关栏目，而对几种产品共同发生的费用，则分配计入各产品成本计算单的有关栏目。

(2)成本计算期与会计报告期一致，即按月定期计算产品成本。

大量大批生产的企业，其生产是连续不断进行的，不可能在产品生产完工时就计算出产品成本，只能定期在月末计算当月产出的完工产品成本。从而成本计算期与会计报告期一致，但与产品生产周期不一致。

(3)月末一般有完工产品和在产品之间的成本分配。

在大量大批生产的企业，由于产品是不断地产出，而成本计算期又是固定的，因此在月末计算成本时，既会有完工产品，又会有在产品，那就应将本期累计的生产费用在完工产品和在产品之间分配。但如果企业产品生产工艺过程是单步骤且品种单一，生产周期短，月末没有在产品或在产品很少，则可以不计算在产品成本，这种情况下的品种法，也称单一法、简单法或简化的品种法。

(二)品种法成本核算程序

成本计算时，首先按照产品的品种开设基本生产成本明细账或成本计算单，然后按照以下步骤归集和分配各项费用，计算产品成本。

(1)根据各项耗费的原始凭证和其他有关资料，分配各项要素费用。

(2)根据各要素费用分配表及其他费用资料，登记基本生产成本明细账或产品成本计算单、辅助生产成本明细账、制造费用明细账及管理费用明细账等。

(3)编制辅助生产成本分配表，将辅助生产明细账中所归集的生产费用采用适当方法分配给各受益对象，并据以登记有关费用明细账。

(4)编制制造费用分配表，将制造费用明细账中所归集的全月费用采用适当方法在各种产品之间进行分配，并据以登记基本生产成本明细账或产品成本计算单。

(5)将基本生产成本明细账或成本计算单中按成本项目归集的生产费用采用适当的方法在本月完工产品和月末在产品之间进行分配，确定完工产品和月末在产品成本。

(6)编制完工产品成本汇总表，计算各种完工产品的总成本和单位成本。

品种法的上述成本计算程序图示如图 7-1 所示，各步骤分别用①、②、③、④、⑤标注。

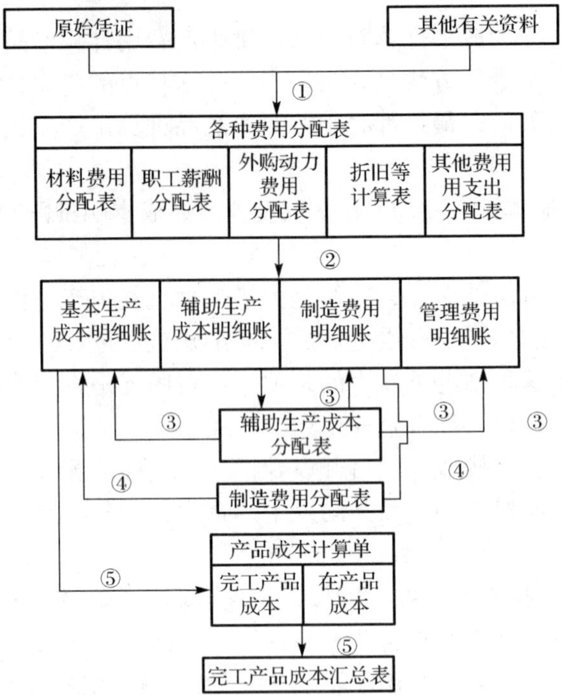

图 7-1　品种法成本计算程序

二、品种法举例

(一)企业基本情况及有关资料

以南华公司为单步骤简单生产企业，设有一个基本生产车间，大量生产 A、B 两种产品；另设有供水、机修两个辅助生产车间，为全厂提供产品和劳务。辅助生产之间相互提供的产品和劳务，需进行交互分配，采用的是计划成本分配法。辅助生产不单独核算制造费用，月末在产品完工程度均为 50%，原材料均为生产开始时一次投入。该公司 2016 年 3 月份成本有关资料如下(工资以外的职工薪酬本例仅列出福利费，且比例假定为工资总额的 14%，其余略)。

(1)产量资料如表 7-1 所示。

表 7-1　产量资料

2016 年 3 月　　数量单位：件

产品名称	月初在产品	本月投入	本月完工产品	月末在产品
A 产品	50	700	450	300
B 产品	70	580	650	

(2)月初在产品成本如表 7-2 所示。

表 7-2　月初在产品成本

2016 年 3 月

产 品 名 称	直 接 材 料	直 接 人 工	制 造 费 用
A 产品	10 000	4080	6186
B 产品	9175	7030	3034

(3)本月发生生产费用如表 7-3、表 7-4、表 7-5 和表 7-6 所示。

表 7-3　本月材料费用表

2016 年 3 月

领料用途	直接领用 A 材料(元)	共同耗用 B 材料(元)	耗料合计 (合计)	B 材料定额耗用量 (千克)
A 产品	40 000			1000
B 产品	50 000			1100
小　计	90 000	21 000	111 000	
基本生产车间一般耗用	5000		5000	
机修车间	14 000		14 000	
供水车间	6000		6000	
合　　计	115 000	21 000	136 000	

表 7-4　本月职工薪酬费用表

2016 年 3 月　　金额单位：元

人 员 类 别	应付职工薪酬(工资)(元)	应付职工薪酬(福利费)(元)
产品生产工人	17 000	2380
机修车间	10 000	1400
供水车间	8000	1120
基本生产车间一般耗用	7000	980
合　　计	42 000	5880

表 7-5　折旧费用表

2016 年 3 月　　金额单位：元

车 间 名 称	金额(元)
基本生产车间	10 000
机修车间	4000
供水车间	6000
合　　计	20 000

表 7-6　其他费用表

2016 年 3 月　　金额单位：元

车 间 名 称	费用项目(元)					
	低值易耗品摊销	办公费	电费	保险费	其　他	合　计
基本生产车间	1600	500	2800	2200	400	7500
机修车间	800	200	1000	500	500	3000
供水车间	500	400	1800	1200	600	4500
合　　计	2900	1100	5600	3900	1500	15 000

(4) 工时记录：A 产品　4000 小时，B 产品　4500 小时。

(5) 辅助生产产品及劳务供应量，如表 7-7 所示。

表 7-7　辅助生产产品及劳务供应量

受益单位	机修车间(小时)	供水车间(吨)	单位计划成本
供水车间	100	—	0.9 元/吨
机修车间	—	1000	10 元/小时
基本生产车间	3100	29 000	
合　计	3200	30 000	

计划成本与实际成本的差额全部计入管理费用。

(6) 有关费用分配方法。

① A、B 产品共同耗用的材料费用按定额耗用量比例分配。

② 生产工人工资按 A、B 两产品生产工时比例分配。

③ 制造费用按 A、B 两产品生产工时比例分配。

(二) 成本计算程序和计算方法

根据上述资料，按照品种法计算程序计算产品成本如下(各有关会计分录略)。

(1) 材料费用分配，如表 7-8 所示。

表 7-8　材料费用分配表

2016 年 3 月　　单位：元

应借账户			A 材料	B 材料			合　计
总账账户	明细账户	成本或费用项目		定额用量	分配率	分配额	
基本生产成本	A 产品	直接材料	40 000	1000		10 000	50 000
	B 产品	直接材料	50 000	1100		11 000	61 000
	小　计		90 000	2100	10	21 000	111 000
辅助生产成本	机修车间	机物料	14 000				14 000
	供水车间	机物料	6000				6000
	小　计		20 000				20 000
制造费用	基本生产车间	机物料	5000				5000
合　计			115 000			21 000	136 000

(2) 职工薪酬分配如表 7-9 所示。

表 7-9　职工薪酬分配表

2016 年 3 月　　单位：元

应借账户			分配标准(生产工时)	分配率	应分配职工工资	应分配职工福利	合　计
总账账户	明细账户	成本或费用项目					
基本生产成本	A 产品	直接工资	4000		8000	1120	9120
	B 产品	直接工资	4500		9000	1260	10 260
	小　计		8500	2.00	17 000	2380	19 380
辅助生产成本	机修车间	职工薪酬			10 000	1400	11 400
	供水车间	职工薪酬			8000	1120	9120
	小　计				18 000	2520	20 520
制造费用	基本生产车间	职工薪酬			7000	980	7980
合　计					42 000	5880	47 880

(3)折旧及其他费用分配如表 7-10 所示。

表 7-10　折旧及其他费用汇总表

2016 年 3 月　　单位：元

应借账户		金额						
总账账户	二级账户	折旧费	低值易耗品摊销	办公费	电费	保险费	其他	合计
制造费用	基本生产车间	10 000	1600	500	2800	2200	400	17 500
辅助生产成本	机修车间	4000	800	200	1000	500	500	7000
	供水车间	6000	500	400	1800	1200	600	10 500
	小计	10 000	1300	600	2800	1700	1100	17 500
合计		20 000	2900	1100	5600	3900	1500	35 000

(4)辅助生产费用分配。

① 根据上述有关费用要素分配表,将属于辅助生产车间耗用的费用归集到了辅助侯生产费用明细账。具体项目及数额如表 7-11、表 7-12 所示。

表 7-11　辅助生产费用明细表

车间名称：机修车间　　金额单位：元

××年		凭证号数	摘要	机物料	工资及福利费	折旧费	其他费用	合计	转出	金额
月	日									
9	30	略	材料费用分配表	14 000				14 000		14 000
	30		职工薪酬分配表		11 400			11 400		25 400
	30		折旧及其他费用分配			4000	3000	7000		32 400
	30		辅助生产费用分配表				900	900		33 300
	30		辅助生产费用分配表						33 300	
			合计	14 000	11 400	4000	3900	33 300	33 300	0

表 7-12　辅助生产费用明细账

车间名称：机修车间　　金额单位：元

×年		凭证号数	摘要	机物料	工资及福利费	折旧费	其他费用	合计	转出	金额
月	日									
9	30	略	材料费用分配表	6000				6000		6000
	30		职工薪酬分配表		9120			9120		15 120
	30		折旧及其他费用分配表			6000	4500	10 500		25 620
	30		辅助生产费用分配表				1000	1000		26 620
	30		辅助生产费用分配表						26 620	
	30		合计	6000	9120	6000	5500	26 620	26 620	0

② 根据“辅助生产费用明细账”中归集的辅助生产费用采用计划成本分配法分配给各受益对象。具体见表 7-13 的辅助生产费用分配表。

表 7-13　辅助生产费用分配表

2016 年 3 月　　　　金额单位：元

劳务供应 / 劳务耗费			机修车间		供水车间		合计
			数量(时)	费用	数量(吨)	费用	
待分配的数量和费用			3200	32 400	30 000	25 620	58 020
计划单位成本				10		0.9	
辅助生产成本	机修车间	水费			1000	900	900
	供水车间	修理费	100	1000			1000
	小计		100	1000	1000	900	1900
制造费用	基本生产车间	水费			29 000	26 100	26 100
		修理费	3100	31 000			31 000
	小计		3100	31 000	29 000	26 100	57 100
按计划成本分配合计				32 000		27 000	59 000
辅助生产实际成本				33 300		26 620	59 920
辅助生产成本差异				+1 300		–380	+920

(5)制造费用分配。

基本生产车间发生的制造费用在登记制造费用明细账(如表 7-14 所示)归集完成后，据以编制制造费用分配表(如表 7-15 所示)将制造费用分配给 A、B 两种产品。

表 7-14　制造费用明细账

车间名称：基本生产车间　　　　金额单位：元

×年		凭证号数	摘要	机物料	工资及福利费	折旧费	低值易耗品摊销	办公费	保险费	水电费	其他	修理费	电费	合计
月	日													
9	30	略	材料费用分配表	5000										5000
	30		职工薪酬分配表		7980									7980
	30		折旧费及其他费用汇总表			10 000	1600	500	2200	2800	400			17 500
	30		辅助生产费用分配表									31 000	26 100	57 100
	30		待分配费用合计	5000	7980	10 000	1600	500	2200	2800	400	31 000	26 100	87 580
	30		制造费用分转出	5000	7980	10 000	1600	500	2200	2800	400	31 000	26 100	87 580

表 7-15　制造费用分配表

2016 年 3 月　　　　单位：元

分配对象	分配标准(生产工时)	分配率	应分配金额
A 产品	4000		41 214
B 产品	4500		46 366
合计	8500	10.303 5	87 580

(6)将生产费用在完工产品和在产品之间分配。

经过以上分配，应由本月产品成本负担的费用，均已根据所编制的会计分录分配登记到了 A、B 两种产品的基本生产成本明细账(见表 7-16、表 7-17)月末时据此还要计算本月完工产品成本。由于 A 产品到月末时，既有完工产品又有在产品，因而要将甲产品基本生产成本明细账中归集的生产费用在完工产品和月末在产品之间进行分配。又因资料告知该企业月末在产品完工程度为50%，加上没有产品的定额成本及成本计算方法的其他要求，因而适用约当产量法分配。B产品由于没有月末在产品，则基本生产成本明细账中归集的生产费用全部是完工产品成本。A、B两种产品的完工产品总成本及单位成本如表7-16、表7-17、表7-18所示。

表7-16　基本生产明细账

产品名称：A产品　　完工产品数量：450件　　月末在产品数量：300件

×年		凭证号数	摘　要	成本项目			合　计
月	日			直接材料	直接工资	制造费用	
9	1		月初在产品成本	10 000	4080	6186	20 266
9	30	略	材料费用	50 000			50 000
	30	略	工资费用		9120		9120
	30	略	制造费用			41 214	41 214
			生产费用合计	60 000	13 200	47 400	120 600
			分配率	80①	22②	79③	181
	30		结转完工产品成本	36 000	9900	35 550	81 450
	30		月末在产品成本	24 000	3300	11 850	39 150

注：①直接材料分配率= $\frac{60\ 000}{450+300}$ =80（元/件）

②直接工资分配率= $\frac{13\ 200}{450+300\times 50\%}$ =22（元/件）

③制造费用分配率= $\frac{47\ 400}{450+300\times 50\%}$ =79（元/件）

通过上述举例可以看出，产品成本计算实际上就是会计核算中成本费用科目的明细核算。为了正确地计算各产品成本，必须正确地编制各种费用分配表和分配、归集各项费用的会计分录，并且按平行登记的原理，既登记有关总账，又登记各该总账科目所属的明细账。最后，将各种生产费用分配，归集到基本生产成本账户及其所属的各种产品成本的明细账中，计算各种产品的总成本和单位成本。

表7-17　基本生产成本明细账

产品名称：B产品　　完工产品数量：650件　　月末产品数量：0件

×年		凭证号数	摘　要	成本项目			合　计
月	日			直接材料	直接工资	制造费用	
9	1		月初在产品成本	9175	7030	3034	19 239
9	30	略	材料费用	6100			6100
	30	略	工资费用		10 260		10 260
	30	略	制造费用			46 366	46 366
			生产费用合计	15 275	17 290	49 400	81 965
	30		结转完工产品成本	15 275	17 290	49 400	81 965

表 7-18　完工产品成本汇总计算单

单位：元

成 本 项 目	A 产品(450 件)		B 产品(650 件)	
	总　成　本	单 位 成 本	总　成　本	单 位 成 本
直接材料	36 000	80	15 275	23.50
直接工资	9900	22	17 290	26.60
制造费用	35 550	79	49 400	76
合　　计	81 450	181	81 965	126.10

第二节　成本核算分批法

一、分批法概述

(一)分批法的概念和适用范围

分批法是以产品的批别为成本核算对象来归集费用，并核算产品成本的一种方法。它一般适用于单件小批生产类型的企业，例如船舶、重型机械制造企业及精密仪器、专用设备生产企业。对于新产品的试制、工业性修理作业和辅助生产的工具磨具制造等，也可以采用分批法核算成本。

(二)分批法的特点

产品批别在成批组织产品生产的企业或车间中，是按照一定品种、一定批量产品划分的。因此，分批法也就是计算一定品种、一定批量的产品成本的方法。在实际工作中，产品的品种和每批产品的批量往往是根据客户的订单确定。因而，按照产品批别计算产品成本，往往也就是按照订单计算产品成本，所以分批法亦称为订单法。分批法的特点如下。

(1)以产品的批次(订单或生产通知单等)为成本计算对象，开设产品成本计算单或设置基本生产成本明细账，实务中一般为企业根据订单开设生产通知单号，车间则根据生产通知单号组织生产，仓库根据生产通知单号准备材料，会计部门根据生产通知单号开设成本计算单或基本生产成本明细账归集其生产费用计算产品成本。

由于生产通知单是根据订单开设，因此一般是以一张订单上的产品为一批，即以订单划分批别。但在一张订单上如规定的产品不止一种，那为了分别计算不同产品的生产成本和便于生产管理，可以按照产品的品种划分批别组织生产并计算成本；如果订单中只规定一种产品，但其数量较大，不便于集中一次投产，或者客户要求分批交货，也可以分几批组织生产，计算成本；如果订单中只规定一件产品，但其生产周期很长并是由许多零部件装配而成的，则可按生产进度或构成成品部件分别开设生产通知单组织生产，计算成本，如大型船舶的生产等。

(2)产品成本计算期不固定，即成本计算期与生产周期相同，而与会计报告期不一致。分批法下，由于是以产品的批别或件别作为成本计算对象，因而一批产品只有全部完工后才能通过成本计算单将生产费用归集完整，也就决定了成本计算期与产品生产周期同步。

(3)一般不需要计算期末在产品成本，这主要是成本计算期与产品生产周期一致决定。就单件生产来说，产品完工之前，基本生产成本明细账所归集的生产费用，都是在产品成本，产品完工时，就是完工产品成本，因而月末计算成本时，就不需要计算月末在产品成本；如果是小批生产，批内产品一般都能同时完工，在月末计算成本时，或是全部已经完工，或是全部没有完工，因而也都不存在计算月末在产品成本问题。但在批内产品跨月陆续完工的情况下，月末计算成本时，一部分产品已完工，另一部尚未完工，这时就要在完工产品与月末在产品之间分配费用，以分别计算完工产品成本和月末在产品成本。

此外，在同一月份内投产的产品批数很多的企业中，还采用着一种简化的不分批次计算在产品成本的分批法。此法将专门作一专题在后面阐述。

(三)分批法的计算程序

(1)按产品批别开设基本生产成本明细账，即根据生产计划部门签发的生产任务通知单中所规定的产品批号，为每批产品开设基本生产成本明细账。在明细账页上既要注明批号，也要列明产品名称。

(2)编制各要素费用分配表(或汇总表)分配和归集各批次产品的生产费用，即在月份内，将各批次产品的直接费用，按批号直接汇总计入各批产品成本明细账内；而将发生的间接费用按照一定的标准在各批次产品之间进行分配，分别记入有关批次的产品成本明细账。

(3)计算完工产品成本，月末加计完工批别成本明细账中所归集的生产费用，计算完工产品的实际总成本和单位成本；月末各批未完工产品成本明细账内归集的生产费用即为月末在产品成本；如月末有部分产品完工，部分未完工的要采用适当方法在完工产品与在产品之间分配费用。由于分批法下，批内产品跨月陆续完工的情况不多，因而在有陆续跨月完工情况下，月末计算完工产品成本时，可采用计划成本、定额成本或最近时期相同产品的实际成本对完工产品进行计价的简易方法计算，然后将其从基本生产成本明细账中转出，余下的即为在产品成本。等到全部产品完工时，再计算该批全部产品实际的总成本和单位成本。

二、分批法举例

南华公司根据客户的订单组织生产，采用分批法计算产品成本。该公司有两个生产车间，原材料在一车间生产开始时一次投入，2016 年 12 月份的有关资料如下。

(1)各批产品的生产情况如表 7-19 所示。

表 7-19　各批产品的生产情况

产品批号	产品名称	开工日期	批量(台)	完工产量		本月耗用工时	
				11 月	12 月	一车间	二车间
07	A 产品	11 月份	20	10	10	3000	1600
08	B 产品	12 月份	15		15	1500	2000
09	C 产品	12 月份	10			1000	1500

(2)07 批 A 产品 11 月份的有关资料为：直接材料 10 500 元、直接人工 18 900 元、制造费用 6050 元。

(3)12 月份各批产品耗用材料的情况：08 批 B 产品耗用材料 40 500 元、09 批 C 产品耗用材料 9500 元。

(4) 12 月份的直接人工费用资料如表 7-20 所示。

表 7-20　直接人工费用表

2016 年 12 月　　单位：元

	一　车　间	二　车　间
07 批 A 产品	9900	4000
08 批 B 产品	4950	5010
09 批 C 产品	3300	3750

(5) 12 月份的制造费用资料：一车间为 5500 元、二车间为 6120 元，制造费用按生产工时比例在各批产品之间分配。

(6) 该厂对订单内跨月陆续完工的产品，月末计算成本时，对完工产品按计划成本转出，待全部完工后再重新计算完工产品的实际总成本和单位成本。本例中 07 批甲产品 11 月末完工 10 台，按计划单位成本结转，其中原材料计划单位成本 500 元、工资计划单位成本 950 元、制造费用计划单位成本 300 元。

根据上述资料编制的制造费用分配表见表 7-21，设置并登记的 07 批、08 批、09 批基本生产成本明细账及其成本计算如表 7-22、表 7-23、表 7-24 所示。

表 7-21　制造费用分配表

2016 年 12 月　　金额单位：元

产品批别	一车间			二车间			合计
	工时	分配率	金额	工时	分配率	金额	
07 批	3000		3000	1600		1920	4920
08 批	1500		1500	2000		2400	3900
09 批	1000		1000	1500		1800	2800
合计	5500	1.00	5500	5100	1.2	6120	11 620

表 7-22　基本生产成本明细账

批号：07　　产品名称：A 产品

开工日期：2016 年 11 月　　完工日期：2016 年 12 月　　单位：元

×年		凭证号数	摘　　要	直接材料	直接工资	制造费用	合　计
月	日						
11	30		11 月份成本合计	10 500	18 900	6050	35 450
	30	略	完工 10 台转出成本	5000	9500	3000	17 500
	30		11 月末在产品成本	5500	9400	3050	17 950
12	31	略	一车间成本分配		9900	3000	12 900
			二车间成本分配		4000	1920	5920
		31	12 月份成本合计		13 900	4920	18 820
			12 月份完工 10 台转出成本	5500	23 300	7970	36 770
		31	20 台产品累计总成本	10 500	32 800	10 970	54 270
			单位成本	525	1640	548.50	2713.50

表 7-23　基本生产成本明细账

批　　号：08　　　产品名称：B 产品　　　单位：元
开工日期：2016 年 12 月份　　　完工日期：2016 年 12 月份　　　完工数量：15 台

×年		凭证号数	摘　　要	直接材料	直接工资	制造费用	合　计
月	日						
12	31	略	一车间费用分配	40 500	4950	1500	46950
	31	略	二车间费用分配		5010	2400	7410
			生产费用合计	40 500	9960	3900	54 360
	31	略	转出完工产品成本	40 500	9960	3900	54 360
			单位成本	2700	664	260	3624

表 7-24　基本生产成本明细账

批　　号：09　　　产品名称：C 产品
开工日期：2016 年 12 月份　　　完工日期：　　　金额单位：元

×年		凭证号数	摘　　要	直接材料	直接工资	制造费用	合　计
月	日						
12	31	略	一车间费用分配	9500	3300	1000	13 800
	31	略	二车间费用分配		3750	1800	5550
	31	略	12 月份累计成本	9500	7050	2800	19 350

三、简化分批法

在小批或单件生产的企业，如同一月份内投产的产品批数很多，则各种间接费用在各批产品之间按月分配的工作量将很大。在这种情况下可采用一种简化分批法。

(一) 简化分批法的特点

简化分批法的特点是，每月发生的人工费用和制造费用等间接费用不是按月在各批产品之间分配，而是累加起来，直到产品完工的那个月份，再按照完工产品累计生产工时比例，在各批完工产品之间再进行分配。所以，这种方法也叫“间接费用累计分配法”，有的还称之为“不分批计算在产品成本分批法”。间接费用分配的计算公式如式(7-1)和式(7-2)所示。

$$\text{全部产品某项累计间接费用分配率}=\frac{\text{期初结存该项全部产品间接费用}+\text{本月发生该项全部产品间接费用}}{\text{期初结存该项全部产品间接费用}+\text{本月发生该项全部产品间接费用}} \quad (7\text{-}1)$$

$$\text{某批完工产品应负担的某项间接计入费用}=\text{该批完工产品累计生产工时}+\text{全部产品该项累计间接费用分配率} \quad (7\text{-}2)$$

(二) 简化分批法的计算程序

(1) 按产品批别设立基本生产成本明细账，平时账内仅登记直接计入费用(原材料费用)和生产工时；另外，要设立基本生产成本二级账，归集企业投产的所有批次合计发生的各项费用以及累计的生产工时。

(2) 计算间接费用分配率，在有完工产品的那个月份，通过基本生产成本二级账上的累计生产工时和累计间接费用计算分成本项目的间接费用累计分配率分别在基本生产成本明细账和基本生产二级账上登记。

(3)计算完工产品应分配的间接费用，计算完工产品应分配的间接费用时，应先在基本生产成本明细账中分批次计算(即用各批次完工产品的累计生产工时乘以不同成本项目的间接费用分配率)并在各批次的成本明细账中登记；然后将所有批次的成本明细账中完工产品的各项间接费用汇总起来再记入基本生产成本二级账的相应成本项目栏。基本生产成本二级账中完工产品的原材料费用和生产工时也是根据各批次产品基本生产成本明细账中完工产品的原材料费用和生产工时汇总登记的。

(三)简化分批法举例

假定南华公司小批生产多种产品，产品批数多。为了简化核算，采用简化分批法计算各批次产品成本。该企业 9 月份各批产品的情况是：

第 701 批号：A 产品 8 件，7 月份投产，本月份完工；

第 812 批号：B 产品 10 件，8 月份投产，本月完工 6 件；

第 824 批号：C 产品 8 件，8 月份投产，尚未完工；

第 901 批号：D 产品 5 件，9 月份投产，尚未完工。

该企业 9 月份的月初在产品成本和本期生产费用及实耗工时登记入“基本生产成本二级账”和各批号“基本生产成本明细账”的内容如表 7-25、表 7-26、表 7-27、表 7-28 和表 7-29 所示。表中的具体计算数据来源请学员自己分析确认。

表 7-25　基本生产成本二级账

金额单位：元

×年		凭证号数	摘　　要	生产工时	直接材料	直接工资	制造费用	合　计
月	日							
9	1	略	期初余额	30 650	218 000	50 276	68 240	336 516
9	30	略	本月发生额	30 150	81 600	54 300	70 384	206 284
9	30	略	累计	60 800	299 600	104 576	138 624	542 800
9	30	略	间接费用累计分配率			1.72	2.28	
9	30		完工转出	38 450	198 304	66 134	87 666	352 104
			余额	22 350	101 296	38 442	50 958	190 696

表 7-26　基本生产成本明细账

批号：701　　　　开工日期：2016 年 7 月　　　　批量：8 件

产品名称：A 产品　　　　完工日期：2016 年 9 月　　　　金额单位：元

×年		凭证号数	摘　　要	生产工时	直接材料	直接工资	制造费用	合　计
月	日							
7	31	略	本月发生	9460	64 850			
8	31	略	本月发生	5940	36 650			
9	30	略	本月发生	9800	28 200			
9	30	略	累计数及间接费用累计分配率	25 200	129 700	1.72	2.28	
9	30		本月转出完工产品成本	25 200	129 700	43 344	57 456	230 500
			完工产品单位成本		16 212.50	5418	7182	28 812.50

表 7-27　基本生产成本明细账

批号：812　　开工日期：2016 年 8 月投产 10 件
产品名称：B 产品　　完工日期：2016 年 9 月完工 6 件　　金额单位：元

×年		凭证号数	摘　要	生产工时	直接材料	直接工资	制造费用	合　计
月	日							
8	31	略	本月发生	7410	74 420			
9	30	略	本月发生	9420	6880			
9	30	略	累计数及间接费用累计分配率	16 830	81 300	1.72	2.28	
9	30	略	本月转出完工产品成本	13 250	68 604	22 790	30 210	121 604
9	30	略	完工产品单位成本		11 434	3798	5035	20 267
9	30		月末在产品	3580	12 696			

表 7-28　基本生产成本明细账

批号：824　　开工日期：2016 年 8 月　　产品批量：8 件
产品名称：C 产品　　完工日期：　　金额单位：元

×年		凭证号数	摘　要	生产工时	直接材料	直接工资	制造费用	合　计
月	日							
8	31	略	本月发生	7840	42 080			
9	30	略	本月发生	4270	8680			

表 7-29　基本生产成本明细账

批号：901　　开工日期：2016 年 9 月　　产品批量：5 件
产品名称：D 产品　　完工日期：　　金额单位：元

×年		凭证号数	摘　要	生产工时	直接材料	直接工资	制造费用	合　计
月	日							
9	31	略	本月发生	6660	37 840			

同步测试题

一、名词解释

1. 品种法
2. 简单品种法
3. 典型品种法
4. 分批法
5. 分批零件法
6. 当月分配法
7. 累计分配法
8. 间接费用累计分配率

二、单项选择题

1. 生产特点和管理要求对产品成本计算的影响，主要表现在(　　)。

A. 产品成本计算对象上　B. 产品成本计算日期上

C. 间接费用的分配上　D. 完工产品与在产品的分配方法上

2. 划分产品成本计算的基本方法和辅助方法的标准是(　　)。

A. 成本计算工作的繁简　B. 对成本管理作用的大小

C. 成本计算是否及时　D. 对于计算产品实际成本是否必不可少

3. 区分各种成本计算基本方法的主要标志是(　　)。

A. 成本计算对象　B. 成本计算日期

C. 间接费用的分配方法　D. 完工产品与在产品之间分配费用的方法

4. 在采用品种法计算产品成本的企业或车间中，如果只生产一种产品，发生的生产费用是(　　)。

A. 全部都是直接费用　B. 全部都是间接费用

C. 有直接费用，也有间接费用　D. 全部都是直接生产费用

5. 产品成本计算的分批法适用于(　　)。

A. 小批生产　B. 大批生产　C. 大量生产　D. 多步骤生产

6. 采用简化的分批法，在产品完工之前，产品成本明细账(　　)。

A. 不登记任何费用

B. 只登记直接费用和生产工时

C. 只登记原材料费用和生产工时

D. 登记间接费用，不登记直接费用

7. 在分批法下，累计间接费用分配率(　　)。

A. 只是在各批产品之间分配直接费用的依据

B. 只是在各批在产品之间分配间接费用的依据

C. 既是各批产品之间，也是完工产品与在产品之间分配间接费用的依据

D. 只是完工产品与在产品之间分配间接费用的依据

8. 分批法成本计算程序与(　　)一致。

A. 品种法　B. 分步法　C. 分类法　D. 定额法

9. 简化的分批法，将(　　)结合进行。

A. 间接计入费用在各批产品之间的分配和在完工产品与未完工产品之间的分配

B. 生产费用在各批产品之间的分配

C. 直接计入费用和间接计入费用的分配

D. 间接计入费用在期末在产品之间的分配

10. 简化的分批法，(　　)。

A. 不分配结转完工产品直接计入费用

B. 不分配结转未完工产品直接计入费用

C. 不分配结转完工产品间接计入费用

D. 不分配结转未完工产品间接计入费用

三、多项选择题

1．品种法的适用范围包括（　　）。

A．大量大批的单步骤生产

B．大量大批多步骤管理上不要求按照生产步骤计算产品成本的生产

C．大量大批的多步骤生产

D．规格多、品种多的产品生产

E．单件、小批生产

2．在单一产品生产，没有在产品的情况下，品种法也称（　　）。

A．订单法　　B．不计算半成本法

C．单一法　　D．简单法

E．简化的品种法

3．企业在确定成本计算方法是，必须从企业的具体情况出发，同时依据（　　）。

A．企业的生产特点　　B．企业的生产规模大小

C．进行成本管理的要求　　D．月末有没有在产品

E．生产工人的工资

4．受生产特点和管理要求的影响，在产品成本计算工作中，成本计算对象包括（　　）。

A．产品品种　　B．产品类型

C．产品批别　　D．产品生产步骤

E．产品类别

5．采用简化的分批法（　　）。

A．不计算在产品成本　　B．不分批计算在产品成本

C．不计算全部在产品成本　　D．计算全部在产品总成本

E．将发生的费用在各批产品的完工产品和在产品之间分配

6．分批法适用于（　　）。

A．小批生产　　B．大批生产

C．单件生产　　D．多步骤生产

E．大量生产

7．采用简化的分批法（　　）。

A．必须设立基本生产成本二级账

B．在产品完工之前，产品成本明细账只登记直接费用和生产工时

C．在基本生产成本二级账中只登记间接费用

D．不分批计算在产品成本

E．分批计算在产品成本

8．常见的品种法有（　　）。

A．简单品种法　　B．复杂品种法

C．典型品种法　　D．分类法

E．系数法

9．下面对品种法的正确表述有（　　）。

A．以产品的品种作为成本计算对象

B．成本计算程序较为复杂

C．是大量大批多步骤生产企业必须采用的成本计算方法

D．简单品种法一般不需要将生产费用在完工产品和在产品之间进行分配

E．分类法是品种法的变通运用

10．分批零件法与典型分批法虽然同属一种成本计算方法，但两者之间存在着许多不同之间，主要包括（　　）。

A．成本计算对象　　　　B．成本计算期

C．成本计算内容　　　　D．成本计算顺序

E．在产品的涵义

四、是非判断题

1．品种法是成本计算的最基本方法。（　　）

2．单步骤生产只要求按照产品的品种计算成本。（　　）

3．如果一张订单规定的产品数量较大，不便集中一次投产，或者需用单位要求分批交货，可以分为数批生产，计算成本。（　　）

4．简化分批法，产品完工以前，产品明细账中只按月登记直接费用和作为间接费用分配依据的生产工时。（　　）

5．简化的分批法下，累计间接费用分配率既是在各批完工产品之间分配间接费用的依据，也是在完工产品与月末在产品之间分配间接费用的依据。（　　）

6．如果一张订单规定有几种产品，也应合为一批生产。（　　）

7．采用分批法，如果批内产品跨月陆续完工情况不多，完工产品数量占全部批量比重较小，完工产品可按计划成本计算。（　　）

8．采用简化的分批法，必须设立基本生产成本二级账。（　　）

9．简化的分批法适用于月末完工产品的批数比较多。（　　）

10．简化的分批法适用于各个月份的间接计入费用水平相差不多的产品生产。（　　）

五、简答题

1．简述品种法的一般计算程序。

2．简述品种法的优缺点。

3．简述品种法的适用范围。

4．简述分批法的适用范围。

5．简述分批法的优缺点。

6．简述简化分批法的适用范围。

六、业务处理题

1．三泰生产的 A、B 两种产品成本如测试题表 7-1、测试题表 7-2 所示，月初余额 A 产品原材料费用 12 600 元、燃动力费用 4700 元、直接人工费用 6500 元、制造费用 11 000 元，B 产品原材料费用 14 800 元、燃动力费用 5000 元、人工费用 7600 元、制造费用 13 200 元，本月发生以下业务。

测试题表 7-1　A 产品成本

项　目	原 材 料	燃料及动力	人工费用	制造费用	废品损失	合　计
月初	12 600	4700	6500	11 000		34 800
本月	69 600	6000	43 890	41 173		160 663
转出废品成本	3000	400	1200	1500		6100
转入净损失					5000	5000
累　计	79 200	10 300	49 190	50 673	5000	194 363
完工成本	79 200	10 300	49 190	50 673	5000	194 363

测试题表 7-2　B 产品成本

项　目	原 材 料	燃料及动力	人工费用	制造费用	合　计
月初	14 800	5000	7600	13 200	40 600
本月	46 400	3600	35 910	33 687	119 597
累计	61 200	8600	43 510	46 887	160 197
分配率	122.4	21.5	108.775	117.217 5	365.592 5
转出完工成本	36 720	6450	32 632.5	35 156.25	110 967.75
在产品	24 480	2150	10 877.5	11 721.7 5	49 229.2 5

(1)生产产品领用原材料费用 116 000 元，辅助车间耗用 11 000 元，基车间耗用 3200 元，A、B 产品定额费用分别为 6 万元、4 万元，按照定额费用比例划分产品耗用的原材料费用。

(2)分配本月动力，生产产品耗电 12 000 千瓦·时，机器工时分别为 2500 小时、1500 小时，辅助车间耗电 5000 千瓦·时，基本车间耗电 1000 千瓦·时，每 1 千瓦·时成本 0.8 元，按机器工时比例分配动力费。

(3)分配本月工资费用，生产工人工资 70 000 元、辅助车间 20 000 元、车间技术人员 12 000 元，产品生产工时分别为 22 000 小时、18 000 小时，按工时比例分配。

(4)提取其他职工薪酬。

(5)车间领用低值易耗品 3000 元，五五摊销。

(6)提取本月折旧，基本车间 15 800 元、辅助车间 6000 元。

(7)摊销保险费，基本车间负担 3000 元、辅助车间负担 2000 元。

(8)用存款支付劳保费，基本车间 7000 元、辅助车间 4000 元。

(9)归集本月辅助生产费用并进行分配，基本车间与管理部门分别负担 60%和 40%。

(10)将本月制造费用进行结转，按生产工时比例分配。

(11)月末时 A 产品全部完工。生产中发现有不可修废品 10 件，每件废品原材料 300 元、燃料及动力费 40 元、人工费用 120 元、制造费用 150 元，转出废品成本，报废废品时收残料 800 元、应收赔款 300 元，结转净损失并计算完工成本。

(12)B 产品完工 300 件、在产品 200 件，原材料一次投入，在产品加工程度 50%，按约当产量划分费用。

要求：采用品种法计算产品生产成本。

2. 兴化企业生产三批产品，批号分别为 9906、9907、9908，月初余额 9906 批原料费用 12 500 元、人工费用 8 600 元、制造费用 11 200 元，9907 批原材料费用 23 000 元、人工费用 15 200 元、制造费用 17 800 元，本月发生以下业务。

(1) 9908 领原材料费用 31 000 元，9906 修理可修废品耗用材料费用 200 元。

(2) 本月全部人工费用 48 000 元，三种产品生产工时分别为 5000 小时（其中可修废品修理所用工时为 200 小时）、6000 小时、9000 小时，按工时比例分配人工费用。

(3) 本月全部制造费用 56 000 元，按工时比例分配。

(4) 本月 9906 全部完工，9907 完工 6 件，按计划单位成本转出原材料费用 800 元、人工费用 600 元、制造费用 700 元，9908 完工 15 件，在产品 10 件，分布三道工序上，每工序分别为 2 件、3 件、5 件，原材料生产开始一次投入，每工序在产品加工程度分别为 20%、40%、60%，按约当产量划分费用（废品损失=200+200 × 2.4+200 × 2.8=1240）。

要求：采用分批法计算产品生产成本。

9906、9907、9908 批产品成本明细账见测试题账簿 7-3、测试题账簿 7-4 和练习题账簿 7-5。

测试题账簿 7-3

成本明细账

9906 批　（单位：元）

项　目	原材料	人工费用	制造费用	废品损失	合　计
月初	12 500	8600	11 200		32 300
本月	—	11 520	13 440	1240	26 200
累计	12 500	20 120	24 640	1240	58 500
完工成本	12 500	20 120	24 640	1240	58 500

测试题账簿 7-4

成本明细账

9907 批　（单位：元）

项　目	原材料	人工费用	制造费用	合　计
月初	23 000	15 200	17 800	56 000
本月	—	14 400	16 800	31 200
累计	23 000	29 600	34 600	87 200
转出完工成本	4800	3600	4200	12 600
在产品成本	18 200	26 000	30 400	74 600

3．企业生产四批产品，批号分别为 9902、9903、9904、9905，月初余额 9902 原材料费用 19 200 元，工时 6 000 小时；9903 原材料费用 17 500 元，工时 4000 小时；9904 原材料费用 18 700 元，工时 12 500 小时，二级账月初全部人工费用 39 500 元，制造费用 51 200 元；本月 9905 领原材料 18 000 元，本月四批产品工时分别为 4000 小时、5000 小时、2000 小时、7000 小时，本月全部人工费用 21 500 元，全部制造费用 31 600 元，月末时 9902 全部完工，9903 完工 15 件，在产品 10 件，原料生产开始一次投入，按约当产量比例分工时，其余未完工。

要求：采用简化分批法计算成本。

测试题账簿 7-5

成本明细账

9908 批　（单位：元）

项　目	原 材 料	人工费用	制造费用	合　计
本月	31 000	21 600	25 200	77 800
累计	31 000	21 600	25 200	77 800
分配率	1 240	1 102.04	1 285.71	
完工成本	18 600	16 530.6	19 285.65	54 416.25
在产品成本	12 400	5 069.4	5 914.35	23 383.75

第八章

成本核算的基本方法（下）

引导案例

任何事情都有成本

一本书十万块，一碗粥一万块，你必然不消费，成本太高。你准备开一个店，明确知道亏本，只有傻子才会继续保有热情。

一个人有限的本钱是他的时间。增长本事，积累财富、名声和地位，都得消耗时间,一个人最终极的成本是生命。

一个人建立了成本概念，他就不想浪费时间。

不浪费时间，你的本事自然慢慢变大，你可交换的价值增加，你的自尊也得到满足。

同时，你也不可能让他人浪费你的时间，那种让你白干活的理想主义大忽悠，那种损耗你精力的无用功，你也敢于拒绝。

甚至一些看起来相当正义的事，有了成本概念，你也不想计较了，这是一个人最难的转变。正如塞林格所说：“不成熟的人为理想可能牺牲自己，而成熟的人为了理想可以卑贱地活着。”

讨论与思考：

1. 分步法的特点是什么？
2. 分步法与品种法的关系如何？
3. 在什么情况下需要进行成本还原？

（资料来源：微信公众号连岳）

第一节　分步法概述

一、分步法的概念和适用范围

成本核算的分步法是以产品生产步骤作为成本核算对象，分生产步骤归集费用，在核算各生产步骤产品成本的基础上核算产成品成本。它适用于大量大批多步骤且管理上要求分步骤核算成本的连续加工生产的企业和车间，如冶金企业、纺织企业、造纸企业等。在上述企业中，生产的工艺过程由一系列连续加工步骤构成，从原材料投入生产，每经过一个加工步骤都要形成一种半成品，这一半成品是下一步骤的加工对象，直到最后一个步骤生产出产成品。这类企业的生产特点是：第一，加工步骤是有一定顺序的，每一步骤生产出来的半成品的性质不同，有的可以独立对外销售，有的则需留在企业进一步加工；第二，这种连续加工式的生产通常是大量或大批生产，产品在生产线上连续不断地被生产出来；第三，各种产品生产的程序、方法都是相同的，一般没有特殊规格的产品或特定的生产方法。

需要指出的是，在按生产步骤设立车间的企业，按步骤核算成本也就是按车间核算成本。为了简化核算，有的企业根据管理需要，可将几个车间合为一个生产步骤核算成本。若一个车间包括几个生产步骤，如果要求按步骤加强管理，则可以在车间内分步骤核算成本。

二、分步法的基本特点

分步法作为以各生产步骤的产品为成本计算对象来归集生产费用、计算产品成本的一种方法，其特点主要有以下三个方面。

1. 成本核算对象

以各加工步骤的各种产品作为成本核算对象，并据以设置基本生产成本明细账，即基本生产成本明细账按照生产步骤设立，账中按照产品品种反映。在大量大批多步骤的生产企业，从原材料投入到产成品制成完工，要经过一系列的加工步骤，每经过一个加工步骤，产出的半成品，其形态和性质各不相同，其计量单位也可能不尽相同，而且各步骤生产的半成品可能转入后续步骤加工成不同的产成品，也可能对外出售。因此，成本计算必须按各步骤的各种产品进行。但应指出的是，产品成本计算的分步与实际的生产步骤不一定完全一致。为了简化成本计算工作，可以只对管理上有必要分步计算成本的生产步骤单独设立产品成本明细账，单独计算成本；而对管理上不要求单独计算成本的生产步骤，则可与其他生产步骤合并设立基本生产成本明细账计算其成本。

2. 产品成本核算期

产品成本核算期与会计报告期一致，即按月进行，但与生产周期不一致。

3. 生产费用在产成品与在产品之间的分配

大量大批多步骤生产情况下，原材料不断投入，产品不断产出，而且其生产周期比单步骤生产长，月末通常都会有在产品。因此，必须按加工步骤将所归集的生产费用在产成品与在产品之间进行分配。

三、分步法的分类

分步法按是否需要核算和结转各步骤半成品成本分为逐步结转分步法和平行结转分步法两种。逐步结转分步法是按各加工步骤归集生产费用，核算各加工步骤半成品成本，且半成品成本随半成品实物转移在各加工步骤之间按顺序结转，最后核算出产成品成本的一种成本核算方法；平行结转分步法是各加工步骤只核算本步骤发生的生产费用和此生产费用中应计入产成品成本的份额，将相同产品各步骤计入产成品的份额平行结转、汇总，核算出产成品成本的一种方法。这种方法由于不核算各步骤所产半成品成本，也不核算各步骤所耗上一步骤半成品成本，所以也叫不核算半成品成本的分步法。

第二节　逐步结转分步法

一、逐步结转分步法概述

逐步结转分步法也称核算半成品成本的分步法，指的是按各加工步骤归集生产费用，核算各加工步骤半成品成本，且半成品成本随半成品实物转移在各加工步骤之间按顺序结转，最后核算出产成品成本的一种成本核算方法。逐步结转分步法主要适用于成本管理中需要提供各个生产步骤半成品成本资料的企业，如有些企业各生产步骤所生产的半成品不仅供企业自用，还有一部分对外销售。为了核算对外销售半成品的盈亏，需要核算外销半成品的成本。有些企业的半成品虽不对外销售，但要进行同行业的评比。同时，为了实行厂内经济核算也需要核算半成品成本。有些半成品供企业内几种产品所耗用，只有核算出每种半成品的成本，才能核算出每种产成品的成本。

逐步结转分步法核算的程序如下。

1. 按照产品的生产步骤和产品品种设置成本明细账(或产品成本计算单)

逐步结转分步法的成本核算对象是每种产品及其所经过各生产步骤中的半成品的成本。因此，应按照产品的生产步骤和产品品种设置成本明细账(或产品成本计算单)，成本明细账(或产品成本计算单)内按规定的成本项目设置专栏。这时，最后步骤生产出来的是产成品，其余各步骤均为半成品。

2. 归集生产费用

各生产步骤的直接费用(直接材料、直接人工等)直接计入“生产成本”明细账的借方；间接费用(制造费用)先进行归集，然后再采用一定的分配方法计入“生产成本”明细账的借方。

3. 半成品的成本随半成品实物的转移而转移

将上一步所产半成品的成本随着半成品实物的转移而转移，从上一步骤的成本明细账(或产品成本计算单)转入下一步骤相同产品的成本明细账(或产品成本计算单)中，这样逐步核算出半成品成本和最后一个步骤的产成品成本。

4. 生产费用在完工的半成品(最后一个步骤为产成品)与狭义在产品之间进行分配

月末归集的生产费用合计数，要采用一定的分配方法在完工的半成品(最后一个步骤为产成品)与在产品之间进行分配，最终核算出完工的半成品(最后一个步骤为产成品)的总成本和单位成本。

二、半成品成本逐步结转的形式

采用逐步结转分步法核算产品成本，各步骤半成品成本随着半成品实物的转移而结转到下一步骤成本明细账(或产品成本计算单)中，可以以“半成品”项目综合列示，也可以以原始成本项目列示。由于半成品成本在下一步成本明细账(或产品成本计算单)中的反映方法不同，又可分为逐步综合结转分步法和逐步分项结转分步法。

(一) 逐步综合结转分步法

综合结转法是将各生产步骤耗用上一步骤的半成品成本不分直接材料、直接工资及制造费用等成本项目，而以一个合计的金额综合记入各该步骤产品成本明细账中的“直接材料”或专设的“半成品”项目。半成品成本的综合结转可以按实际成本结转，也可以按计划成本结转。因此，综合结转法可分为按实际成本综合结转和按计划成本综合结转两种。

1. 按实际成本综合结转

采用这种方法结转时，各步骤所耗用上一步骤的半成品费用，应根据所耗用半成品的实际数量乘以半成品的实际单位成本计算。在通过仓库收发半成品的情况下，发出半成品的单位成本可用加权平均法、先进先出法等存货计价方法计算。

例 8-1 南华公司从 2016 年 1 月开始生产甲产品，该产品经过两个生产车间的加工，一车间投入原材料加工成甲半成品，交半成品库验收；二车间按照所需数量向半成品库领用。第二车间所耗半成品费用按后进先出法计算单位成本。两个车间月末的在产品均按约当产量计算，原材料是在生产开始时一次投入的。该厂 2016 年 1 月各车间的有关资料如表 8-1 和表 8-2 所示。

表 8-1 产量记录

单位：件

项　目	一 车 间	二 车 间
月初在产品	150	100
本月投入量	450	400
本月完工量	400	340
月末在产品	200	160
在产品完工程度	50%	50%

表 8-2 成本资料

项　目	一 车 间		二 车 间	
	期初在产品成本	本月发生费用	期初在产品成本	本月发生费用
直接材料	30 000	90 000		
半成品			12 000	
直接人工	5000	15 000	2200	6200
制造费用	3000	9000	1100	3100

根据上述的产量记录和成本资料，甲产品的成本核算程序如下。

(1) 登记第一车间甲半成品成本明细账。

甲半成品成本明细账如表 8-3 所示。

表 8-3 产品成本明细账

第一车间甲半成品　　2016 年 1 月　　单位：元

项　目	直接材料	直接人工	制造费用	合　计
月初在产品成本	30 000	5000	3000	38 000
本月生产费用	90 000	15 000	9000	114 000
费用合计	120 000	20 000	12 000	152 000
完工转出半成品成本	80 000	16 000	9600	105 600
月末在产品成本	40 000	4000	2400	46 400

账中费用分配率的计算公式如下：

$$直接材料分配率=120\,000 \div (400+200)=200$$

半成品应分配的直接材料=200×400=80 000(元)

月末在产品应分配的直接材料=200×200=40 000(元)

直接人工分配率=20 000 ÷ 400+200×50%=40

半成品应分配的直接材料=40×400=16 000(元)

月末在产品应分配的直接材料=40×100=4000(元)

制造费用分配率=12 000 ÷ 400+200×50%=24

半成品应分配的直接材料=24×400=9600(元)

月末在产品应分配的直接材料=24×100=2400(元)

根据表 8-3 产品成本明细账和半成品交库单编制下列会计分录：

借：自制半成品——甲半成品　　105 600

　贷：生产成本——基本生产成本——一车间　　105 600

(2)根据自制半成品交库单和第二车间领用半成品的领用单，登记自制半成品明细账，如表 8-4 所示。

表 8-4　自制半成品明细账

月　份	月初余额		本月增加		累　计		本月减少		
	数　量	实际成本	数　量	实际成本	数　量	实际成本	数　量	实际成本	单位成本
1	100	26 900	400	105 600	500	132 500	400	105 600	264
2	100	26 900							

表 8-5　产品成本明细账

第二车间　　2016 年 1 月　　单位：元

项　目	半　成　品	直接人工	制造费用	合　计
月初在产品成本	12 000	2200	1100	15 300
本月生产费用	105 600	6200	3100	114 900
费用合计	117 600	8400	4200	130 200
完工转出产成品成本	79 968	6800	3400	90 168
月末在产品成本	37 632	1600	800	40 032

表 8-5 中费用分配率的计算公式如下：

半成品费用分配率=117 600 ÷ (340+160)=235.20

完工产成品应分配的半成品费用=235.20×340=79 968(元)

月末在产品应分配的半成品费用=235.20×160=37 632(元)

直接人工分配率=8400 ÷ 340+160×50%=20

完工产成品应分配的直接人工费用=20×340=6800(元)

月末在产品应分配的直接人工费用=20×80=1600(元)

制造费用分配率=4200 ÷ 340+160×50%=10

完工产成品应分配的直接人工费用=10×340=3400(元)

月末在产品应分配的直接人工费用=10×80=800(元)

根据上列产品成本明细账和产品交库单编制下列会计分录：

借：产成品——甲　　　　　　　　　　　　　　　　　　　　　90 168

　　贷：生产成本——基本生产成本——二车间　　　　　　　　　　90 168

2. 按计划成本综合结转

采用计划成本结转半成品，半成品的日常收、发、结存均按计划单位成本计价，其核算类似于原材料按计划成本计价的核算。半成品日常的收发均按计划成本核算，但计划成本与在半成品实际成本差异率的计算，所耗半成品成本差异的调整、结转则通过自制半成品明细账核算，具体实例如表 8-6 所示。

表 8-6　自制半成品明细账

甲半成品　　　　　　　　　　　　　　　单位：件　　　　　　　　　　　　　　　计划单位成本：262

份	月初余额			本月增加			累计					本月减少		
	数量	计划成本	实际成本	数量	计划成本	实际成本	数量	计划成本	实际成本	成本差异	成本差异率	数量	计划成本	实际成本
1	100	26 200	26 900	400	104 800	105 600	500	131 000	132 500	1500	1.145%	400	104 800	
2	100	26 200	26 500											

在产品明细账中所耗半成品成本的记录，可以直接按照所耗半成品的实际成本登记，也可以按照所耗半成品的计划成本和成本差异额分别登记。

综上所述，各生产步骤领用上一步骤的半成品，相当于领用原材料。因此，综合结转半成品成本的核算相当于各生产步骤领用原材料核算。按实际或计划成本综合结转半成品成本的核算原理与按材料实际或计划成本进行产品所耗原材料的核算原理基本相同。但是，由于一般工业企业半成品的种类不多，半成品的收发也不如材料收发那么频繁，所以大多数按实际成本进行综合半成品成本的核算。

3. 综合结转法的成本还原

采用综合结转法半成品成本可以在各生产步骤的产品成本明细账中反映各该步骤所耗半成品费用的水平和本步骤的加工费用，便于考核、分析各步骤产品所耗半成品费用的水平，有利于各步骤的成本管理。但是，采用这种方法结转成本，各步骤所耗半成品的成本是以“半成品”或“直接材料”项目综合反映的，因而最后一个步骤产成品的成本不能反映原始成本项目构成数额。即在产成品成本中，所耗费的前一步骤半成品成本包括所耗半成品经过前面步骤加工所发生的其他费用，这显然不符合产成品成本项目的实际构成，因而不能据以从整个企业的角度来分析和考核产品成本的构成和水平。为了从整个企业角度反映企业的产品成本构成，从而提供按原始成本项目反映的资料，就需要进行成本还原。

所谓成本还原，就是将产品成本中“半成品”项目的综合成本逐步分解还原为“直接材料”、“直接人工”、“制造费用”等原始成本项目，从而求得按原始成本项目反映的产成品成本资料。成本还原程序，一般是从最后一个生产步骤起，把各步骤所耗用上一步骤半成品的综合成本逐步还原，直至还原到第一步骤。成本还原的方法有两种，下面分别述及。

1）成本项目比重还原法

成本项目比重还原法，就是将半成品按上步所产半成品中各成本项目占其全部成本的比重还原的方法。

以例 8-1 企业第二车间甲种产品明细账中算出的本月产成品中所耗半成品费用 79 968 元

（表 8-5 所列），按照第一车间产品成本明细账中算出的本月半成品成本 105 600 元（表 8-3 所列）的各成本项目比重还原，求出按原始成本项目反映的甲产品成本。具体计算、还原的结果见表 8-7。

表 8-7　产成品成本还原计算表

2016 年 1 月　　　　单位：元

行次	项　目	产量（件）	半成品	直接材料	直接人工	制造费用	合　计
1	还原前产成品成本	340	79 968		6800	3400	90 168
2	本月所产半成品成本			80 000	16 000	9600	105 600
3	本月所产半成品成本结构			0.75758	0.15152	0.0909	1
4	产成品成本中半成品费用还原值		−79 968	60 582.16	18 916.75	10 669.09	90 168
5	还原后产成品成本			60 582.16	18 916.75	10 669.09	90 168
6	还原后产成品单位成本			178.18	55.64	31.38	265.20

例 8-1 如表 8-7 中所反映的本月半成品成本结构中的有关数据计算程序如下：

直接材料比重=80 000 ÷ 105 600=0.75758

直接人工比重=16 000 ÷ 105 600=0.15152

制造费用比重=9600 ÷ 105 600=0.0909

表 8-7 中所列产成品成本中半成品费用还原值中的有关数据计算程序如下：

直接材料=0.757 58×799 68=60 582.16（元）

直接人工=0.151 52×799 68=12 116.75（元）

制造费用=0.0909×799 68=7269.09（元）

2）还原分配率法

按例 8-1 半成品费用还原计算的道理，可以将产成品成本中半成品费用还原值的有关计算程序变形为：

直接材料=79 968 ÷ 105 600×80 000=60 582.16（元）

直接人工=79 968 ÷ 105 600×16 000=12 116.75（元）

制造费用=79 968 ÷ 105 600×9600=7269.09（元）

以上各项费用还原过程中共同使用的比例，就是还原分配率，如式（8-1）所示：

$$\text{成本还原分配率}=\frac{\text{本月产成品耗用上步骤半成品费用合计}}{\text{本月上一步骤所产的半成品成本合计}} \tag{8-1}$$

将还原分配率分别乘以上一步骤本月生产该种半成品的各成本项目的成本数额，得出产成品中所耗半成品还原后的各项费用。仍以例 8-1 为例，具体还原计算程序如表 8-8 所示。

从例 8-1 计算的结果表明，以上两种成本还原方法的道理是相同的，都是将本步骤耗用的半成品综合成本按上一步骤的成本构成还原。在还原过程中，产成品中所耗上一步骤半成品成本的构成是本月所产该种半成品的成本构成，而不考虑以前月份所产半成品的成本构成对本月产成品所耗半成品成本构成的影响。如果各月半成品成本构成变化较大，而半成品的定额成本或计划成本比较准确，为了提高还原结果的正确性，产成品所耗用上一步骤半成品费用也可以按半成品定额成本或计划成本的构成进行还原。

表 8-8　产成品成本还原计算表

2016 年 1 月　　　　单位：元

行次	项目	产量(件)	还原分配率	半成品	直接材料	直接人工	制造费用	合计
1	还原前产成品成本	340		79 968		6800	3400	90 168
2	本月所产半成品成本				80 000	16 000	9600	105 600
3	产成品成本中半成品费用还原值		79 968 ÷ 105 600=0.75727	−79 968	60 582	12 116	7270	0
4	还原后产成品成本				60 582	18 916	10 670	90 168
5	还原后产成品单位成本				178.18	56.64	31.38	265.20

如果生产步骤为 3 步，则应再还原一次，即要进行两次成本还原，如果是 4 次，则应还原三次，直至将“半成品”项目全部分解，还原为原始成本项目为止。

综上所述，采用逐步综合结转法的优点是：半成品成本的结转简便，便于分析和考核各步骤所耗半成品费用水平，利于加强内部成本控制，努力降低成本。缺点是：成本还原工作复杂，从而增加了核算的工作量。因此，这种方法一般适用于管理上要求单独计算各步骤所耗用半成品费用，但不要求成本还原的情况。

(二)逐步分项结转分步法

分项结转法是将各生产步骤所耗上一步骤半成品费用，按照成本项目分项转入各该步骤产品成本明细账中相应的成本项目。如果半成品通过仓库收发，那么，在自制半成品明细账中登记半成品成本时，也要按照成本项目分别登记。

采用分项结转法，既可以按半成品的实际单位成本结转，也可以按其计划成本结转。在按计划成本结转情况下要按成本项目调整成本差异，因而计算工作量较大。实际工作中，一般按实际成本分项结转。分项结转法的基本原理与综合结转法基本相同。仍以例 8-1 南华工厂甲产品成本资料(见表 8-1，表 8-2)为例，说明逐步分项结转分步法的成本计算程序。

1. 登记第一车间甲半成品成本明细账

甲半成品成本明细账如表 8-3 所示。

2. 根据第一车间甲半成品成本明细账，以及半成品交库单和第二车间领用半成品的领用单，登记自制半成品明细账

在自制半成品明细账中登记半成品成本时，要按成本项目分别登记，实例见表 8-9。

表 8-9　自制半成品明细账

甲半成品(后进先出法)

月　份	项　　目	数量(件)	直 接 材 料	直 接 人 工	制 造 费 用	合　　计
1	月初余额	100	20 000	4000	2000	26 000
1	本月增加	400	80 000	16 000	9600	105 600
1	累计	500	100 000	20 000	11 600	131 600
	单位成本	100 400	200 200	40 40	20 24	360 264
1	本月减少	400	80 000	16 000	9600	105 600
2	月初余额	100	20 000	4000	2000	26 000

表 7-9 中所列半成品的结转采用实际成本，而发生半成品计价采用的是“后进先出法”，

又因为本月生产的半成品数量和本月领用的半成品数量是一致的，所以，本月领用的半成品成本和本月增加的半成品成本是相同的。

根据第二车间领用半成品的领用单和自制半成品明细账做会计分录如下：

借：生产成本——基本生产成本——二车间　　105 600

　　贷：自制半成品——甲半成品　　105 600

3. 根据上述有关资料，登记第二车间甲产品明细账，见表 8-10

表 8-10　产品成本明细账

第二车间　　　　甲产成品

月	日	摘　　要	产量(件)	直接材料	直接人工	制造费用	合　　计
		在产品成本		11 000	3000	1300	15 300
		本月本步骤加工费用			6200	3100	9300
		本月耗用半成品费用		80 000	16 000	9600	105 600
		累计		91 000	25 200	14 000	130 200
		完工转出产成品成本	340	61 880	20 400	11 332.20	93 612.20
		产成品单位成本		182	60	33.33	275.33
		在产品成本	160	29 120	4800	2667.80	36 587.80

账中费用分配率的计算公式如下：

直接材料费用分配率=91 000 ÷ (340+160)=182

完工产品应分配的直接材料费用=340×182=61 880(元)

月末在产品成本应分配的直接材料费用=160×182=29 120(元)

直接人工费用分配率=25 200 ÷ 340+160×50%=60

完工产品应分配的直接人工费用=340×60=20 400(元)

月末在产品成本应分配的直接人工费用=80×60=4800(元)

制造费用费用分配率=14 000 ÷ 340+160×50%=33.33

完工产品应分配的直接材料费用=340×33.33=11 332.20(元)

月末在产品成本应分配的直接材料费用=80×33.33=2667.80(元)

根据上列产品成本明细账和产品交库单，做会计分录如下：

借：产成品——甲产成品　　93 612.20

　　贷：生产成本——基本生产成本——二车间　　93 612.20

需要指出的是：上列产品成本明细账(见表 8-10)中产品单位成本的总计数 275.33 元与前列产成品成本还原计算表(见表 8-7)中还原后的产成品单位成本的合计数 265.20 元不相同，而且构成也不相同。因为，半成品成本采用综合结转法结转，在分配完工产品与期末在产品的半成品费用时，是将半成品按直接材料项目分配的，即：1 件在产品相当于 1 件产成品负担半成品费用(半成品成本中既包括上步骤发生的直接材料，还包括直接人工和制造费用)。本步骤发生的直接人工和制造费用则按 50%折合为约当产量进行分配。所以这时在产品相对来讲，负担的半成品费用较多，产成品费用有所下降。

表 8-10 中，半成品是按原始成本项目反映的，直接材料费用的分配是按实际产量分配的，

而直接人工、制造费用无论是上步骤转来的，还是本步骤发生的一律按 50%折合为约当产量进行分配，这样就使在产品的费用下降，使产成品成本有所提高。又由于产成品成本还原计算表中产成品所耗半成品费用没有考虑月初结存半成品的成本构成，而上列产品成本明细账(见表 8-10)中产成品所耗半成品各项费用又是按原始成本项目逐步转入的，不是按本月所产生半成品的成本结构还原的，所以二者的成本构成也不相同。

采用分项结转法结转半成品成本的优点是可以直接、正确地提供按原始成本项目反映企业产品成本资料，便于从整个企业角度考核和分析产品成本计划的执行情况，不需要进行成本还原。缺点是成本结转工作比较复杂，特别是半成品通过半成品库收发，自制半成品明细账的登记工作更为复杂，其次是在各步骤完工产品成本中不能专项反映所耗用上一步骤的半成品成本，不利于对各步骤完工产品的成本分析。因此，这种方法一般适用于管理上不要求计算各步骤完工产品所耗用半成品费用和本步骤加工费用，而要求按原始成本项目计算产品成本的企业。

三、逐步结转分步法的优缺点

1. 逐步结转分步法的优点

(1)能够提供各生产步骤的半成品成本资料。

(2)能为半成品和在产品的实物管理和资金管理提供数据。

(3)能够反映各生产步骤所耗上一步骤半成品费用和本步骤加工费用，有利于成本管理。

2. 逐步结转分步法的缺点

(1)各生产步骤半成品成本要逐步结转，核算工作量大。

(2)采用综合结转半成品成本，需要进行成本还原；采用分项结转半成品成本，各步骤成本结转比较复杂，核算工作量大。所以，逐步结转分步法适合于半成品的种类不多，逐步结转半成品成本的工作量不是很大的情况，或者半成品种类较多，但管理上要求提供各个生产步骤半成品成本数据的情况下采用。

第三节　平行结转分步法

一、平行结转分步法概述

平行结转分步法，是平行结转各生产步骤生产费用中应计入产成品成本的份额，然后汇总计算产成品成本的分步法。在大批大量多步骤生产的企业，采用分步法计算产品成本，如果各生产步骤生产的半成品的种类很多，成本管理不要求提供各个生产步骤生产的半成品的成本资料。如半成品不具有独立的使用价值或很少对外销售等，就应该采用平行结转分步法来计算产成品成本。平行结转分步法的成本核算对象是每种产成品成本及所经过的各生产步骤应计入产成品成本的份额。在计算产品成本时，各生产步骤只归集本步骤所发生的费用，上一步骤的半成品转入下一步骤继续加工时，虽实物转入，但半成品成本并不予以结转；月末，各步骤将本步骤发生的费用分成应计入产成品成本的份额和月末在产品成本；将各步骤应计入产成品成本的份额平行加以汇总，即可计算出产成品成本。

二、平行结转分步法的计算程序

采用平行结转分步法计算产品成本时，需要按产品的生产步骤设置成本明细账。各生产步骤的生产费用的归集如前面有关章节所述，直接费用直接计入“生产成本明细账”的借方，间接费用归集完毕，采用一定的分配方法计入“生产成本明细账”的借方。月末，各生产步骤归集的生产费用合计数，要采用一定的分配方法在完工产品与在产品之间进行分配，这里所指完工产品是指最后步骤完工的产成品。在产品是指广义在产品，由于在平行结转分步法下上一步骤的半成品转入下一步骤继续加工时，虽实物转入，但半成品成本并不予以结转；所以，在计算分配各步骤发生的费用时，凡各步骤已转出但尚未制成为产成品的半成品，其费用仍保留在原来的成本计算单中。因此，各生产步骤的在产品是广义在产品，它不但包括本步骤尚未完工的在产品，而且还包括本步骤加工完成转入下一步骤或半成品库尚未制成为产成品两部分所组成。

月终将各步骤计入同一产成品的份额平行结转、汇总即可计算出产成品的总成本和单位成本。

三、平行结转分步法下各步骤应计入产成品成本“份额”及约当产量的计算

在采用平行结转分步法计算产品成本时，若在产品成本按约当产量法计算，则各步骤应计入产成品成本中的“份额”，一般按式(8-2)和式(8-3)所示计算。

某步骤应计入产成品成本中的份额=产成品数量×该步骤半成品单位成本　　(8-2)

该步骤半成品单位成本=该步骤月初在产品成本
+该步骤本月发生的生产费用÷该步骤完工产品数量(约当产量)　　(8-3)

上述公式中的某步骤完工产品数量(约当产量)是由本月完工产成品数量、各步骤月末尚未完工的在产品数量以及本步骤加工完成转到半成品库和以后各步骤尚未制成为产成品的半成品数量三部分组成。其计算公式如式(8-4)所示。

某步骤完工产品数量(约当产量)=本月完工产成品数量+该步骤月末在产品约当产量+该步骤已完工留存在半成品库和以后各步骤月末半成品数量　　(8-4)

可见，平行结转分步法下的在产品，使用的是广义在产品，在计算时，若原材料在开始生产时一次投入的，则计算直接材料费用时各步骤在产品均不必折算为约当产量，而加工费用一般是随着加工进度陆续发生的，则应对各步骤月末在产品按约当产量进行计算。

例 8-2　假定南华公司的乙产品是连续经过一车间、二车间加工制造，该公司采用平行结转分步法计算产品成本，生产费用在完工产品与在产品之间采用约当产量比例法计算各步骤应计入产成品成本份额。直接材料费用是在生产开始时一次投入的。2016 年 3 月份有关资料见表 8-11 和表 8-12。

表 8-11　产量记录

单位：件

项　　目	一　车　间	二　车　间
月初在产品	150	100
本月投入	450	400

续表

项　　目	一　车　间	二　车　间
本月完工	400	340
月末在产品	200	160
在产品完工程度	50%	50%

表 8-12　成本资料

单位：件

项　　目	一　车　间		二　车　间	
	月初在产品成本	本月发生费用	月初在产品成本	本月发生费用
直接材料	39 500	90 000		
直接人工	6000	15 000	2400	6000
制造费用	3600	9000	1200	3000
合计	49 100	114 000	3600	9000

根据上述资料，用约当产量法计算各生产车间应计入产品成本的份额程序如下。

1．根据上述资料及各种生产费用分配表等，登记第一车间的产品成本明细账。

表 8-13　产品成本明细账

产品名称：乙产品　　　2016 年 3 月　　　完工产量：340 件　单位：元

月	日	摘　　要	产量（件）	直接材料	直接人工	制造费用	合　　计
3	1	月初在产品成本		39 500	6000	3600	49 100
		本月生产费用		90 000	15 000	9000	114 000
		合　　计		129 500	21 000	12 600	163 100
		约当产量		700	600	600	
		费用分配率		185	35	21	
		应计入产成品成本份额		62 900	11 900	7140	81 940
		期末在产品成本		66 600	9100	5460	81 160

账中约当产量、费用分配率的计算公式如下：

直接材料约当产量=340（本月最终完工数量）+（160+200）（月末广义在产品约当产量）=700

直接人工、制造费用约当产量=340+160+200×50%=600

直接材料费用分配率=129 500 ÷ 700=185

产成品成本中本步直接材料费用份额=340×185=62 900（元）

期末广义在产品直接材料费用=129 500 − 62 900=66 600（元）

直接人工费用分配率=21 000 ÷ 600=35

产成品成本中本步直接人工费用份额=340×35=11 900（元）

期末广义在产品直接人工费用=21 000 − 11 900=9100（元）

制造费用分配率=12 600 ÷ 600=21

制造费用应计入产成品成本份额=340×21=7140（元）

期末广义在产品制造费用=12 600 − 7140=5460（元）

2．根据上述资料及各种生产费用分配表等，登记第二车间的产品成本明细账。

账中约当产量、费用分配率的计算公式如下：

直接人工约当产量=340+160×50%=420

制造费用约当产量=340+160×50%=420

直接人工费用分配率=8400 ÷ 420=20

产成品成本中本步直接人工费用份额=340×20=6800(元)

期末广义在产品直接人工费用=8400 − 6800=1600(元)

制造费用分配率=4200 ÷ 420=10

制造费用应计入产成品成本份额=340×10=3400(元)

期末广义在产品制造费用=4200 − 3400=800(元)

表 8-14　产品成本明细账

第二车间　　产品名称：乙产品　　2016 年 3 月　　完工产量：340 件　单位：元

月	日	摘　要	产量(件)	直接材料	直接人工	制造费用	合　计
3	1	月初在产品成本			2400	1200	3600
		本月生产费用			6000	3000	9000
		合　计			8400	4200	12 600
		约当产量			420	420	
		费用分配率			20	10	
		应计入产成品成本份额	340		6800	3400	10 200
		期末在产品成本			1600	800	2400

3．根据第一、第二车间产品成本明细账所记产成品成本份额，平行汇总产成品成本。乙产品成本汇总计算表如表 8-15 所示。

表 8-15　乙产品成本汇总计算表

2016 年 3 月

车　间	产量(件)	直接材料	直接人工	制造费用	成本合计
第一车间	340	62 900	11 900	7140	81 940
第二车间	340		6800	3400	10 200
合计	340	62 900	18 700	10 540	92 140
单位成本	340	185	55	31	271

根据上列产成品成本汇总计算表和产品交库单，做会计分录如下：

借：产成品——乙产品　　92 140

　　贷：生产成本——基本生产成本　　92 140

四、平行结转分步法的优缺点

1．平行结转分步法的优点

由于不计算各步骤半成品成本，只是平行汇总各步骤应计入产成品成本的份额，因而能加速成本计算；另外，由于产成品成本是按原始成本项目直接平行汇总计算的，直接反映了产成品的原始成本构成；因而不需要成本还原，大大地简化了成本计算工作。

2. 平行结转分步法的缺点

由于各步骤不计算和结转半成品成本，因而不能提供各步骤耗用前一步骤半成品成本资料，也不能正确反映各步骤在产品成本状况，不利于在产品的资金管理和实物管理，也不利于各步骤成本耗费水平的分析和考核工作。因而这种方法适用于半成品种类较多，管理上又不要求提供各步骤半成品成本资料的产品。

同步测试题

一、名词解释

1. 分步法
2. 逐步结转分步法法
3. 平行结转分步法
4. 成本还原
5. 综合结转
6. 分项结转
7. 狭义在产品
8. 广义在产品

二、单项选择题

1. 半成品实物转移，成本也随之结转的成本计算方法是(　　)。

A. 逐步结转分步法　　B. 分步法

C. 分批法　　D. 平行结转分步法

2. 下列方法中，属于不计算半成品成本的分步法是(　　)。

A. 逐步结转法　　B. 综合结转法

C. 分项结转法　　D. 平行结转法

3. 采用逐步结转分步法，按照半成品成本在下一步骤成本明细账中的反映方法，可以分为(　　)。

A. 实际成本结转法和计划成本结转法　　B. 综合结转法和分项结转法

C. 平行结转法和分项结转法　　D. 平行结转法和综合结转法

4. 成本还原的对象是(　　)。

A. 产成品成本　　B. 各步骤半成品成本

C. 最后步骤的产成品成本　　D. 各步骤所耗上一步骤半成品的综合成本

5. 下列可采用分步法计算产品成本的典型企业是(　　)。

A. 造船厂　　B. 发电厂

C. 重型机器厂　　D. 纺织厂

6. 采用逐步综合结转分步法计算产品成本时，若有三个生产步骤，则需进行的成本还原的次数是(　　)。

A. 一次　　B. 二次

C. 三次　　D. 四次

7. 需要进行成本还原所采用的成本计算方法是(　　)。

A. 平行结转分步法　　B. 简化的分步法

C. 逐步综合结转分步法　　D. 逐步分项结转分步法

8. 在大量大批多步骤生产的企业里，当半成品种类较多，管理上又不要求提供各个步骤半成品成本资料的情况下，成本计算可采用(　　)。

A. 逐步综合结转分步法　　B. 逐步分项结转分步法

C. 逐步综合实际成本结转分步法　　D. 平行结转分步法

9. 成本还原分配率是用本月产成品所耗上步骤半成品费用除以(　　)。

A. 本月所产该种半成品成本合计　　B. 本月所产该种半成品各成本项目

C. 上月所产该种半成品成本合计　　D. 上月所产该种半成品各成本项目

10. 采用平行结转分步法计算产品成本时(　　)。

A. 不能提供所有步骤半成品的成本资料　　B. 只能提供第二步骤半成品的成本资料

C. 只能提供第一步骤半成品的成本资料　　D. 只能提供最后步骤半成品的成本资料

三、多项选择题

1. 分步法的特点是(　　)。

A. 按产品的批别计算产品成本　　B. 按产品的种类计算产品成本

C. 按产品的生产步骤计算产品成本　　D. 不按产品的生产步骤计算产品成本

E. 按产品的批别和步骤计算产品成本

2. 采用分步法计算各步骤半成品成本是(　　)。

A. 成本计算的需要　　B. 对外销售的需要

C. 成本控制的需要　　D. 全面考核和分析成本计划执行情况的要求

3. 按计划成本综合结转半成品成本的优点是(　　)。

A. 可以简化和加速半成品核算和产品成本计算工作

B. 便于各步骤进行成本的考核和分析

C. 便于从整个企业角度进行成本的考核和分析

D. 便于考核产品成本的构成和水平

4. 广义的在产品是指(　　)。

A. 尚在本步骤加工中的在产品

B. 转入各半成品库的半成品

C. 全部加工中的在产品和半成品

D. 已从半成品库转到以后各步骤进一步加工，尚未最后制成的半成品

5. 采用分步法时，作为成本计算对象的生产步骤可以(　　)。

A. 按生产车间设立　　B. 按实际生产步骤设立

C. 在一个车间内按不同生产步骤设立　　D. 将几个车间合并设立

6. 采用逐步结转分步法需要提供各个步骤半成品成本资料的原因是(　　)。

A. 各生产步骤的半成品既可以自用，也可以对外销售

B. 半成品需要进行同行业的评比

C. 产成品不需要进行同行业的评比

D．一些半成品为几种产品所耗用

E．适应实行厂内经济核算或责任会计的需要

7．计算成本还原分配率时所用的指标是（　　）。

A．本月产成品所耗上一步骤半成品成本合计

B．本月产成品所耗本步骤半成品成本合计

C．本月产成品所产该种半成品成本合计

D．上月所产该种半成品成本合计

E．上月产成品所产该种半成品成本合计

8．平行结转分步法下，只计算（　　）。

A．各步骤半成品的成本

B．各步骤发生的费用及上一步骤转入的费用

C．上一步骤转入的费用

D．本步骤发生的费用应计入产成品成本中的份额

E．本步骤发生的各项其他费用

9．采用平行结转分步法计算产品成本一般应符合下列条件的特点是（　　）。

A．半成品种类较多，但管理上不要求计算半成品成本

B．半成品种类较多，但管理上要求计算半成品成本

C．有自制半成品对外销售，不需要核算半成品成本

D．没有自制半成品对外销售，不需要核算半成品成本

10．平行结转分步法的特征有（　　）。

A．管理上要求分步归集费用但不要求计算半成品成本

B．将各步骤应计入相同产成品成本的份额平行汇总求得产成品成本

C．没有自制半成品对外销售，不需要考核半成品成本

D．期末在产品是指广义在产品

四、是非判断题

1．在采用分步法计算产品成本时，产品成本计算的步骤与实际的生产步骤应完全一致。（　　）

2．采用平行结转分步法进行成本计算时，各生产步骤的费用既包括本步骤发生的费用，也包括上一步骤转入的费用。（　　）

3．采用逐步结转分步法时，无论是综合结转还是分项结转，第一个生产步骤的产品成本明细账的登记方法相同。（　　）

4．在平行结转分步法下，如果半成品通过仓库收发，应设置"自制半成品"账户核算。（　　）

5．在平行结转分步法下，各步骤完工产品与在产品之间的费用分配，是指产成品与广义在产品之间的费用分配。（　　）

6．产品成本需要进行成本还原的次数与其计算成本的生产步骤数相等。（　　）

7．采用逐步结转分步法的主要目的是为了计算各生产步骤所产的半成品成本。（　　）

8．成本还原是采用逐步综合结转分步法计算成本时，将产成品成本中的综合成本，逐步

分解成为原来成本项目的过程。（　）

9. 采用逐步综合结转分步法时，半成品的成本不随其实物的转移而转移，而平行结转分步法的情形正好与其相反。（　）

10. 采用逐步结转分步法计算产品成本时，各生产步骤需要计算半成品成本。（　）

五、简答题

1. 概述产品成本计算分步法的特点。
2. 试述逐步结转分步法和平行结转分步法的含义和计算程序。两者在核算上有什么区别?
3. 什么叫综合结转法和分项结转法?
4. 采用综合结转法时为什么要进行成本还原?如何进行成本还原?
5. 综合结转法有什么优缺点?
6. 分项结转法有什么优缺点?

六、业务处理题

1. 月初一车间原材料费用 12 900 元、人工费用 6600 元、制造费用 8500 元，二车间原材料费用 4400 元、人工费用 2100 元、制造费用 3500 元；本月一车间原材料费用 41 100 元、人工费用 23 400 元、制造费用 31 500 元，完工半成品 300 件，在产品 200 件，原料在生产开始一次投入，在产品加工程度 50%。月初库存半成品 100 件，原材料费用 12 000 元、人工费用 7200 元、制造费用 9500 元，本月领用 350 件半成品用于二车间生产，半成品发出采用加权平均单价，二车间本月人工费用 11 000 元、制造费用 14 600 元，月末在产品原材料费用 5500 元、人工费用 8600 元、制造费用 10 000 元。

要求：用分项结转法计算成本。

2. 生产产品经过两个步骤，一车间生产出半成品入半成品库以后，再由二车间领用，加工出产成品，半成品发出时采用加权平均单价，月初余额一车间原材料费用 8500 元、人工费用 3900 元、制造费用 5200 元，二车间半成品 11 600 元、人工费用 4800 元、制造费用 6500 元；本月费用一车间原材料费用 39 500 元、人工费用 15 300 元、制造费用 18 800 元，二车间人工费用 11 200 元、制造费用 17 600 元。月末时一车间完工 160 件，在产品 80 件，原材料在生产开始一次投入，在产品加工程度 50%，按约当产量划分费用；二车间领用半成品 220 件，月初库存半成品 90 件，总成本 39 600 元，二车间月末在产品按定额成本计价半成品 7700 元、人工费 2500 元、制造费用 3800 元。

要求：用综合结转分步法计算成本。

3. 月初余额一车间原材料费用 25 100 元、人工费用 13 900 元、制造费用 18 700 元；二车间人工费用 13 600 元、制造费用 17 200 元。本月费用：一车间原材料费用 31 500 元、人工费用 21 200 元、制造费用 29 600 元；二车间人工费用 18 700 元、制造费用 23 400 元。定额资料：一车间月初原材料定额费用 22 000 元，定额工时 7000 小时；二车间月初定额工时 9000 小时。本月一车间原材料定额费用 28 000 元，定额工时 13 000 小时；二车间定额工时 11 000 小时。二车间完工产成品 360 件。一车间原材料费用定额 100 元，工时定额 40 小时；二车间工时定额 45 小时。

要求：定额比例法分配费用，平行结转计算成本。

4. 企业生产经过三个车间，本月完工产成品成本中，乙半成品费用 19 500 元、人工费用 4900 元、制造费用 8300 元，本月完工的乙半成品成本中，甲半成品成本费用 13 100 元、人工费用 6900 元、制造费用 10 000 元，完工甲半成品成本中有原材料费用 2700 元、人工费用 5900 元、制造费用 8400 元。

要求：进行成本还原。

5. 生产经过二车间，一车间月初余额原材料费用 16 000 元、人工费用 9000 元、制造费用 12 000 元，二车间原材料费用 13 500 元、人工费用 5900 元、制造费用 6600 元。本月一车间原材料费用 32 000 元、人工费用 15 000 元、制造费用 18 000 元；二车间人工费用 21 000 元、制造费用 23 000 元。本月一车间完工半成品 200 件，在产品 200 件，原材料生产开始一次投入，在产品加工程度 50%，约当产量划分费用，月初库存半成品 50 件，其中原材料费用 6500 元、人工费用 3800 元、制造费用 4800 元；二车间领用半成品 160 件，半成品发出采用加权单价，月末在产品，按定额成本计价（二车间）原材料 7900 元、人工费用 3700 元、制造费用 4600 元。

要求：采用分项结转分步法计算完工成本。

6. 某企业生产甲产品，分三个生产步骤进行生产。该企业设有第一、第二、第三个基本生产车间，甲产品由这三个车间顺序加工而成。成本计算采用逐步结转分步法，上一车间向下一车间结转成本时，采用综合结转法。原材料在第一车间开始加工时一次投入，半成品不通过中间库收发，上一步骤完工后全部交由下一步骤继续加工。月末在产品按约当产量法计算，各车间月末在产品完工程度均为 50%。该企业本年 5 月有关成本计算资料见测试题表 8-1，月初在产品成本和本月发生费用见测试题表 8-2。

测试题表 8-1　该企业本年 5 月有关成本计算资料表

项　目	月初在产品	本月投产或上一车间交来	本 月 完 工	月末在产品
一车间甲产品	4	100	88	16
二车间甲产品	12	88	80	20
三车间甲产品	20	80	96	4

测试题表 8-2　月初在产品成本和本月发生费用表

项　目	月初在产品成本				本月发生的费用			
	一 车 间	二 车 间	三 车 间	小　计	一 车 间	二 车 间	三 车 间	小　计
直接材料	5 210	19 120	49 130	73 460	129 860			129 860
直接人工	540	3 640	3 600	7 780	24 420	30 200	30 700	85 320
制造费用	400	3 130	2 560	6 090	18 800	26 264	20 960	66 024
合　计	6 150	25 890	55 290	87 330	173 080	56 464	51 660	281 204

要求：

(1) 采用综合结转分步法计算甲产品的半成品和产成品成本，编制产品成本计算单。

(2) 进行成本还原，编制成本还原计算表。

第九章

成本核算的辅助方法（上）

引导案例

"大祸车"的刹车为何踩不下？

作为一个手持C1驾照的司机，笔者在路上看见大货车就心慌慌，最近这样的情绪更盛。原因不仅在于它们的体型大、挤不过，更在于它们肇事多、违规多。

仅在北京，10月至少发生4起大货车肇事致人死亡事故；11月5日，又有一辆大货车在朝阳区拉倒电线杆，致1死1伤。在济南，今年前7个月，大货车导致116人死亡……大货车俨然成了"大祸车"，而且祸及的是公众的生命。但这样的祸患仿佛根本停不下来。

在刚发生过拉石头大货车侧翻压扁旁边出租车车祸的北京姚辛庄路口南北主路，有记者事后蹲守调查发现，出事地路口的红灯时间约为24秒，就在这短短24秒时间内，该路口双方向最多闯过了8辆货车。记者在晚上9点40左右在那里观察了半小时，该路口双方向先后有约40辆车闯红灯，以大货车为主。

其实，不仅是新闻报道，生活经验也告诉我们，大货车经常闯红灯，尤其在晚上更是常常呼啸而过，无论灯是红是绿。

为什么这些路上的庞然大物视红绿灯为空气，一直往前冲？

一些司机的话道出了原委。

"我开的这个货车，在满载的情况下，能达到49吨，从起步加速到时速70公里，需要3公里左右；如果这时停止最少需要500米的刹车距离。每加满一次柴油需要近2000元，每跑3公里就需要1升油，换算下就是1公里要花费一两元，踩一脚刹车再提至正常车速，几十元钱没有了！所以我们满载时，刹车能不踩就不踩。"

尽量避免刹车，既可省油又节省时间，是时间金钱的双赢，于是闯红灯是货车司机的更优选择。

此外，很多大货车无牌、使用假牌或是有意无意地让牌照沾满污泥、灰尘，难以被监控，也助长了这些车辆超限超载、闯红灯、违反限行的意愿。

有业内人士透露了更为可怕的情况：现在大货车都有保险，如果发生交通事故撞了人，有保险赔付。但是，如果大货车减速再启动，所需要的时间和油耗很大，规规矩矩开车，根本没有利润空间。长此以往，肯定会赔钱，甚至超过撞人的赔偿额。

规规矩矩开车会赔钱，甚至比撞死人还"赔得多"？如果真的是这样，就难怪那些肇事司机敢于拿着行人和其他司机的生命冒险了。如果果真是这样，作为普通行人和轿车司机，怕只能自求多福、少遇到大货车了。

或许“守法开车比撞人还赔钱更多”的说法只是个别媒体和个别业内人士的一面之词，但大货车司机的各种过路费、过桥费和加油费负担之重，却是公开的秘密。为了能赚钱，大货车还没上路之前已经注定必须超载、超速，否则就会赔本亏钱。

2013 年，一位不得不卖了货车离开货运行业的人曾公开过一趟货运支出——从山东临沂载一车花到佛山南海花卉市场，载货 28 吨，全程约 2000 公里，35 小时到达，总运价是 12 000 元，其中要支付配货站中介信息费 300 元，过桥过路费 3661 元，油费 5100 元，吃饭、住宿、停车 680 元，在没扣除司机工资、车辆磨损折旧、车子保养、维护、保险等其他费用的情况下，跑一次能盈余 2259 元。如果再支付了司机的工资，一趟就基本不挣钱……

守法成本高、违法成本低，这两高一低直接导致了路上不断出现的“大祸车”。

如何让大货车慢下来、少肇事？提高执法力度当然是首选答案。如果相关部门能让无牌车、报废车根本上不了路，无疑能大大减少大货车闯红灯的次数；如果能严查超载，而非罚钱放行，不仅能减轻事故的严重程度，更能堵死运输业超载赚钱的这条“不归路”。

当然，完全依靠严格执法并不能遏制大货车多拉快跑，降低运输成本、调整保险制度，从而降低“守法成本”提高违法成本，才是给“大祸车”刹车的治本之策。只有不超载不超速就能赚钱，且超载超速撞人就得天价赔偿时，大货车才敢于守法地跑运输，才不敢视路人和其他司机的生命为“可承受的损失”。否则，只要违法运输成本低、利润大，大货车就会在路上持续肇事，路上的每个人，就只能自求多福！

讨论与思考：

1. 何谓违法成本？
2. 何谓守法成本？
3. 尽量避免刹车，既可省油又节省时间，是时间金钱的双赢，能算作降低成本的措施吗？

（资料来源：《工人日报》（2016 年 11 月 12 日 05 版张伟杰）

第一节　成本核算分类法

一、分类法的含义及适用范围

成本核算的分类法是指按产品的类别归集生产费用，在计算出某类产品总成本的基础上，按一定标准分配计算该种类内各种产品成本的一种成本核算方法。

在一些工业企业中，生产的产品品种、规格繁多，如果以产品品种或规格作为成本计算对象来归集生产费用，并计算产品成本，则成本计算工作量过大，成本核算的分类法就是在产品品种或规格繁多，但可以按照一定标准分类的情况下，为简化成本核算工作而采用的一种成本核算方法。因此，分类法是一种简化的成本核算方法。它必须与成本核算的各种基本方法结合使用。分类法主要适用于产品品种或规格较多的企业或车间，如电子元件厂、针织厂、制鞋厂、食品厂等，此外分类法还可以用于联产品、副产品和等级品的成本核算。

二、分类法概述

(一)分类法的概念和适用范围

分类法是指以产品的类别为成本核算对象来归集费用，在核算出某类产品总成本的基础上，按一定标准分配核算类内各种产品成本的一种成本核算方法。

在一些工业企业中，生产的产品品种、规格繁多，如果以产品品种或规格作为成本核算对象来归集费用并核算产品成本，则成本核算的工作量过大。成本核算分类法就是在产品品种、规格繁多，但可以按照一定标准分类的情况下，为简化成本核算工作而采用的一种成本核算方法。

应该指出的是，分类法是一种简化的成本核算方法，它必须与成本核算的各种基本方法结合使用。分类法主要适用于产品品种或规格繁多的企业或车间，如电子元件厂、制鞋厂、食品厂等。此外，分类法还可以用于联产品、副产品和等级品的成本核算。

三、分类法的特点

成本核算的分类法是为了简化某些特定企业成本计算工作，在产品成本基本计算方法基础上发展起来的一种方法。核算上，它是先按产品类别设立生产成本明细账归集生产费用计算出各类完工产品成本，然后再按一定标准分配计算各类产品中各种产品的成本。它适用于使用同样的原材料，通过基本相同的加工工艺过程，所生产的产品品种、规格、型号繁多，可以按一定标准予以分类的生产企业或车间，如鞋厂、轧钢厂等。 分类法的特点可概括为以下三个方面。

(1)以产品的类别作为成本计算对象，归集各类产品的生产费用。归集时，直接费用直接计入，间接费用采用一定的分配标准分配计入。

(2)成本计算期决定于生产特点及管理要求。如果是大批量生产，结合品种法或分步法进行成本计算，则应定期在月末进行成本计算；如果与分批法结合运用，成本计算期可不固定，而与生产周期一致。所以，分类法并不是一种独立的基本成本计算方法。

(3)月末一般要将各类产品生产费用总额在完工产品和月末在产品之间进行分配。

四、分类法核算成本的程序

按产品类别设立生产成本明细账。采用分类法计算产品成本，首先要将产品按照性质、结构、用途、生产工艺过程、耗用原材料的不同标致，划分若干类别。如鞋厂可以按照耗用的原材料不同，将产品分为塑料鞋、布鞋、皮鞋三个类别，然后以其类别作为成本计算对象设立成本计算单。

按照规定的成本项目汇集生产费用，计算各类产品的总成本。

采用适当的方法将各类完工产品成本在该类各种不同规格的产品中进行分配，计算类内各产品的总成本和单位成本。分配方法与计算原理同上章的成本基本计算方法。

五、类内各种产品成本的分配方法

分类法下各类别产品总成本在类内各种产品之间分配的方法是根据产品生产特点确定的。它可以采用产品的经济价值指标(计划成本、定额成本、销售单价)，也可以采用产品的技术性指标(重量、长度、体积、浓度、含量等)，还可以采用产品生产的各种定额消耗指标来作为分配标准。

系数分配法是运用系数分配计算类内各规格产品成本的一种方法。这里的系数是指各种规格产品之间的比例关系。系数分配法的步骤如下。

(1)确定分配标准，即选择与耗用费用关系最密切的经济因素作为分配标准，如定额消耗量、定额成本、计划成本、售价或重量、体积和长度等。

(2)将分配标准折算成固定系数，其方法是，在同类产品中选择一种有代表性的产品，如产销量大、生产正常、售价稳定的产品作为标准产品，定其标准系数为“1”，并定出其他产品与标准产品的比率即系数。

(3)将类内各产品的产量按照系数折算出相当于标准产品的产量，计算公式如式(9-1)所示。

$$\text{该产品相当于标准产品的产量}=\text{该产品的实际产量}\times\text{该产品的系数} \tag{9-1}$$

(4)计算出全部产品相当于标准产品的总产量，以此为标准分配类内各种产品的成本。

六、分类法举例

南华公司的产品规格很多，成本核算采用分类法，按产品结构和工艺过程分为 A、B 两大类，每类产品的月末在产品均按所耗直接材料定额成本计算，其他费用全部由完工产品负担。有关资料如表 9-1、表 9-2、表 9-3 所示；计算方法如表 9-4、表 9-5、表 9-6、表 9-7、表 9-8、表 9-9 所示。

表 9-1 直接材料定额成本表

2016 年 3 月

产 品 类 别	单位产品消耗定额(千克)	计划单价	定额成本(元)
A 类产品	10	0.7	7
B 类产品	8	2	16

表 9-2 产量和单位定额成本表

2016 年 3 月

产 品 类 别	规 格	产量(件)	单位定额成本(元)
A 类产品	#1	100	9
	#2	300	12
	#3	200	14.16
B 类产品	#4	300	20
	#5	100	25
	#6	50	32

表 9-3 月初在产品成本及本月发生费用

2016 年 3 月　　金额单位：元

产品类别	月初在产品直接材料定额成本	本月发生费用			
		直 接 材 料	直 接 人 工	制 造 费 用	合 计
A	210	4340	2280	2685	9305
B	160	7040	3420	1719	12 179

表 9-4　月末在产品直接材料定额成本计算表

2016 年 3 月

产 品 类 别	数量（件）	单位定额成本	定额成本（元）
A 类产品	50	7	350
B 类产品	20	16	320

表 9-5　A 类产品成本计算表

2016 年 3 月　　　　金额单位：元

项目	直接材料	直接人工	制造费用	合计
月初在产品成本	210			210
本月发生费用	4340	2280	2685	9305
合计	4550	2280	2685	9515
本月完工产品成本	4200	2280	2685	9165
月末在产品成本	350			350

表 9-6　B 类产品成本计算表

2016 年 3 月　　　　金额单位：元

项目	直接材料	直接人工	制造费用	合计
月初在产品成本	160			160
本月发生费用	7040	3420	1719	12 179
合计	7200	3420	1719	12 339
本月完工产品成本	6880	3420	1719	12 019
月末在产品成本	320	3420	1719	320

表 9-7　系数计算表

2016 年 3 月

产 品 类 别	规　　格	系　　数
A 类产品	＃1	9÷12=0.75
	＃2	1
	＃3	14.16÷12=1.18
B 类产品	＃4	1
	#5	25÷20=1.25
	#6	32÷20=1.6

A 类产品选择规格#2 为标准产品，其系数为 1。

B 类产品选择规格#4 为标准产品，其系数为 1。

表 9-8　A 类产品各种规格完工产品成本计算单

2016 年 3 月　　　　金额单位：元

产品规格	实际产量	系数	标准产量	完工产品总成本	标准产品单位成本	各规格产品总成本	各规格产品单位成本
#1	100	0.75	75			1125	11.25
#2	300	1	300			4500	15
#3	200	1.18	236			3540	17.70
合计			611	9165	15	9165	

表 9-9　B 类产品各种规格完工产品成本计算单

2016 年 3 月　　　　金额单位：元

产品规格	实际产量	系数	标准产量	完工产品总成本	标准产品单位成本	各规格产品总成本	各规格产品单位成本
#4	300	1	300			7140	23.80
#5	100	1.25	125			2975	29.75
#6	50	1.6	80			1904	38.08
合计			505	12 019	23.80	12 019	

第二节　联产品、副产品、等级品的成本核算

一、联产品的成本计算

(一) 联产品的含义

联产品是指用同样的原材料，经过一道或一系列工序的加工同时生产出几种地位相同但用途不同的主要产品。例如，煤油厂以原油为原料，经过一定的生产工艺过程，加工成汽油、煤油、柴油等各种燃料油。联产品与同类产品不同，同类产品是指在产品品种、规格繁多的企业或车间，按一定的标准归类的产品，其目的是便于采用分类法简化产品成本计算工作。联产品的生产是联合生产，其特点是同一资源在同一生产过程中投入，分离出两种或两种以上的主要产品，其中个别产品的产出，必然伴随联产品同时产出。

各种联产品的产出，有的要到生产过程终了时才分离出来，有的也可能在生产过程中的某个步骤先分离出来，有些产品分离后，还需继续加工。联产品在分离时的生产步骤称为“分离点”。分离点是联产品的职合生产程序结束，各种产品可以辨认的生产交界点。

(二) 联产品联合成本的分配方法

联合成本是指在联合生产过程中生产联产品所发生的总成本。如上所述，在分离点之前联产品中某一产品的生产，必须同时生产别的产品。因此，不可能分别每种产品归集生产费用并直接计算其产品成本。只能把分离点前联合生产过程发生的费用归集在一起，计算联产品分离前的联合成本。然后，在分离点采用一定的分配方法，在各联产品之间分配联合成本，计算出各联产品的成本。至于有些联产品分离后继续加工发生的费用，可按分离后各联产品品种分别归集，计算出分离后成本。用分离后成本加上由联合成本分配给的成本，构成该种产品整个生产过程成本。

联产品成本计算同一般产品的成本计算有所不同，要分三个部分进行，即联产品分离点前成本计算、分离点的联合成本分配和分离点后加工成本的计算。分离点前联产品联合成本的计算和分离点后需继续加工的加工成本计算，都应根据生产类型和管理要求，选用前章的基本成本计算方法计算。而分离点联产品之间联合成本的分配则要采用专门的方法进行。常用的分配方法有系数分配法、实物量分配法和相对销售收入分配法等。

1. 系数分配法

系数分配法是将各种联产品的实际产量乘以事先制定的各该联产品的系数，把实际产量换算成相对生产量，然后按各联产品的相对生产量比例来分配联产品的联合成本。系数分配

法的关键是系数的确定要合理。实践中系数的确定标准有的是用各联产品的技术特征(如重量、体积、质量性能、含量和加工难易程度等)，也有的是采用各联产品的经济指标(如定额成本、售价等)。

2. 实物量分配法

实物量分配法是按分离点上各种联产品的重量、容积或其他实物量度比例来分配联合成本。采用这种方法计算出的单位成本各产品是一致的且是平均单位成本。因此，这种方法优点是简便易行。但由于并非所有的成本发生都与实物量直接相关，容易造成成本与实际相脱节的情况。故此法一般适用于成本的发生与产量关系密切，而且各联产品销售价值较为均衡的联合成本的分配。

3. 相对销售收入分配法

相对销售收入分配法是指用各种联产品的销售收入比例来分配联合成本。这种分配法强调经济比值，认为既然联合生产过程的联产品是同时产出的，并不是只产出其中一种。因此，从销售中所获得的收益，理应在各种联产品之间按比例进行分配。也就是说，售价较高的联产品应该成比例地负担较高份额的联合成本，售价较低的联产品应该负担较低份额的联合成本，其结果是各种联产品的毛利率相同，这种方法克服了实物量分配法的不足，但其本身也存在着缺陷，表现为：一方面，并非所有的成本都与售价有关，价格较高的产品不一定要负担较高的成本；另一方面，并非所有的联产品都具有同样的获利能力。这种方法一般适用于分离后不再加工，且价格波动不大的联产品成本计算。

(三)联产品成本计算举例

某厂用某种原材料经过同一生产过程同时生产出甲、乙两种联产品。20××年×月共生产甲产品 2000 千克，乙产品 1000 千克。无期初、期末在产品。该月生产发生的联合成本分别为：原材料为 30 000 元、直接人工成本为 10 800 元、制造费用为 19 200 元。甲产品每千克的售价为 250 元，乙产品每千克的售价为 300 元，设全部产品均已售出。根据资料分别用系数分配法、实物量分配法、相对收入分配法计算甲、乙产品的成本如表 9-10、表 9-11、表 9-12 所示。

表 9-10 联产品成本计算表(系数分配法)

金额单位：元

产品名称	产量(千克)	系数①	标准产量	分配比例	应负担的成本			
					直接材料	直接人工	制造费用	合计
甲	4000	1	4000	62.5	37 500	13 500	24 000	75 000
乙	2000	1.2	2400	37.5	22 500	8100	14 400	45 000
合计	6000		6400	100	60 000	21 600	38 400	120 000

注①：以售价为标准确定系数，选择甲产品为标准产品，其系数为 1，乙产品的系数为 300÷250=1.2。

表 9-11 联产品成本计算表(实物量分配法)

金额单位：元

产品名称	产量(千克)	联合成本				分配率	应负担的成本			
		直接材料	直接人工	制造费用	合计		直接材料	直接人工	制造费用	合计
甲	4000						40 000	14 400	25 600	80 000

续表

产品名称	产量（千克）	联合成本				分配率	应负担的成本			
		直接材料	直接人工	制造费用	合计		直接材料	直接人工	制造费用	合计
乙	2000						20 000	7200	12 800	40 000
合计	6000	60 000	21 600	38 400	120 000	20	60 000	21 600	38 400	120 000

注：1．综合分配率=120 000÷6000=20

2．直接材料分配率=60 000÷6000=10

3．直接工资分配率=21 600÷6000=3.6

4．制造费用分配率=38 400÷6000=6.4

表 9-12　联产品成本计算表（相对销售收入分配法）

金额单位：元

产品名称	产量（千克）	销售单价	销售价值	分配比例	应负担的成本			
					直接材料	直接人工	制造费用	合计
甲	4000	500	2 000 000	62.5	37 500	13 500	24 000	75 000
乙	2000	600	1 200 000	37.5	22 500	8100	14 400	45 000
合计	6000		3 200 000	100	60 000	21 600	38 400	120 000

二、副产品成本计算

副产品是指使用同种原材料，在同一生产过程中，生产主要产品的同时，附带生产出一些非主要产品或利用生产中废料加工而成的产品，如肥皂厂生产出来的甘油、炼油厂在炼油中产出的渣油、石油焦等。

副产品不是企业生产的主要目的，其价值与主要产品相比较低，但是具有一定的经济价值，能满足社会某些方面的需要，而且客观上也发生耗费，因此需要采取一定的成本计算方法求出其成本。副产品和联产品都是投入同一原材料，经过同一的生产过程同时生产出来的。但联产品全部是主要产品，而副产品则是伴随着主要产品生产出来的次要产品，其价值较低。当然，副产品与主要产品是相对而言的，随着生产技术的发展和综合利用，在一定条件下，副产品也能转为主要产品，同样，主要产品也会转为副产品。

由于副产品和主要产品是同一原材料经过同一生产过程生产出来的，所以，其成本与主要产品成本在分离步骤前是共同发生的，这也决定了副产品的成本计算就是确定其应负担分离点前的联合成本。又由于副产品的经济价值较小，在企业全部产品中所占的比重也较小，因此在计算成本时，可采用简单的计算方法，确定副产品的成本，然后从分离前联合成本中扣除，其余额就是主要产品成本。

副产品的成本计算方法通常有以下三种。

(1) 对分离后不再加工的副产品，若价值不大（与主要产品相比），可不负担分离前的联合成本，或以定额单位成本计算其成本。

(2) 对分离后不再加工但价值较高的副产品，往往以其销售价格作为计算的依据。按销售价格扣除销售税金、销售费用和一定的利润后即为副产品成本。

(3) 对于分离后仍需进一步加工才能出售的副产品，如价值较低，可只计算归属成本，如价值较高，则需同时负担可归属成本和分离前联合成本，以保证主要产品成本计算的合理性。

下面举一简例说明其计算方法。

假定南华公司在生产甲产品过程中，附带生产出副产品乙和丙。2016 年 8 月为生产该类产品所发生的费用资料见表 9-13 所示，并假定本月甲产品产量为 200 千克，乙产品 80 千克，丙产品 40 千克，乙产品的计划单价为 20 元，丙产品单位销售为 75 元。则各产品成本计算结果如表 9-14 所示。

表 9-13　成本费用资料

金额单位：元

项　目	直接材料	直接人工	制造费用	合　计
月初在产品成本	1600	400	1200	3200
本月费用	24 000	6000	6800	36 800

表 9-14　甲、乙、丙产品的成本计算表

金额单位：元

项　目		行　次	直接材料	直接人工	制造费用	合　计
总成本	月初在产品成本	1	1600	400	1200	3200
	本月费用	2	24 000	6000	6800	36 800
	合计	3	25 600	6400	8000	40 000
费用项目比重		4	64%	16%	20%	100%
甲产品	总成本	5	22 656	5664	7080	35 400
	单位成本	6	113.28	28.32	35.4	177
乙产品	总成本	7	1024	256	320	1600
	单位成本	8	12.8	3.2	4	20
丙产品	总成本	9	1920	480	600	3000
	单位成本	10	48	12	15	75

表 9-13 的计算过程如下:

$$乙产品总成本=80\times20=1600(元)$$

$$直接材料=1600\times64\%=1024(元)$$

$$直接人工=1600\times16\%=256(元)$$

$$制造费用=1600\times20\%=320(元)$$

$$丙产品总成本=40\times75=3000(元)$$

$$直接材料=3000\times64\%=1920(元)$$

$$直接人工=3000\times16\%=480(元)$$

$$制造费用=3000\times20\%=600(元)$$

$$甲产品总成本=40\,000-1600-3000=35\,400(元)$$

$$直接材料=25\,600-1024-1920=22\,656(元)$$

$$直接人工=6400-256-480=5664(元)$$

$$制造费用=8000-320-600=7080(元)$$

三、等级产品成本计算

等级产品是指使用同种原材料，经过相同加工过程生产出来的品种相同，但质量有所差

别的产品，如纺织品、搪瓷器皿的生产常有等级品产生。等级产品与联产品、副产品相同之处在于都是使用同种原材料，经过同一生产过程而产生的。它们的不同之处是联产品、副产品之间性质、用途不同，属于不同种产品，而等级产品是性质、用途相同的同种产品；在每种联产品、副产品中，其质量可以比较一致，因而销售单价相同，而各等级产品质量存在差异，从而销售单价相应分为不同等级。

等级产品与非合格品是两个不同的概念。等级产品质量上的差异一般是在允许的设计范围之内，这些差异一般不影响产品的使用寿命。非合格品是指等级品以下的产品，其质量标准达不到设计的要求，属于废品范围。

等级产品应视造成等级品质量差别的原因确定成本计算方法。如果等级产品是由于工人操作不当、技术不熟练等主要原因造成的可以采用实物量分配法，以使各等级产品的单位成本相同。因为各产品虽然等级不同，但使用原材料、经过的生产过程都相同，所以各等级产品的单位成本理应没有差别。同时，低等级产品成本与正品成本一样，由于售价较低而使其毛利低于正品的差额，能够比较敏感地反映由于企业产品质量管理不善所导致的经济损失。

等级产品也可能是由于所用原材料的质量或受目前技术水平限制等原因不可避免而产生的，即客观原因造成的。如某些电子元件产品，由于目前生产技术水平限制，难以控制其产品质量，生产出售价差别较大的等级产品；对原煤进行洗煤加工，由于受原材料质量，洗出售价不同的等级煤。这些情况一般不能对各等级产品确定相同的单位成本，要采用系数分配法计算各等级产品成本。通常以单位售价比例定出系数，再按系数的比例计算出不等级产品应负担的联合成本。这样不同等级产品具有不同的单位成本，等级高、售价高的产品负担的成本多，等级低、售价低的产品负担的成本少。这种做法更符合收入与成本费用配比的要求。

第三节　成本核算定额法

一、定额法概述

（一）定额法的概念和适用范围

定额法是以产品的品种（或批别）作为成本核算对象，根据产品的实际产量，核算产品的定额生产费用以及实际费用脱离定额的差异，用完工产品的定额成本加上或减去定额差异、定额变动差异，从而核算出完工产品成本和在产品成本的一种成本核算方法。定额法一般适用于产品已经定型，产品品种比较稳定，各项定额比较齐全、准确，原始记录齐全的企业采用。定额法与分类法一样也不是成本核算的基本方法，它一般与企业的生产类型无关，只是为了加强成本控制，揭示成本计划执行过程中存在的问题，及时采取措施，加以改进而采用的。

二、定额法的特点

定额法是为了反映产品实际成本脱离定额成本的差异，配合企业加强定额管理和进行成本控制所采用的一种成本计算方法。其基本原理是：在实际费用发生时，将其划分为定额成本与定额差异两部分来归集，并分析产生差异的原因，及时反馈到管理部门，月终以产品定额成本为基础，加减所归集和分配的差异，以此求得产品实际成本。

成本计算采用定额法，其产品实际成本由定额成本、脱离定额差异、材料成本差异和定额变动差异四个因素组成。其计算公式如式(9-2)所示。

产品实际成本=按现行定额计算的产品定额成本±脱离现行定额差异± 材料成本差异±月初在产品定额变动差异 (9-2)

定额成本是指根据企业在一定时期所实行的各种消耗定额为基础计算的一种预计产品成本，脱离定额差异是指生产费用脱离现行定额或预算的数额，它标志着各项生产费用支出的合理程度。

材料成本差异是在定额法下,材料或半成品的日常核算以计划成本计价而产生的材料(半成品)实际成本与计划成本的差异，它反映所耗材料或半成品的价差。

定额变动差异是由于修订消耗定额而产生的新、旧定额成本之间的差额。它与生产费用的超支或节约无关，是定额成本本身运用的结果。

定额法并非一种基本成本计算方法，它是在品种法、分步法、分批法的基础上，运用一种特殊汇集费用的技术，计算产品成本的方法。采用此方法计算产品成本，能及时揭示差异，提供有关成本形成动态的各种信息，有助于促使企业控制和节约费用。该方法一般适用于定额管理制度较健全，而且消耗定额比较准确、稳定的企业。

三、定额法计算产品成本的程序

(1)按照企业生产工艺特点和管理要求，确定成本计算对象及成本计算的基本方法。

(2)根据有关定额标准，计算各成本项目的定额费用，编制产品定额成本计算表。

(3)生产费用发生时，将实际费用分为定额成本和定额成本差异两部分，分别编制凭证，予以汇总。

(4)按确定的成本计算基本方法，汇集、结转各项费用的定额成本差异，并按一定标准在完工产品与在产品之间进行分配。

(5)将产品定额成本加减所分得的差异，求得产品实际成本。

四、定额成本及其差异的计算

(一)产品定额成本的计算

定额成本一般是以产品现行的消耗定额和计划价格或费用的计划分配率为依据并分成本项目计算的。具体公式如式(9-3)、式(9-4)和式(9-5)所示。

直接材料定额成本=产品原材料消耗定额×原材料计划单位成本 (9-3)

直接人工定额成本=产品生产工时定额×计划小时工资率 (9-4)

制造费用定额成本=产品生产工时定额×计划小时费用率 (9-5)

计算时，如果产品的零部件不多，一般先计算零件的定额成本，然后再汇总计算部件和产成品的定额成本。如产品的零部件较多，为了简化成本计算工作，也可以不计算零件定额成本，而根据列有零件材料消耗定额、工序计划、工时消耗定额的零件定额卡，以及材料计划单价、计划的工资率和费用率，计算部件定额成本，然后汇总计算产成品定额成本；或者根据零部件的定额卡直接计算产成品定额成本。零件定额卡、部件定额成本计算表及产品定额成本计算表的格式分别见表 9-15、表 9-16 和表 9-17。

表 9-15　零件定额卡

零件编号、名称：2007　　　　2016 年 3 月

材料名称、编号	计 量 单 位	材料消耗定额
9901	千克	6
工序	工时定额(小时)	累计工时定额
1	4	4
2	8	12
3	6	18

表 9-16　部件定额成本计算表

部件编号、名称：2000　　　　2016 年 3 月

所用零件编号名称	零件数量	材料定额							工时定额(小时)
		9901			9902			金额合计	
		数量	计划单价(元)	金额(元)	数量	计划单价(元)	金额(元)		
2007	4	24	5	120				120	72
2008	8				40	5	200	200	48
装配									5
合计				120			200	320	125

定额成本项目					定额成本合计(元)
直接材料	直接人工		制造费用		
	计划工资率	金额(元)	计划费用率	金额(元)	
320	2	250	2.5	312.5	882.5

表 9-17　产品定额成本计算表

部件编号、名称：2000　　　　2016 年 3 月

所用部件编号名称	所用部件数量	材 料 定 额		工 时 定 额	
		部　件	产　品	部　件	产　品
2000A	2	320	640	125	250
2000B	1	260	260	50	50
装配					10
合计			900		310

产品定额成本项目					产品定额成本合计
直接材料	直 接 人 工		制 造 费 用		
	计划工资率	金额(元)	计划费用率	金额(元)	
900	2.2	682	1	320	1902

(二)脱离定额差异的计算

脱离定额差异计算包括材料脱离定额差异计算、直接人工费用脱离定额差异计算和制造费用脱离定额差异计算。计算和分析脱离定额成本的差异是定额法的核心内容。

1. 直接材料脱离定额差异的计算

在各成本项目中，材料费用一般占有较大比重，而且属于直接计入费用，因而有必要也有可能在费用发生的当时就按产品种类来计算定额费用和脱离定额的差异进行控制。直接材料定额差异的计算，一般有以下三种方法。

(1)限额法即运用限额领料单和限额领料卡来反映材料领用数量和实际耗用数量。符合定额的材料应根据限额领料单等定额凭证领发，如果增加产品产量或需要增加用料，必须办理追加额手续，然后根据定额凭证领发。由于其他原因需要超额领料或领用代用材料，根据专设的超额材料领用单、代用材料领用单等差异凭证，经过一定的审批手续领发。超额领用的材料，全部是定额差异：代用材料并不都是定额差异，要先计算出所领代用材料相当于原规定材料的数量；然后再计算出差异。

每月末应根据领料部门余料编制退料单，办理退料手续。退料单位应视为差异凭证，退料单中所列的材料数额和限额领料单中原材料余额，都是材料脱离定额的节约差异。如某企业本月投产甲产品 500 件，单位产品 A 材料消耗定额 25 千克，每千克计划单位成本 4 元，超额领料单本月登记数量为 150 千克。则甲产品的 A 材料定额差异为：

甲产品 A 材料定额成本=500×25×4=50 000(元)

甲产品 A 材料脱离定额差异=150×4=600(元)

(2)切割法指对于需要切割才能使用的材料(如板材、棒材等)，通过材料切割核算单，核算用料差异，控制用料。这种核算单一般应按切割材料的批别开立，单中填明发交切割材料的种类、数量、消耗定额和应切割成的毛坯数量，切割完成后，再填写实际切割成的毛坯数量和材料的实际消耗量。根据实际切割成的毛坯数量和消耗定额，计算出材料定额消耗量，与材料实际消耗量相比较，可得出用料脱离定额的差异。如发出材料 500 千克，切割成 A 种零件(毛坯)150 个，每个消耗定额为 3.2 千克，每千克材料计划单价为 5 元，则定额差异为：

定额耗用量：　　150×3.2=480(千克)

材料定额差异：　　数量 500−480=20(千克)

金额 5×20=100(元)

采用材料切割核算单进行材料切割的核算，可以及时反映材料的耗用情况和发生差异的具体原因，加强对材料耗用的控制。

(3)盘存法指对于不能采用切割核算的材料，为了更好地控制用料，可通过盘存的方法核算用料差异。其做法是：根据完工产品的数量和在产品盘存数量计算产品投产数量；将产品投产数量乘以材料消耗定额，计算出材料定额消耗量；根据限额领料单、超额领料单和退料单等凭证及车间余料的盘存资料，算出材料实际消耗：最后以材料的定额消耗量与实际消耗量对比，确定材料脱离定额差异。

不论采用哪种方法核算原材料定额消耗量和脱离定额差异，都应分批或定期地将这些核算资料按照成本计算对象汇总，编制原材料定额费用和脱离定额差异汇总表如表 9-18 所示。表中填明该批或该种产品所耗各种原材料的定额的消耗量、定额费用和脱离定额差异，并分析说明发生差异的主要原因。这种汇总表，既可用来汇总反映和分析原材料脱离定额差异，又可用来代替原材料费用分配表登记产品成本明细账，还可以报送管理当局或向职工公布，以便根据发生的原因采取措施，进一步挖掘降低材料费用的潜力。

2. 直接人工费用脱离定额差异的核算

人工费用脱离定额差异的核算，因采用工资形式不同而有所区别。

在计件工资形式下，生产工人工资脱离定额差异的核算与原材料脱离定额差异的核算类似。其计算方法如式(9-5)和式(9-6)所示。

表 9-18　材料定额费用和脱离定额差异汇总表

金额单位：元

材料种类	材料编号	单位	计划单位成本	定额费用		按计划价格计算的实际费用		脱离定额差异		差异原因分析
				数　量	金　额	数　量	金　额	数　量	金　额	
A 材料	2001	Kg	6	11 600	69 600	10 800	64 800	−800	−4800	略
B 材料	2011	Kg	4	9200	36 800	9600	38 400	+400	+1600	略
合计					106 400		103 200		−3200	

$$\text{直接人工定额费用}=\text{计件数量}\times\text{计件单价} \tag{9-5}$$

$$\text{计件单价}=\frac{\text{计划单位工时的人工费用}}{\text{每工时产量定额}} \tag{9-6}$$

在计时工资形式下，生产工人工资脱离定额的差异平时不能按产品直接计算，所以平时只以工时进行考核，在月末实际生产工人工资总额确定以后，才能按下式计算。如式(9-7)、式(9-8)、式(9-9)、式(9-10)和式(9-11)所示。

$$\text{计划单位工时工资}=\frac{\text{计划产量的定额生产工人工资总额}}{\text{计划产量的定额生产工时总数}} \tag{9-7}$$

$$\text{实际单位工时工资}=\frac{\text{实际生产工人工资总额}}{\text{实际生产工时总数}} \tag{9-8}$$

$$\text{某产品定额工资}=\text{该产品实际产量的定额生产工时}\times\text{计划单位工时工资} \tag{9-9}$$

$$\text{该产品实际工资}=\text{该产品实际产量的实际生产工时}\times\text{实际单位工时工资} \tag{9-10}$$

$$\text{该产品实际工资脱离定额差异}=\text{该产品实际工资额}-\text{该产品定额工资额} \tag{9-11}$$

无论采用哪种工资形式，都应根据核算资料，按照成本计算对象汇总编制“定额工资及脱离定额差异汇总表”，表中汇总反映各种产品的定额工资、实际工资、工资差异、以及产生差异的原因，并据此登记有关的产品成本计算单。

3. 制造费用脱离定额差异的核算

制造费用属于间接费用，即发生时先按发生地点进行归集，月末才能直接或分配计入产品成本。所以，在日常核算中，不能按照产品直接核算费用脱离定额的差异，只能根据费用计划，按照费用项目核算费用脱离计划的差异，据以控制和监督费用的发生。各种产品应负担的定额制造费用和费用脱离定额的差异，在月末时可比照上述计时工资的计算方法确定。

(三) 材料成本差异的分配

在定额法下，材料日常核算都是按计划成本进行，即材料定额成本和材料脱离定额差异都按材料的计划单位成本计算。因此，在月末计算产品实际成本时，还必须按照下列公式计算产品应负担的材料成本差异，如式(9-12)所示。

$$\text{某产品应分配材料成本差异}=(\text{该产品原材料定额成本}\pm\text{原材料脱离定额差异})\times\text{材料成本差异率} \tag{9-12}$$

(四) 定额变动差异的核算

定额变动差异，是指由于修订消耗定额而产生的新旧定额之间的差额。新定额一般在月初开始实行，当月投入的产品费用，都应按新定额来计算脱离定额差异，但在定额运用后，月初在产品的定额成本并未修订，仍然是按旧定额计算的。为了使按旧定额计算的月初在产品定额成本和按新定额计算的本月投入产品的定额，在新定额的同一基础上相加起来，以便计算产品的实际成本，必须计算月初在产品定额成本的运用差异，用以调整月初在产品按老定额计算的定额成本变为按新定额计算的定额成本。由此可见，定额变动差异主要是指月初在产品由于定额变动产生的差异。其计算方法如式(9-13)所示。

月初在产品定额变动差异=月初在产品按原定额计算的定额成本

−月初在产品按调整后的定额计算的定额成本　(9-13)

对于计算出的定额变动差异，应分别不同情况予以处理，在消耗定额降低的情况下产生的差异，一方面应从月初在产品定额成本中扣除，另一方面还应将属于月初在产品生产费用实际支出的该项差异，列入本月产品成本中；相反，在消耗定额提高的情况下，月初在产品增值的差异应列入月初在产品定额成本之中，同时从本月产品成本中予以扣除。

月末对计算出的定额成本、脱离定额差异、定额变动差异及材料成本差异，应在完工产品和月末在产品之间按照定额成本比例进行分配。如果各种差异数额不大，或者差异虽然较大，但各月在产品数量比较均衡的情况下，月末在产品可按定额成本计价，即不负担差异，差异全部由产成品负担。

五、定额法举例

南华公司生产的甲产品，各项消耗定额比较准确，2016 年 9 月份生产情况和定额资料如下：月初在产品 30 件，本月投产甲产品 140 件，本月完工 150 件，月末在产品 20 件，月末在产品完工程度为 50%，材料系开工时一次投入，单位产成品直接材料消耗定额由上月的 4.4 公斤降为 4 公斤，工时定额为 3 小时，计划小时工资率为 3 元，计划小时制造费用率为 4 元，材料计划单位为 5 元，材料成本差异率为 2%。月初在产品成本及本月生产费用资料如表 9-19 和表 9-20 所示。产品成本计算结果如表 9-21 所示。

表 9-19　月初在产品的成本

2016 年 9 月　　金额单位：元

	直 接 材 料	直 接 人 工	制 造 费 用
月初在产品定额成本	660①	135②	180③
脱离定额差异	−9	5	6

注：①直接材料定额成本=30×4.4×5=660(元)

②直接人工定额成本=30×50%×3×3=135(元)

③制造费用定额成本=30×50%×3×4=180(元)

表 9-20　本月发生的费用

2016 年 9 月　　金额单位：元

	直 接 材 料	直 接 人 工	制 造 费 用
产品的定额成本	2800①	1305②	1704③
脱离定额差异	30	10	12

注：①直接材料定额成本=140×4×5=2800(元)

②直接人工定额成本=[140+(20−10)×50%]]×3×3=1305(元)

③制造费用定额成本=[140+(20−10)×50%]×3×4=1740(元)

表 9-21　产品成本计算单

产品名称：甲产品　　　　　　　　　　2016 年 9 月　　　　　　　　　　产量：150 件　　　　金额单位：元

项目		行次	直接材料	直接人工	制造费用	合计
月初在产品	定额成本	1	660	135	180	855
	脱离定额差异	2	−9	5	6	+2
月初在产品定额变动	定额成本调整	3	−60①			−60
	定额变动差异	4	60			60
本月生产费用	定额成本	5	2800	1305	1740	5950
	脱离定额差异	6	30	8	12	50
	材料成本差异	7	−56.6②			−56.6
生产成本合计	定额成本	8	3400	1440	1920	6760
	脱离定额差异	9	21	13	18	52
	材料成本差异	10	−56.6			−56.6
	定额变动差异	11	60			60
脱离定额差异分配率		12	0.62%③	0.9%	0.94%	–
产成品成本	定额成本	13	3000	1350	1800	6150
	脱离定额差异	14	18.6④	12.2	16.9	47.7
	材料成本差异	15	−56.6			−56.6
	定额变动差异	16	60			60
	实际成本	17	3022⑤	1362.2	1816.9	6201.1
月末在产品成本	定额成本	18	400	90	120	610
	脱离定额差异	19	2.4	0.8	1.1	4.3

注：①月初在产品定额调整=30×(4.4−4)×5=60(元)

②材料成本差异=(2800+30)×(−2%)=−56.6(元)

③直接材料脱离定额差异分配率=21÷3400=0.62%

④产成品直接材料成本脱离定额差异=3000×0.62%=18.6(元)

⑤第 17 行计算过程为：(17)=(13)+(14)+(15)+(16)

同步测试题

一、名词解释

1．分类法
2．联产品
3．副产品
4．联合成本
5．可归属成本
6．系数分配法
7．脱离定额差异
8．定额变动差异

二、单项选择题

1．在计算副产品的成本时，将副产品的成本从总成本中扣除，一般是从(　　)中扣除。

A．直接人工成本项目　　B．制造费用成本项目
C．原材料成本项目　　D．总成本

2．分类法是在产品品种、规格繁多，但可按一定标准对产品进行分类的情况下，为了下列目的而采用的(　　)。

A．加强各类产品的成本管理　　B．计算各种产品成本
C．简化成本计算工作　　D．计算各类产品成本

3．系数法是(　　)的一种，系数一经确定，应相对稳定，不应任意变更。

A．分批法　　B．分类法
C．定额法　　D．分步法

4．采用分类法的目的是(　　)。

A．分类计算产品成本　　B．简化各种产品的成本计算工作
C．简化种类产品成本计算工作　　D．准确计算各种产品的成本

5．按照系数分配分配同类产品中各种产品成本的方法(　　)。

A．是一种完工产品和月末在产品之间分配费用的方法
B．是一种单独的产品成本计算方法
C．是一种简化的分类法
D．是一种分配间接费用的方法

6．定额成本是按(　　)制定的成本。

A．现行消耗额　　B．计划期平均消耗定额
C．标准消耗定额　　D．实际消耗定额

7．原材料脱离定额差异是(　　)。

A．数量差异　　B．原材料成本差异
C．价格差异　　D．定额变动差异

8．采用定额法计算产品成本时，月初在产品定额变动差异是正数，说明(　　)。

A．定额降低了　　B．本月实际发生的生产成本增加了
C．定额成本提高了　　D．累计的实际生产成本增加了

9．定额变动差异是指修复定额以后的，原定额成本与新的定额成本之间的差异，只有(　　)存在定额变动差异。

A．月初在产品　　B．月末在产品
C．本月投入产品　　D．本月完工产品

10．在采用定额法下，为了有利于分析和考核材料消耗定额的执行情况。日常材料的核算都是按(　　)进行的。

A．计划成本　　B．实际成本
C．定额成本　　D．标准成本

三、多项选择题

1．采用分类法，同类产品内各产品成本，可以按照(　　)分配确定。

A．定额消耗量　　B．定额费用
C．标准产品产量　　D．总系数

2. 采用系数法时，被选定作为标准产品的产品，应具备下列条件(　　)。

A. 产品较小　　B. 产品较大

C. 生产比较稳定　　D. 规格适中

3. 采用分类法计算产品成本时，关键是(　　)的确定是否适当。

A. 产品的分类　　B. 产品的售价

C. 分配标准　　D. 系数

4. 分类法与同类产品内各种产品之间分配费用的标准有(　　)。

A. 定额消耗量　　B. 定额费用

C. 售价　　D. 产品的体积

5. 下列计价方法中，属于副产品计价方法的有(　　)。

A. 按实际成本计价　　B. 按计划成本计价

C. 按固定的价格计价　　D. 按售价计价

6. 核算脱离定额差异的目的是(　　)。

A. 简化产品成本计算

B. 进行产品成本的日常分析和事中控制

C. 为月末进行产品实际成本计算提供数据

D. 为考核成本管理工作提供数据

7. 原材料脱离定额差异的计算方法有(　　)。

A. 限额法　　B. 计划成本法

C. 系数法　　D. 定期盘存法

8. 在脱离定额差异的核算中，与原材料脱离定额差异核算方法相同或类似的是(　　)。

A. 自制半成品　　B. 计件工资形式的生产工人工资

C. 制造费用　　D. 计时工资形式下生产工人工资

9. 在定额法下，产品实际成本等于(　　)之和。

A. 按现行定额计算的产品定额成本　　B. 材料成本差异

C. 脱离现行定额的差异　　D. 月初在产品定额变动差异

10. 定额法的优点有(　　)。

A. 有利于对成本的日常控制　　B. 便于对产品成本进行定期分析

C. 有助于提高成本的定额管理工作　　D. 能全面地解决产品计价问题

四、是非判断题

1. 分类法是以产品类别为成本计算对象的一种成本产品的基本方法。　(　　)

2. 按照系数分配计算类内各种产品成本的方法，是一种简化的分类法。　(　　)

3. 用分类法计算出的类内各种产品的成本具有一定的假定性。　(　　)

4. 主产品与副产品在分离前应合为一类产品计算成本。　(　　)

5. 进行材料切割核算时，回收废料超过定额的差异可以冲减材料费用。　(　　)

6. 采用定额法可以简化成本计算工作。　(　　)

7. 定额法可以不与基本方法结合应用。　(　　)

8. 在定额法下，退料单是一种差异凭证。　(　　)

9. 在定额法下，产品应负担的原材料成本差异为该产品的原材料定额费用与原材料成本差异的乘积。（　　）

10. 原材料脱离定额差异核算的限额法可以有效地控制用料，使之不超过定额。（　　）

五、简答题

1. 简述成本计算分类法的特点。
2. 说明系数分配法的计算步骤。
3. 什么是联产品、副产品和等级品？简单说明其联系和区别。
4. 什么叫联合成本？它有哪几种分配方法？说明它们的含义。
5. 简述定额法的特点。
6. 定额法下产品实际成本的组成要素有哪几个？各要素的数额如何计算？

六、业务处理题

1. 兴华企业生产 A、B、C 三种产品归为甲类，三种产品分别消耗乙、丙两种材料，乙材料消耗定额分别为 2 千克、5 千克、10 千克，丙材料消耗定额分别为 4 千克、8 千克、12 千克，乙、丙两种材料单价分别为 4 元、3.75 元，按费用定额确定系数，其中 B 产品为标准产品。三种产品完工产量分别为 60 件、100 件、50 件，工时定额分别为 80 小时、50 小时、40 小时，月初甲类产品明细账原材料费用 57 000 元、人工费用 34 000 元、制造费用 46 000 元，本月原材料费用 49 000 元、人工费用 26 000 元、制造费用 38 000 元，月末在产品按固定成本计价。

要求：采用系数法分配各项费用。

2. 浪潮企业生产 A 产品，附带生产出副产品，月初余额 A 产品原材料费用 27 900 元、人工费用 11 600 元、制造费用 18 400 元，副产品原材料费用 3500 元、人工费用 1700 元、制造费用 2000 元。本月 A 产品领用原材料费用 49 800 元、全部人工费用 36 000 元、制造费用 48 000 元，主副产品生产工时分别为 19 000 小时、1000 小时，按工时比例分配人工和制造费用，本月共生产出副产品原材料 4500 千克，按每千克 2 元价格从主产品中扣除。月末在产品成本：主产品原材料费用 11 200 元、人工费用 7700 元、制造费用 9100 元；副产品的在产品按固定成本计价。

要求：计算主副产品成本。

3. 甲、乙、丙三种产品归为 A 类，A 类产品月初余额原材料费用 28 500 元、人工费用 13 700 元、制造费用 19 800 元，本月耗用原材料费用 57 900 元、人工费用 41 200 元、制造费用 52 800 元，月末在产品按定额成本计价，原材料费用 8000 元、人工费用 5000 元、制造费用 7000 元，甲产品为标准产品，按消耗定额确定系数，消耗定额分别为 15 千克、24 千克、9 千克，完工产量分别为 600 件、800 件、500 件，工时定额分别为 40 小时、30 小时、50 小时。

要求：采用系数法分配费用。

4. 某工厂生产甲、乙、丙三种产品所用原材料和生产工艺过程基本相同，合为一类产品计算成本。生产费用在三种产品之间的分配标准为：材料费用按材料消耗定额成本系数分配，其他费用按工时定额系数分配。甲产品为标准产品，耗用料工费的系数均为 1。期初期末在产品均按定额成本计价。2002 年 10 月有关成本、产量的资料如下：

(1)本月完工产量：甲产品 1400 件，乙产品 200 件，丙产品 800 件。

(2)在产品定额成本和本月发生的费用如下：

	直接材料	直接人工	制造费用
月初在产品定额成本	17 500 元	1700 元	1950 元
月末在产品定额成本	32 500 元	2500 元	3960 元
本月生产费用	328 140 元	4200 元	36 300 元

(3)材料、工时定额资料见测试题表 9-1，材料定额系数按材料单耗定额成本计算，工时定额系数按工时单耗定额计算。

测试题表 9-1　材料、工时定额系数表

产品	单位产品材料				材料定额系数	工时定额	
	材料品名	单耗定额（千克）	计划单价	定额成本		单耗（小时）	系数
甲	A	500	0.1			2	
	B	300	0.15				
	C	150	0.2				
	小计						
乙	A	450	0.1			3	
	B	300	0.15				
	C	100	0.2				
	小计						
丙	A	650	0.1			2.5	
	B	350	0.15				
	C	100	0.2				
	小计						

要求：

① 计算各产品的材料、工时定额系数。

② 计算本月各种产成品总成本和单位成本。

第十章

成本核算的辅助方法(下)

引导案例

请你为企业出谋划策

欣华公司生产和销售 A 产品，A 产品生产需要耗用甲、乙两种材料，只经过一个生产加工过程，2016 年 3 月预计生产 1000 件，本月预算固定制造费用为 40 000 元、预算变动制造费用为 60 000 元、预算工时为 20 000 工时，固定制造费用与变动制造费用分配率均按直接人工工时计算。A 产品的标准成本资料如引导案例表 10-1 所示。

引导案例表 10-1 单位产品标准成本

项　　目	标准消耗量	标准单价/元	金额/元
直接材料			
甲材料	20 千克	10	200
乙材料	30 千克	9	270
直接人工	20 工时	5	100
变动制造费用	20 工时	3	60
固定制造费用	20 工时	2	40
单位产品标准成本			670
变动制造费用预算分配率	60 000÷20 000=3 元/小时	固定制造费用预算分配率	40 000÷20 000=2 元/小时

A 产品月初没有在产品，本月投产 900 件，并于当月全部完工，本月销售 A 产品 800 件，每件售价 950 元，本月其他有关实际资料如引导案例表 10-2 所示，本月所购材料货款已经全部支付，所发生的各项制造费用均通过应付款科目核算。

引导案例表 10-2 A 产品生产费用表

项　　目	采购材料数量	实际耗用量	实际单价/元	实际成本/元
直接材料				
甲材料	20 000 千克	19 800 千克	9	178 200
乙材料	25 500 千克	25 200 千克	9.5	239 400
直接人工			5.2	102 960
变动制造费用			2.8	55 440
固定制造费用			2.1	41 580
实际产品成本总额				617 580

讨论与思考：

如果欣华公司请你根据上述资料为之进行标准成本的会计处理。那么你将怎样来做？并请根据处理结果进行评价。

第一节　作业成本法

一、作业成本法概述

（一）作业成本法的产生与发展

作业成本法（activity-based costing，ABC）的思想在20世纪30年代末40年代初起源于美国会计学家科勒教授，他在担任田纳西河谷管理局的主计长和内部审计师期间，根据水利发电的行业和成本构成的特点，形成了早期作业成本法的基本思想。1952年，他编著了《会计师词典》，在该部词典中对“作业账户”做了如此的解释：“作业账户是指某交易事项的作业主管人应履行职责，施行控制。交易事项包括材料和各种服务，但他人责任范围的费用及其他事项不在该账户范围之内。”在设计作业成本法时，科勒认为：“每项作业都设置一个账户。”这也就是说，账户的设置应从最低层预算单位开始，一层一层地设置到最后，从而使作业成本法应用于企业的每一层次，并实现预算与会计制度的协调一致。对于“作业”这一名词，科勒在《会计论坛》上发表的一篇文章中指出：“作业就是一个组织单位对一项工程、一个大型建设项目、一个规划以及一项重要经营的各个具体活动所做出的贡献。”

第二位研究作业成本法的是美国会计学家斯托布斯教授，他自20世纪50年代起开始研究有关作业成本法的理论问题。他的最大特点是坚持认为：（1）会计是一个信息系统，作业成本法是一种与决策有用性目标相联系的会计方法。研究作业成本法应首先明确三个概念，即“作业”、“成本”、“会计目标——决策有用性”；（2）要揭示收益的本质，首先就必须揭示报告的目标，这个目标表示托管责任或受托责任，主要是为投资者的决策提供信息，作业成本计算中的“成本”不是一种存量，而是一种流出量；（3）若要较好地解决成本分配问题，成本计算的对象就应是作业，而不是完工产品，成本不应硬性分为直接材料、直接人工和间接费用，而是应该根据资源投入量，计算利用每种资源的完全成本。

尽管科勒和斯托布斯两位教授对作业成本法进行了较系统的研究，但直到20世纪80年代中期之前，作业成本法并未得到西方会计界的广泛关注和深入研究。此后，由美国哈佛大学库伯和卡普兰两位教授撰写了一系列案例、论文和著作，才引起西方会计界的普遍重视。1986年库伯在杂志上发表了《一论作业成本法的突起：什么是作业成本法》，他认为，产品成本就是制造和运送产品所需全部成本的总和，成本计算的最基本的对象是作业。作业成本法赖以存在的基础是作业耗用资源、产品耗用作业。同年，库伯又在杂志上连续两次发表论作业成本法的文章，1989年春，库伯又写了《四论作业成本法的突起》。这四篇论文基本上对作业成本法的现实需要、运行程序、成本动因的选择、成本库的建立等做了全方位的分析，库伯还和卡普兰合作在《哈佛商业评论》上发表了《计算成本的正确性：制定正确的决策》。上述文章成为研究作业成本法的重要文献。库伯和卡普兰因此被西方会计界普遍认为是从理论与实践上最为系统、深入研究作业成本法的会计学家。继库伯和卡普兰之后，中外会计界开始对作业成本法产生了广泛的研究兴趣，发表和出版了大量探讨作业成本法的论著，作业成本法已经成为人们普遍接受的一个概念。

二、作业成本法的基本概念

作业成本法是以作业为核心，根据企业生产经营过程中的资源耗费、作业和最终产出、作业链的关系，进行成本动因分析，将所发生和形成的成本耗费分配给成本计算对象的一种成本计算方法。作业成本法中的基本概念主要有：

（一）资源

资源（resource）是指那些可以用来创造社会财富的使用价值。对于具体组织而言，也是成本的载体或源泉。广义地说，一切可资利用的使用价值或能够带来价值的源泉，都可以称为资源。一个企业可用于生产经营活动的各种材料物资，都属于资源。当然也包括企业所拥有或控制的人力资源。

（二）作业

作业（activity）是指企业在生产经营过程中所发生的各项具体活动。比如，产品生产过程中的产品设计、材料运输，销售部门处理顾客订单、产品运输等都可以看作是作业。一项作业可以是一项非常具体的活动，如车工作业；也可以泛指一类活动，如机加工车间的车、磨等所有作业可以统称为机加工作业；甚至还可以将机加工作业、产品组装作业等统称为生产作业。作业中心是指由若干个相互关联的具体作业所组成的作业集合。作业可以根据不同的标准进行分类，例如，根据重复性分类，作业可以分为重复作业与非重复作业；根据主次关系分类，作业可以分为一级或主要作业与二级或次要作业；按价值链中的作业属性分类，作业可以分为增值作业与非增值作业等。为了便于作业分析，并进行作业成本计算，通常将作业按层次分为以下四个类别：

1. 单位作业（unitactivity）

单位作业又称为产量级作业，是指针对单位产品的作业。比如机械加工，对于每件产品的检验等。每生产一单位产品，这类作业就要发生一次，它所消耗的资源一般随着产品数量的变化而变化。如直接材料、直接人工等，产量增加，这类作业的成本也几乎同比例增加。

2. 批次作业（batchactivity）

批次作业是指针对具体产品批次的作业，其特点是每生产一批产品就要作业一次，成本是随着生产批次数量的变化而变化的。例如，对每批产品的订单处理、机器调试、成批采购和检验等，其成本的大小取决于批次，而与产品的数量无关。

3. 产品作业（productactivity）

产品作业又称为级作业，是指针对某种产品全部单位的作业，其特点在于服务于具体某种规格、型号或样式的产品。例如，产品设计、产品生产工艺规程制定、工艺改造、产品更新等。这类作业的成本依赖于某一产品生产线的存在，涉及一项生产的各项投入，而不是只针对一个单位或一批产品。这类作业的成本随着产品品种项目的变动而变动。

4. 支持作业(supportingactivity)

支持作业是指维持整个生产过程所从事的作业，这类作业用来保证整个生产系统的顺利进行，而不是专门为某一产品而发生的作业。例如，工厂管理、厂房折旧、整体维护、工厂保护、财产保险等。这类作业的成本一般视企业的整体情况而发生变动，与产品的种类和数量多少无关。

(三)成本动因

成本动因(costdriver)又称为成本驱动因素，是指引致成本发生与变动的原因或推动因素。如当产量增加时，直接材料成本就增加，那么产量是直接材料成本的驱动因素，即直接材料的成本动因。根据成本动因在作业成本核算程序中所处的位置，可以将其分为资源动因和作业动因两种。其中，资源动因是引起作业成本增加的驱动因素，用来衡量一项作业的资源消耗量；作业动因用来衡量具体成本对象需用的作业量，是产品成本增加的驱动因素。

1. 资源动因

成本的基本存在形式是资源，没有资源就没有成本。此处的资源动因是指资源消耗背后的驱动因素。作业消耗资源多少的计量方式，也就是将资源成本分配到作业的依据，反映了某项或某类作业对于资源的消耗情况(示例如表 10-1 所示)。如产品调试作业需要有调试人员、调试设备、专用场地，还会有电能、油料等能源的消耗。这里，调试作业作为成本对象，耗用了以上的资源，构成了调试作业的成本。其中，调试人员的工资和调试设备、专用场地的折旧，一般可以直接计入调试作业成本；但电力、油料等能源的消耗往往是以全厂或车间为单位统计的，不能直接计入调试作业成本。一种合理做法就是根据设备额定的功率和设备开动时间进行分配。于是，设备额定的功率和设备开动时间就成为度量调试作业耗用的资源成本的依据，也就是资源动因。我们可以将它们的乘积值称做资源动因量，资源动因量越大，耗用的能源成本就越多。这样，就可按照它们的乘积值作为资源的分配基础，将调试所用的能源成本分配到调试作业。

表 10-1　作业及其资源动因示例

作　　业	资源(成本)动因
安装调试	安装调试小时
设备运行	设备运行小时
清洁	平方米
材料搬运	搬运次数、搬运距离与重量
人力资源管理	雇员人数、工作天数
能源消耗	电表、流量表、装机功率和运行时间
订单制作	订单数量
客户服务	服务电话次数、服务种类数量、服务时间

2. 作业动因

作业动因反映有关作业被产品(或其他成本对象)所消耗的原因和方式，是计量各种产品所消耗的作业成本多少的驱动因素。作业动因是将各有关作业成本分配到最终产品的依据和标准，也是沟通资源消耗与最终产出的中介。仍然以产品调试作业为例，把电力、油耗等资源的成本通过资源动因分配到调试作业成本(或作业成本库)后，就要确定相应的作业动因以便将有关调试作业成本分配至产品。假设企业生产多种产品，每种产品又是分批完成并进行调试的，全部产品共用同一调试资源，并假设每次调试成本都是相当的。那么，调试的次数就成为对产品进行调试发生的相关成本的驱动因子，也就是作业动因。在一定期间内，调试作业总成本除以调试的总次数，即为调试作业的成本分配率，用产品的调试次数乘以相对应的调试作业的成本分配率即为该种产品所承担的调试成本。

三、作业成本法的计算程序

(一)作业成本法的基本规则

作业成本法的基本规则是：产品消耗作业、作业消耗资源。在计算产品成本时，将着眼点放在作业上，即以作业为核算对象，而不再以产品为核算对象，通过对作业成本的核算追踪成本的形成和积累过程，由此而得出产品成本。

作业成本法与传统成本计算方法的最大不同之处在于：作业成本法不是就成本论成本，而是将重点放在成本形成的前因和后果上，对成本进行溯本求源。即从前因上看，成本是由作业所引起的，对价值链的分析，应首先从产品的设计环节开始；从后果上看，作业的执行以致完成，实际消耗多少资源，这些资源是如何实现价值转移的，且最终转移给客户的价值是多少。因此，对价值链的分析，最终要分析从客户收回多少价值为止。

作业成本法对直接材料、直接人工的核算与传统成本计算方法并无不同，其特点主要体现在对制造费用的核算上，对制造费用做了革命性的变革，具体体现为：(1)缩小制造费用的分配范围，由全厂统一分配改为由若干个成本库分别进行分配；(2)增加分配标准，由单一标准分配改为多种标准分配，按引起制造费用发生的多种成本动因进行分配。

作业成本法与传统成本计算方法一样，作业成本法也是两阶段的程序：第一步，将制造费用计入作业基础的成本库中；第二步，得出和使用一系列成本动因基础的比率(成本库分配率)，将归集的成本分配于各产品，所以其设计和运行取决于成本库的选择、将制造费用分配于成本库中的选择、在每个成本库中选择三个因素。

(二)作业成本法的计算程序

根据上述作业成本法的基本规则，现将作业成本法的计算程序具体说明如下：

1. 确认作业，划分作业中心

作业是产品生产过程中的组成部分，进行作业成本计算，首先要将产品生产过程中的主要作业加以确认，作为作业中心，以便按作业中心归集费用，披露成本信息。如将与制造费用有关的作业划分为整备、检验、电费、维护等。

2. 以作业中心为成本库归集费用

成本库是指以某一成本动因解释其成本变动的成本。成本库按作业中心设置，每个成本库所代表的是它那个作业中心的作业引发的成本。为简化计算，可将同质作业的成本库合并为同质成本库。同质成本库是指以一项共同的成本动因解释其成本变动的成本。同质作业引发的成本应合理分配以减少计算工作量。这一步骤的计算反映了作业成本计算的一个基本原则，即作业量决定资源的消耗量，资源的耗用量与作业直接相关，成本应按作业进行归集。

3. 将各个作业中心的成本分配到最终产出（产品或劳务）

将归集于成本库的制造费用按成本库分配到各项产品，其计算公式如下：

某成本库分配率=该成本库归集的可追溯成本÷该库成本动因耗用总数　　(10-1)

某产品应分配的间接费用=成本库分配率×该种产品所耗用成本动因数量　　(10-2)

4. 计算产品生产成本

计算产品生产成本指归集某种产品分摊到的制造费用与直接成本（直接材料与直接人工）之和。

四、作业成本法的实际运用

作业成本法的实际运用主要有以下两个方面：一是按照作业成本法计算产品成本；二是利用作业成本法提供的成本资料进行决策与成本控制。在运用作业成本法时，直接材料、直接人工作为直接成本，其核算方法和传统的计算方法是一致的，其主要特点体现在对制造费用的分配上。下面我们举例说明作业成本法的实际运用。

例 10-1　南华公司 2016 年 3 月同时生产甲、乙、丙三种产品：甲种产品每批生产 1000 件，每年生产 10 批；乙种产品每批生产 200 件，每年生产 100 批；丙种产品每批生产 100 件，每年生产 50 批。该公司对产品生产成本分直接材料、直接人工与制造费用三个成本项目进行核算，其中，直接材料、直接人工直接计入有关产品成本，制造费用分设成本库，按成本动因进行分配。作业成本库主要包括材料准备、设备调整准备、设备维修与质量检验等。

1. 产品直接成本构成如表 10-2 所示。

表 10-2　产品直接成本构成表

单位：元

成本项目	甲产品	乙产品	丙产品	合计
直接材料	1 200 000	720 000	480 000	2 400 000
直接人工	300 000	180 000	120 000	600 000
合计	1 500 000	900 000	600 000	3 000 000

2. 产品制造费用构成如表 10-3 所示。

表 10-3　产品制造费用构成表

单位：元

制造费用项目	金额
间接人工：	
设备调整准备	300 000
材料准备	450 000
检验人员	280 000
设备维修人员	350 000
车间管理人员	500 000
小计	1 880 000
其他制造费用：	
机器动力	380 000

续表

制造费用项目	金　　额
供暖和照明	60 000
厂房折旧	150 000
机器设备折旧	600 000
设备维修用材料	4000
材料处理设备折旧	16 000
检验设备折旧	20 000
小计	1 230 000
合计	3 110 000

3．有关成本动因资料如下：

(1)甲、乙、丙产品的单位机器工时分别为：2 工时/件、4 工时/件、5 工时/件；

(2)每批次需要一次标准的设备调整准备工作；

(3)甲、乙、丙产品每批的标准检验次数分别为：50 次、5 次、54 次；

(4)甲、乙、丙产品每批材料移动次数分别为：40 次、25 次、50 次。

要求：根据上述资料，采用作业成本法计算分配甲、乙、丙产品的成本。

作业成本法计算过程如下：

1．单位作业费用分配

(1)直接成本项目单位作业费用分配，如表 10-4 所示。

表 10-4　直接成本项目单位作业费用分配表

项　　目	年产量(件)	直 接 材 料		直 接 人 工	
		总成本(元)	单位成本(元)	总成本(元)	单位成本(元)
甲产品	10 000	1 200 000	120	300 000	30
乙产品	20 000	720 000	36	180 000	9
丙产品	5000	480 000	96	120 000	24

(2)机器动力单位作业费用分配，如表 10-5 所示。

表 10-5　机器动力单位作业费用分配表

项　　目	单位机器工时(工时/件)	年产量(件)	总工时(工时)	分配率(元/工时)	分配额(元)
甲产品	2	10 000	20 000	3.04	60 800
乙产品	4	20 000	80 000	3.04	243 200
丙产品	5	5000	25 000	3.04	76 000
合计	—	—	125 000	—	380 000

动力费用分配率=机器动力费总额÷产品生产耗用机器总工时

=380 000÷(20 000+80 000+25 000)=3.04

(3)机器设备折旧单位作业费用分配，如表 10-6 所示。

表 10-6　机器设备折旧单位作业费用分配表

项　　目	单位机器工时(工时/件)	年产量(件)	总工时(工时)	分配率(元/工时)	分配额(元)
甲产品	2	10 000	20 000	4.8	96 000
乙产品	4	20 000	80 000	4.8	384 000
丙产品	5	5000	25 000	4.8	120 000
合计	—	—	125 000	—	600 000

机器设备折旧费用分配率=机器设备折旧总额÷产品生产耗用机器总工时

=600 000÷(20 000+80 000+25 000)=4.8

(4)设备维修费单位作业分配，如表10-7所示。

表10-7　设备维修单位作业费用分配表

项　目	单位机器工时(工时/件)	年产量(件)	总工时(工时)	分配率(元/工时)	分配额(元)
甲产品	2	10 000	20 000	2．832	56 640
乙产品	4	20 000	80 000	2．832	226 560
丙产品	5	5000	25 000	2．832	70 800
合计	—	—	125 000	—	354 000

设备维修费用总额=维修人员的间接人工+设备维修用材料=350 000+4000=354 000(元)

设备维修费用分配率=设备维修费用总额÷产品生产耗用机器总工时

=354 000÷125 000=2.832

2．批别作业费用分配

(1)设备调整准备费用按调整准备次数分配，如表10-8所示。

表10-8　设备调整准备费用分配表

项　目	批　数	分配率(元/批)	分配额(元)
甲产品	10	1875	18750
乙产品	100	1875	187500
丙产品	50	1875	93750
合计	160	—	300000

设备调整准备费用分配率=设备调整准备费用总额÷生产总批数=300 000÷160=1875

(2)材料准备费用按每批材料移动次数分配，如表10-9所示。

表10-9　材料准备费用分配表

项　目	批　数	材料移动次数(次/批)	合计次数	分配率(元/次)	分配额(元)
甲产品	10	40	400	86.2963	34 518.52
乙产品	100	25	2500	86.2963	215 740.74
丙产品	50	50	2500	86.2963	215 740.74
合计	—	—	5400	—	466 000

材料准备费用总额=材料准备的间接人工+材料处理设备折旧=450 000+16 000= 466 000(元)

材料准备费用分配率=材料准备费用总额÷材料移动总次数=466 000÷5400=86.2963

(3)质量检验费按标准检验次数分配，如表10-10所示。

表10-10　质量检验费分配表

项　目	批　数	检验次数(次/批)	合计次数	分配率(元/次)	分配额(元)
甲产品	10	50	500	250	125 000
乙产品	100	5	500	250	125 000
丙产品	50	4	200	250	50 000
合计	—	—	1200		300 000

质量检验费用总额=检验人员的间接人工+检验设备折旧=280 000+20 000=300 000(元)

质量检验费用分配率=质量检验费用总额 ÷ 质量检验总次数=300 000 ÷ 1200=250

3．维持性作业费用分配

(1)厂房折旧费按产品的直接成本分配，如表 10-11 所示。

表 10-11　厂房折旧费分配表

项　　目	直接成本总额(元)	分　配　率	分配额(元)
甲产品	150 0000	0.05	75 000
乙产品	900 000	0.05	45 000
丙产品	600 000	0.05	30 000
合计	3 000 000	—	150 000

厂房折旧费分配率=厂房折旧费总额 ÷ 直接成本总额=150 000 ÷ 3 000 000=0.05

(2)车间管理人员人工费用按产品的直接成本分配，如表 10-12 所示。

表 10-12

项　　目	直接成本总额(元)	分　配　率	分配额(元)
甲产品	1 500 000	0.1667	250 000
乙产品	900 000	0.1667	150 000
丙产品	600 000	0.1667	100 000
合计	3 000 000	—	500 000

车间管理人员人工费用分配率=车间管理人员人工费用总额 ÷ 直接成本总额
=500 000 ÷ 3 000 000=0.1667

(3)供暖和照明费用按产品的直接成本分配，如表 10-13 所示。

表 10-13　供暖和照明费用分配表

项　　目	直接成本总额(元)	分　配　率	分配额(元)
甲产品	1 500 000	0.02	30 000
乙产品	900 000	0.02	18 000
丙产品	600 000	0.02	12 000
合计	3 000 000	—	60 000

供暖和照明费用分配率=供暖和照明费用总额 ÷ 直接成本总额=60 000 ÷ 3 000 000=0.02

4．按作业成本法编制产品成本计算单，如表 10-14 所示。

表 10-14　作业成本法产品成本计算单

项目	甲产品		乙产品		丙产品	
	单位成本(元)	总成本(元)	单位成本(元)	总成本(元)	单位成本(元)	总成本(元)
单位作业：						
直接材料	120	1200 000	36	720 000	96	480 000
直接人工	30	300 000	9	180 000	24	120 000
机器动力	6.08	60 800	12.16	243 200	15.2	76 000
机器设备折旧	9.6	96 000	19.2	384 000	24	120 000
设备维修费	5.66	56 640	11.33	226 560	14.16	70 800

续表

项目	甲产品		乙产品		丙产品	
	单位成本（元）	总成本（元）	单位成本（元）	总成本（元）	单位成本（元）	总成本（元）
批别作业：						
设备调整准备	1.88	18 750	9.39	187 500	18.75	93 750
材料准备	3.45	34 518.52	10.78	215 740.74	43.15	215 740.74
质量检验	12.5	125 000	6.25	125 000	10	50 000
维持性作业						
厂房折旧	7.5	75 000	2.25	45 000	6	30 000
车间管理人员人工	25	250 000	7.5	150 000	20	100 000
供暖和照明	3	30 000	0.9	18 000	2.4	12 000
合计	226.67	2 246 708.52	124.75	2 495 000.74	293.66	1 368 290.74

第二节　标准成本法

一、标准成本法概念

标准成本法，又称标准成本会计，是指以预先制定的标准成本为基础，将标准成本与实际成本进行比较，核算和分析成本差异的一种成本计算方法。其核心是按标准成本记录和反映产品成本的形成过程及其结果，并借以实现对成本实施控制。标准成本也是一种目标成本，是根据历史资料，结合目前已经拥有的技术、经营水平，应用一定的经济技术分析方法来确定的生产产品所必需的各项成本。由于产品成本的高低直接影响企业的经营效果，为了对企业的成本管理和控制状况进行评价和考核，就需要设置相应的标准成本。由于制定的目的和条件不同，因而形成了不同的标准成本。可供选择的标准成本种类很多，主要包括以下三种。

（一）理想标准成本

理想标准成本是指在生产技术和经营管理条件都处于最佳状态下所应发生的最低成本。在这种理想标准成本之下，没有一点浪费，无废料、废品，企业的工艺技术达到最高水平，生产经营实现最佳运作，产品制造过程处于最先进、最完美的状态中，它只是一种纯粹的理论观念，企业全体职工即使共同努力，也基本无法实现，因此它不宜作为现行的标准成本。

（二）正常标准成本

正常的标准成本又称平均标准成本，是根据过去一段时期实际成本的平均值，在剔除其中的不正常因素并考虑今后的变动趋势后制定的标准成本。这种标准成本将未来视为历史的延伸，是一种经过努力可以达到的成本，企业可以以此作为现行的标准成本，但它只有在经济形势稳定，生产发展较为平稳的情况下才能采用。

（三）现实标准成本

现实标准成本又称期望可达到的标准成本，是根据企业最有可能发生的生产要素耗用量、生产要素价格和生产经营能力利用程度制定的，并考虑了企业当前还不能避免的某些不应有的低效和失误的因素，是一种先进、合理、最切实可行且接近实际的成本，因而在实际中被广为采用。

标准成本法的主要内容包括：标准成本的制定、标准成本的差异处理和标准成本的账务处理。其中，标准成本的制定是采用标准成本法的前提和关键，据此可以达到成本事前控制的目的；标准成本的差异处理是标准成本法的重点，借此可以促成成本控制目标的实现，并据此进行经营业绩考评。

二、标准成本的制定

标准成本一般是由会计部门会同采购部门、技术部门和其他相关的经营管理部门，在对企业生产经营的具体条件进行分析，研究和技术测定的基础上采用科学的方法共同制定的。产品标准成本的制定通常按成本项目进行，有直接材料标准成本的制定、直接人工标准成本的制定和制造费用标准成本的制定。

（一）直接材料标准成本的制定

直接材料标准成本的制定包括直接材料用量标准的制定与直接材料价格标准的制定。直接材料用量标准由产品设计部门、工艺技术部门和使用原材料的部门共同研究后确定。直接材料价格标准由采购部门、质量管理部门和财会部门共同确定。直接材料标准成本的计算公式如下：直接材料标准成本=直接材料用量标准×直接材料价格标准。

例 10-2 南华公司 2016 年 3 月生产的甲产品耗用 A、B、C 三种直接材料，其直接材料标准成本计算如表 10-15 所示。

表 10-15 甲产品直接材料标准成本计算表

标　　准	A 材 料	B 材 料	C 材 料
数量标准(1)	60 千克	30 千克	80 千克
价格标准(2)	500 元	300 元	100 元
标准成本(3)=(1)*(2)	30 000 元	9000 元	8000 元
直接材料标准成本	47 000 元		

（二）直接人工标准成本的制定

直接人工标准成本的制定包括直接人工的工时标准与工资率标准的制定。工时标准是指在现有的生产技术条件下生产单位产品所需的时间，既可以是生产工时又可以是机器工时。不同的工资制度下，工资率的表现形式不同：计件工资下，工资率就是生产单位产品应支付的计件工资；计时工资下，工资率就是生产单位工时工资率标准。直接人工标准成本的计算公式如下：

$$\text{工资率标准}=\text{标准工资总额}\div\text{标准总工时} \tag{10-3}$$

$$\text{直接人工标准成本}=\text{工时标准}\times\text{工资率标准} \tag{10-4}$$

例 10-3 例 10-2 中甲产品的直接人工标准成本计算见表 10-16。

表 10-16 直接人工标准成本计算表

项　　目	标　　准
月标准总工时(1)	2280 小时
月标准工资总额(2)	18 240 元
工资率标准(3)=(1)×(2)	8 元/小时

续表

项　目	标　准
单位产品工时标准(4)	5 小时
直接人工标准成本(5)=(4)×(3)	40 元

(三)制造费用标准成本的制定

制造费用标准成本的制定可以分为变动制造费用与固定制造费用标准成本的制定。

1. 变动制造费用标准成本的制定

变动制造费用标准成本的制定与直接人工标准成本的制定相似，除了工时标准的制定外，还包括变动制造费用分配率的制定。有关计算公式如下：

变动制造费用标准分配率=变动制造费用预算总额÷标准总工时　　(10-5)

变动制造费用标准成本=变动制造费用标准分配率×工时标准　　(10-6)

2. 固定制造费用标准成本的制定

固定制造费用标准成本的制定与变动制造费用标准成本的制定基本相同，不过固定制造费用预算总额只能预计某一生产水平下的费用总额，不能随生产量的变动而变动，有关计算公式如下：

固定制造费用标准分配率=固定制造费用预算总额÷标准总工时　　(10-7)

固定制造费用标准成本=固定制造费用标准分配率×工时标准　　(10-8)

例 10-4　例 10-2 中甲产品的制造费用标准成本计算如表 10-17 所示。

表 10-17　制造费用标准成本计算表

项　目	标　准
月标准总工时(1)	2280 小时
变动制造费用预算总额(2)	3420 元
变动制造费用标准分配率(3)=(2)×(1)	1.5 元/小时
工时标准(4)	5 小时
变动制造费用标准成本(5)=(4)×(3)	7.5 元
固定制造费用预算总额(6)	11970 元
固定制造费用标准分配率(7)=(6)/(1)	5.25 元/小时
固定制造费用标准成本(8)=(4)×(7)	26.25 元
制造费用标准成本(9)=(5)+(8)	33.75 元

三、标准成本的差异处理

(一)直接材料成本差异分析

直接材料成本差异是指直接材料实际成本与标准成本之间的差额。该项差异形成的基本原因有两个：一个是材料价格脱离标准(价差)；另一个是材料用量脱离标准(量差)。有关计算公式如下：

材料价格差异=实际数量×(实际价格-标准价格)　　(10-9)

材料数量差异=(实际数量-标准数量)×标准价格　　(10-10)

直接材料成本差异=材料价格差异+材料数量差异　　(10-11)

材料价格差异是在采购过程中形成的，采购部门未能按标准价格进货的原因主要有：供应厂家价格变动、未能按经济采购批量进货、未能及时订货造成的紧急订货、采购时舍近求远使运费和途耗增加、不必要的快速运输方式、违反合同被罚款、承接紧急订货造成额外采购等。

材料数量差异是在材料耗用过程中形成的，形成的具体原因有：操作不当造成废品和废料增加、工人用料不精心、操作技术改进而节省材料、新工人上岗造成多用料、机器或工具不适用造成用料增加等。有时多用料并非是生产部门的责任，如购入材料质量低劣、规格不符也会使用料超过标准；又如加工工艺的变更、检验过严也会使材料数量差异加大。

例 10-5 南华公司 2016 年 3 月生产甲种产品耗用 A 材料，本月实际产量为 400 件，A 材料消耗定额为 20 千克，每千克标准价格为 10 元，实际耗用材料 9000 千克，实际单价为 11 元。其直接材料标准成本差异计算如下：

$$\text{直接材料的实际成本}=9000\times11=99\,000(\text{元})$$

$$\text{直接材料标准成本}=400\times20\times10=80\,000(\text{元})$$

$$\text{直接材料成本差异}=99\,000-80\,000=19\,000(\text{元})$$

其中：材料价格差异=(11−10)×9000=9000(元)

材料数量差异=(9000−400×20)×10=10 000(元)

上述计算表明：该公司的材料数量差异为 10 000 元，材料价格差异为 9000 元，两者都是逆差，应分别寻找原因，落实责任并提出整改措施。除了以上两种差异以外，如果企业生产一种产品同时按照一定比例混合使用几种主要材料，实际混合比例与预定比例不同，也会产生差异，这种差异被称为材料结构差异。其计算公式如下：

$$\text{材料结构差异}=\sum(\text{实际用量}\times\text{预定混合价格})-\sum(\text{实际用量}\times\text{标准价格}) \quad (10\text{-}12)$$

$$\text{材料产出差异}=\sum(\text{实际数量}-\text{预定产出数量})\times\text{预定混合价格} \quad (10\text{-}13)$$

例 10-6 南华公司 2016 年 3 月生产甲产品同时耗用 A、B 两种材料，预定每千克材料的混合比例及混合价格资料如表 10-18 所示。

表 10-18 A、B 两种材料预定单位混合比例及混合价格

材料名称	预定混合用量	价格标准	混合价格
A	0.6	1100	660
B	0.4	800	320
合计	1	-	980

预计每 2 千克的混合材料可生产甲产品 10 件，本月实际耗用 A 材料 2500 千克，B 材料 1600 千克，生产出甲产品 20 000 件，根据上述资料计算材料的结构差异和产出差异如下：

$$\text{每件甲产品混合材料的混合价格}=(980\times2)\div10=196(\text{元})$$

$$\text{按实际产量和预定混合价格计算的成本}=20\,000\times196=3\,920\,000(\text{元})$$

$$\text{按实际产量和标准价格计算的成本}=2500\times1100+1600\times800=4\,030\,000(\text{元})$$

$$\text{直接材料成本差异}=3\,920\,000-4\,030\,000=-110\,000(\text{元})$$

其中： 材料的结构差异=(2500+1600)×980−(2500×1100+1600×800)=−12 000(元)

材料的产出差异=[20 000−(2500+1600) ÷ 2×10]×196=−98 000(元)

(二)直接人工成本差异分析

直接人工成本差异是指直接人工实际成本与标准成本之间的差额，它也被区分为“价差”和“量差”两部分。价差是指实际工资率脱离标准工资率所形成的差额，其值是按实际工时计算确定的，又称为工资率差异；量差是指实际工时脱离标准工时所形成的差额，其值是按标准工资率计算确定的，又称为人工效率差异。有关计算公式如下：

工资率差异=实际工时×(实际工资率−标准工资率) (10-14)

人工效率差异=(实际工时−标准工时)×标准工资率 (10-15)

直接人工成本差异=工资率差异+人工效率差异 (10-16)

工资率差异形成的原因包括直接生产工人升级或降级、奖励制度未产生实效、工资率调整、加班或使用临时工、出勤率变化等。直接人工效率差异形成的原因包括工作环境不良、劳动情绪不佳、新工人上岗太多、机器或工具选用不当、设备故障较多、作业计划安排不当、产量太少无法发挥批量节约优势等。

(三)变动制造费用成本差异分析

变动制造费用的成本差异，是指实际变动制造费用与标准变动制造费用之间的差额。它也被区分为“价差”和“量差”两部分。价差是指变动制造费用实际分配率脱离标准分配率所形成的差额，其值是按实际工时计算确定的，又称为变动制造费用耗费差异；量差是指实际工时脱离标准工时所形成的差额，其值是按标准分配率计算确定的，又称为变动制造费用效率差异。有关计算公式如下：

变动制造费用耗费差异=实际工时×(实际变动制造费用分配率
−标准变动制造费用分配率) (10-17)

变动制造费用效率差异=(实际工时−标准工时)×变动制造费用标准分配率 (10-18)

变动制造费用成本差异=变动制造费用耗费差异+变动制造费用效率差异 (10-19)

变动制造费用耗费差异是部门经理的责任，他们有义务将变动制造费用控制在弹性预算限额之内。变动制造费用效率差异形成的原因与直接人工效率差异相同。

例 10-7 南华公司 2016 年 3 月生产甲产品 1600 件，实际发生的变动制造费用为 42 000 元，实际耗用工时 7000 小时，单位产品直接人工工时标准为 5 小时，变动制造费用标准分配率为每小时 4.5 元。根据上述资料计算变动制造费用成本差异如下：

变动制造费用成本差异=42 000−1600×5×4.5=6000(元)

变动制造费用耗费差异=(42 000 ÷ 7000−4.5)×7000=10 500(元)

变动制造费用效率差异=(7000−1600×5)×4.5=−4500(元)

(四)固定制造费用成本差异分析

二因素分析法是将固定制造费用成本差异分为耗费差异和能量差异两部分，如式(10-20)和式(10-21)所示。

固定制造费用耗费差异=固定制造费用实际数−固定制造费用预算数　(10-20)

固定制造费用能量差异=固定制造费用预算数−固定制造费用标准成本

=(生产能量−实际产量标准工时)×固定制造费用标准分配率　(10-21)

三因素分析法是将固定制造费用成本差异分为耗费差异、效率差异和闲置能量差异三部分。耗费差异的计算方法与二因素分析法相同，本法不同之处是将二因素分析法中的能量差异进一步分解为以下两部分：一部分是实际工时未达到标准能量而形成的闲置能量差异；另一部分是实际工时脱离标准工时而形成的效率差异。有关计算公式如下：

耗费差异=固定制造费用实际数−固定制造费用预算数

=固定制造费用实际数−固定制造费用标准分配率×生产能量　(10-22)

闲置能量差异=固定制造费用预算数−实际工时×固定制造费用标准分配率

=(生产能量−实际工时)×固定制造费用标准分配率　(10-23)

效率差异=(实际工时−实际产量标准工时)×固定制造费用标准分配率

例 10-8　南华公司 2016 年 3 月生产甲产品计划产量为 1700 件，实际产量为 1600 件，实际耗用工时 7000 小时，发生的固定制造费用为 56 000 元，标准工时为 5 小时，固定制造费用标准分配率为每小时 6 元。根据上述资料计算固定制造费用成本差异如下：

固定制造费用成本差异=56 000−1600×5×6=8000(元)

二因素分析法

固定制造费用耗费差异=(56 000 ÷ 7000−6)×7000=14 000(元)

固定制造费用效率差异=(7000−1600×5)×6=−6000(元)

四、标准成本的账务处理

为了同时提供标准成本、成本差异和实际成本三项成本资料，标准成本法的账务处理应具备以下特点：

(1)“原材料”、“生产成本”、“库存商品”、“主营业务成本”等账户日常核算均按标准成本记账，如购入材料时，用采购数量乘以标准单价记入“原材料”账户借方；生产领用材料时，用领用数量乘以标准单价从“原材料”账户贷方转入“生产成本”账户借方；结转完工产品成本时，以完工产品数量乘以标准单价，从“生产成本”账户贷方转入“产成品”账户借方。

(2)对标准成本差异单独设置账户进行核算，如“材料数量差异”、“材料价格差异”、“直接人工效率差异”、“直接人工工资率差异”、“变动制造费用效率差异”、“变动制造费用耗费差异”、“固定制造费用效率差异”、“固定制造费用耗费差异”等账户。这些差异账户借方登记超支差异，贷方登记节约差异。

(3)月末、将各差异账户中的差异额汇总后，编制“成本差异汇总表”，并将各种差异抵消后的净额列入利润表，作为主营业务成本的调整项。

例 10-9　南华公司 2016 年 3 月生产甲产品 200 件，全部完工，且全部出售，每件售价 500 元，增值税税率 17%，产成品账户期初无余额，本月有关费用资料如下：1. 实际耗用 A

材料，标准耗用量为 10 千克/件，标准价格 5 元/千克，实际耗用 2100 千克，实际价格为 4 元/千克；2. 实际耗用工时 3000 小时，实际工资总额 42 000 元，标准工资率 10 元/小时，单位产品标准工时 20 小时；3. 本月实际发生的变动制造费用为 15 000 元，变动制造费用标准分配率为 4 元/小时。本月实际发生的固定制造费用为 9600 元，固定制造费用标准分配率为 3 元/小时。

采用标准成本法根据上述资料具体计算如下：

1. 编制领用材料的相关会计分录：

$$直接材料标准成本=200\times10\times5=10\ 000（元）$$

$$直接材料实际成本=2100\times4=8400（元）$$

$$直接材料价格差异=(4-5)\times2100=-2100（元）$$

$$直接材料用量差异=(2100-200\times10)\times5=500（元）$$

借：生产成本	10 000	
直接材料用量差异	500	
贷：原材料		8400
直接材料价格差异		2100

2. 编制直接人工的相关会计分录：

$$直接人工标准成本=200\times20\times10=40\ 000（元）$$

$$直接人工实际成本=42\ 000（元）$$

$$直接人工实际工资率=42\ 000\div3000=14（元/小时）$$

$$直接人工工资率差异=(14-10)\times3000=12\ 000（元）$$

$$直接人工效率差异=(3000-200\times20)\times10=-10\ 000（元）$$

借：生产成本	40 000	
直接人工工资率差异	12 000	
贷：应付职工薪酬		42 000
直接人工效率差异		10 000

3. 编制变动制造费用的相关会计分录：

$$标准变动制造费用=200\times20\times4=16\ 000（元）$$

$$实际变动制造费用=15\ 000（元）$$

$$实际变动制造费用分配率=15\ 000\div3000=5（元/小时）$$

$$变动制造费用耗费差异=(5-4)\times3000=3000（元）$$

$$变动制造费用效率差异=(3000-200\times20)\times4=-4000（元）$$

借：生产成本	16 000	
变动制造费用耗费差异	3000	
贷：变动制造费用		15 000
变动制造费用效率差异		4000

4. 编制固定制造费用的相关会计分录：

$$标准固定制造费用=200\times20\times3=12\ 000（元）$$

$$实际固定制造费用=9600（元）$$

$$实际固定制造费用分配率=9600 \div 3000=3.2(元/小时)$$

$$固定制造费用耗费差异=(3.2-3)\times 3000=600(元)$$

$$固定制造费用效率差异=(3000-200\times 20)\times 3=-3000(元)$$

借：生产成本　　12 000

　　固定制造费用耗费差异　　600

　　贷：固定制造费用　　9600

　　　　固定制造费用效率差异　　3000

5．编制完工产品入库的相关会计分录：

直接材料=10 000

直接人工=40 000

变动制造费用=16 000

固定制造费用=12 000

完工产品成本=10 000+40 000+16 000+12 000=78 000(元)

6．编制结转产品销售成本的相关会计分录：

借：产成品　　78 000

　　贷：生产成本　　78 000

7．编制产品销售的相关会计分录：

借：银行存款　　117 000

　　贷：主营业务收入　　100 000

　　　　应交税费——应交增值税(销项税额)　　17 000

8．编制结转本期产品销售成本的相关会计分录：

借：主营业务成本　　78 000

　　贷：产成品　　78 000

9．编制结转本期各项成本差异的相关会计分录：

编制成本差异汇总表如表 10-19 所示。

表 10-19　成本差异汇总表

账户名称	不利差异	有利差异
材料价格差异		2100
材料用量差异	500	
直接人工工资率差异	12 000	
直接人工效率差异		10 000
变动制造费用耗费差异	3000	
变动制造费用效率差异		4000
固定制造费用耗费差异	600	
固定制造费用效率差异		3000
合计	16 100	19 100
差异净额		3000

借：材料价格差异	2100	
直接人工效率差异	10 000	
变动制造费用效率差异	4000	
固定制造费用效率差异	3000	
贷：主营业务成本		3000
材料用量差异		500
直接人工工资率差异		12 000
变动制造费用耗费差异		3000
固定制造费用耗费差异		600

同步测试题

一、名词解释

1．作业成本法
2．资源
3．作业
4．成本动因
5．标准成本法
6．理想标准成本

二、单项选择题

1．作业成本法是建立在（　　）基本假设之下的。
A．作业消耗资源，产品消耗作业
B．作业消耗产品，产品消耗资源
C．作业消耗成本，产品消耗资本
D．作业消耗能源，产品消耗成本

2．作业成本计算以（　　）为核心，依据作业对资源的消耗情况将所消耗的资源成本分配到作业，再由作业依据成本动因追踪产品成本的形成和积累过程，由此得出最终产品成本。
A．作业　　B．资源
C．产品　　D．成本动因

3．（　　）是支持作业的成本、费用来源，是一定期间为了生产产品或提供服务而发生的各类成本、费用项目，或者是作业执行过程中需要花费的代价。
A．作业　　B．资源
C．产品　　D．成本动因

4．（　　）是作业成本库和产品或劳务联系的中介。
A．作业动因　　B．产品动因
C．生产动因　　D．资源动因

5．采购作业的作业动因是(　　)。

A．采购次数　　B．采购批量

C．采购数量　　D．采购员人数

6．与传统成本计算方法相比，作业成本计算法更注重成本信息对决策的(　　)。

A．有用性　　B．相关性

C．可比性　　D．一致性

7．下列关于作业成本法的说法，不正确的是(　　)。

A．作业成本法强调使用不同层面和数量众多的资源动因将作业成本追溯到产品

B．作业成本法是将间接成本和辅助费用更准确地分配到作业、生产过程、产品、服务及顾客中的一种成本计算方法

C．作业成本法的基本思想是“产品消耗作业，作业消耗资源”

D．作业成本法强调使用直接追溯和动因追溯方式来分配成本

8．以产品的品种为计量单位的作业动因，属于(　　)。

A．单位水平动因　　B．批量水平动因

C．产品水平动因　　D．成本水平动因

9．下列作业属于按产品的品种进行的作业是(　　)。

A．单位水平作业　　B．批量水平作业

C．产品水平作业　　D．生产维持作业

二、多项选择题

1．作业成本法的要素包括(　　)。

A．资源　　B．作业

C．成本对象　　D．成本动因

2．作业成本法的计算步骤包括(　　)。

A．确认和计量各类资源耗费，将资源耗费归集到各资源库

B．确认主要作业和作业中心

C．确定资源动因，建立作业成本库

D．确认各作业动因，分配作业成本

3．根据企业业务的层次和范围，可将作业分为(　　)。

A．单位水平作业　　B．批别水平作业

C．产品水平作业　　D．支持水平作业

4．作业成本法的核算原理可以概括为(　　)。

A．依据不同成本动因分别设置成本库

B．分别以各种产品所耗费的作业量分摊其在该成本库中的作业成本

C．汇总各种产品的作业总成本，计算各种产品的总成本和单位成本

D．设置临时账户

5．传统成本计算系统的局限性包括(　　)。

A．用产品成本中比重越来越小的直接人工分配比重越来越大的制造费用

B．无法分配越来越多与工时不相关的作业费用，如质量检验、试验和机器调整准备费用等

C．忽略不同批量产品实际耗费的差异

D．没有忽略不同批量产品实际耗费的差异

6．按作业成本法的原理可将成本动因分为（　　）。

A．资源动因　　B．作业动因

C．价值动因　　D．生产动因

7．下列有关“资源动因”表述正确的是（　　）。

A．它是引起作业成本变动的因素

B．它是引起产品成本变动的因素

C．它被用来计量各项作业对资源的耗用，运用它可以将有关成本分配给各有关作业

D．它计量各种产品对作业耗用的情况，并被用来作为作业成本的分配基础

8．作业成本法产生的背景包括（　　）。

A．企业经营环境的变化

B．企业经营管理的变化

C．经营环境与方式变化对产品成本及其计量的影响

D．企业成本的多变化

9．作业成本法的主要特征包括（　　）。

A．作业成本法是一种间接的成本分配方法

B．作业成本法是一种求本溯源的间接成本分配方法

C．作业成本法是一种成本计算与成本管理紧密结合的方法

D．作业成本法是一种直接的成本分配方法

10．作业成本法的作用包括（　　）。

A．作业成本计算可为适时生产和全面质量管理提供经济依据

B．作业成本法有利于完善企业的预算控制与业绩评价

C．作业成本法满足战略管理的需要

D．作业成本法有利于企业的生存和发展

四、是非判断题

1．作业中心既是成本汇集中心，也是责任考核中心。（　　）

2．制造中心只能生产直接对外销售的产品，不能生产半成品。（　　）

3．作业成本法认为，产品直接消耗资源。（　　）

4．对产品的包装作业属于批别动因作业。（　　）

5．对每批产品进行检验的作业属于价值管理作业。（　　）

6．在作业与资源之间、作业与产品之间，如果有因果关系，以它来确定成本动因是最理想的。（　　）

7．根据取得收益的比例选取成本动因。（　　）

8．有些成本不能通过因果关系或取得收益同产品联系起来，就以公平性或合理性为基础来分配成本。（　　）

9．为了更好地挖掘降低成本的潜力，不仅核算产品成本，还应核算各项作业成本。（　　）

10．作业成本法也称 ABC 法，是一种以作业为间接成本的分配中介、以成本动因为间接成本分配基础的成本计算方法；是一种通过对作业活动的追踪发现成本产生的作业动因，对成本的发生追根溯源和动态反映的成本计量系统。（　）

五、简答题

1．简述作业成本法的计算程序。

2．简述标准成本的作用。

3．标准成本法与定额成本法有哪些相同点与不同点？

4．标准成本法的特点是什么？

5．标准成本法实施的步骤是什么？

6．怎样按三因素分析直接材料成本差异？

六、业务处理题

1．南华公司生产 A、B 两种产品，产品生产成本分直接材料、直接人工、制造费用三个成本项目进行核算。直接材料、直接人工直接计入有关产品成本；制造费用分设成本库，按成本动因进行分配。有关资料如下：

(1)生产资料。A 产品每批生产 500 件，每年生产 10 批；B 产品每批生产 100 件，每年生产 40 批。

(2)有关成本资料如下表所示。

直接成本构成表

成本项目	A 产品	B 产品	合计
直接材料	80 000	120 000	200 000
直接人工	20 000	30 000	50 000
合计	100 000	150 000	250 000

(3)制造费用合计 289 000 元。其中，间接人工小计 150 000 元：设备调整准备 10 000 元、材料准备 30 000 元、检验人员 25 000 元、设备维修人员 35 000 元、车间管理人员 50 000 元；其他制造费用小计 139 000 元：机器动力 64 000 元、供暖和照明 8000 元、厂房折旧 20 000 元、机器设备折旧 40 000 元、设备维修用材料 1000 元、材料处理设备折旧 4000 元、检验设备折旧 2000 元。设立的作业成本库包括：材料准备、设备调整准备、设备维修、质量检验等。

(4)有关成本动因资料。①A、B 产品的单位机器工时分别为：1 工时/件、0.5 工时/件；②每批次需要一次标准的设备调整准备工作；③A、B 产品每批的标准检验次数为：20 次、5 次；④A、B 产品每批材料移动次数分别为：10 次、6 次。

要求：采用作业成本法计算产品成本。

2．东风公司生产 A 产品，本月预计生产量 250 件，其他有关资料见测试题表 10-1 和测试题表 10-2。

(1)产品标准成本和费用预算资料

测试题表 10-1　A 产品标准成本表

直接材料	标准单价	标准消耗量	金　额
甲材料	20	200 千克	4000

续表

直接材料	标准单价	标准消耗量	金　额
乙材料	10	40千克	400
小计	—	—	4400
直接人工	标准工资率	标准工时	金额
直接人工	10	80	800
制造费用	标准工资率	标准工时	金额
变动制造费用	4	80	320
固定制造费用	12	80	960
小计	—	—	1280
单位产品标准成本	—	—	6480

测试题表 10-2　费用预算表

项　目	每小时费用	总费用	项　目	每小时费用	总费用
		20 000 小时			20 000 小时
变动费用			固定费用		
消耗材料	2.00	20 000	折旧费	3.00	80 000
消耗动力	0.40	36 000	办公费	0.80	50 000
修理费	1.00	5000	设计费	0.30	30 000
…	…	…	…	…	…
			固定费用总计	12	240 000
变动费用总计	4.00	80 000	费用总计	—	320 000

(2) 本月实际发生有关业务内容如下：

购进甲材料 24 000 千克，单价为 19 元；购入乙材料 6000 千克，单价为 12 元。生产甲产品领用甲材料 42 000 千克，乙材料 8600 千克，材料款项已经通过银行支付。

本月发生生产工人实际工时数 18 000 小时，预算总工时为 20 000 小时，应付职工薪酬总额 171 000 元，实际工资率为 9.5 元/小时。

本月制造费用实际发生额为 316 000 元，其中固定制造费用为 250 000 元，变动制造费用为 66 000 元，假设全部费用均以银行存款支付。

本月生产 A 产品 200 件，期初和期末均无在产品。本月出售该产品 160 件，单价 8000 元，收入确认的条件已经具备，但货款尚未收到。

要求：根据所给的资料计算 A 产品标准成本。

第十一章

成本报表

引导案例

党开“一大”花了多少钱，又是谁买单？

闹革命是要花钱的，党的建党大业，需要多少钱？早期参加筹建中国共产党的人员大多是青年，一般没有固定的职业和收入来源，要在短时间内建立一个全国性的党，宣传、组织等费用光靠陈独秀、李大钊等少数知识分子教书、写文章挣来的钱是远远不够的，因此，经费问题成为中国共产党建党之初的一个大问题。

毛泽东当时在北大图书馆的工资只有8元，没人出钱，你让他自费去上海开一大，连火车票也买不起！

据《内蒙古党史》授权中国共产党新闻网发布的郑瑞峰文章《陈独秀拒绝共产国际经费援助内情》资料记载，一大的费用统由马林代表的共产国际买单。由上海共产主义小组发起人李达和李汉俊经办。当时中国国内的北京、上海、长沙、武汉、广州、济南等地建有共产主义小组，国外的日本留学生和旅法的青年学生中，也建有类似的共产主义小组。

除了旅法的共产主义小组之外，“二李”分别给每个小组都写了信，而且还汇去了路费，每位代表的路费都是100元，无论远近。会议结束后，每位代表还将再领到50元的路费。

这笔钱在当时来说，绝对不是个小数目。当时上海普通警察月工资不过10至13元，警长也不过拿16至18元；上海黄金价格是每两21元，一辆进口小轿车的价格1000元左右。十二位代表仅来的路费就可以买一辆进口小轿车还有富余。

尽管从上海汇给每位代表的路费富富有余，但大家花起这些钱来仍然精打细算。外地来的代表绝大多数被安排在上海法租界的博文女子学校学生宿舍，此时学生已经放暑假，组织者提前租下楼上靠西侧的三间前楼，这里安全又经济实惠，每个铺位一天租金不到一角钱，而上海普通客栈则至少需要三角钱。因为不知道会议要开多长时间，组织者预付给学校两个月的租金。

代表们吃饭的问题也是就地解决，由女校的厨师做，花费也不大。当时有一块钱就可以在上海的普通饭馆请六七个人吃一顿不错的饭，有生煎馒头、蟹壳黄及各种小吃。考虑到上海夏天的闷热，组织者还特地买了几张新的芦席，给代表们打地铺用。

由于会议遇到特务跟踪，不得不换个地方。有人建议去杭州开，杭州有西湖，景色很美，既能避暑又能开会，确实是个好地方。但去杭州的最大问题是找不到杭州本地人接应，安全没有保障。已经有一次涉险经历的大多数代表都不同意去杭州。

正在大家犯难的时候，一位年轻俊秀的女子轻启朱唇，这位少妇就是李达的新婚夫人王会悟。她不是“一大”的正式代表，而是负责望风传递消息的交通员。王会悟建议，会议完全可以转移到离上海更近的浙江嘉兴继续开，嘉兴是她的家乡，虽然是农村但环境优美，有著名的旅游景点南湖，上海市民消暑的时候，多喜欢到浙江嘉兴游赏荷花，不容易被人注意，还能节省下一大笔路费。

王会悟的意见马上得到大家的一致认可。

7 月 31 日上午 10 时许，代表们分别从上海乘火车直达浙江嘉兴。王会悟先到一步，她在嘉兴南湖附近的鸳湖旅馆定下两间客房，为代表们安排下住处，并委托旅馆的账房先生代租一艘在南湖上的游船。

这是一个非常有创意的安排。在烟波浩渺的南湖游船上，不仅可以看到秀丽的湖光水色，而且安全系数比较高，水天茫茫不用担心隔墙有耳。

王会悟租下的这条船并不是一条普通的游船，而是一艘高级的画舫，属于豪华游艇。租金虽然贵了些，但画舫上装饰华丽、陈设考究、雕梁画栋，船上宽平的船头搭有凉棚，便于遮阳挡雨，也便于观望周围的情况。船舱里舒适考究的桌椅让代表坐着很长时间也不至于太疲劳，后舱有供代表们休息和船工住宿的地方。

王会悟很会讨价还价，她用 4 元 5 角钱租了这艘船，又花了 3 元钱订了一桌酒菜，将化装成游客的代表们领到在南湖的红船上，就这样中共一大完成了全部议程。

讨论与思考：

1. 什么是成本报表？
2. 成本报表有哪些作用？
3. 成本报表的编制要求有哪些？

（资料来源：《人生与伴侣》第 20 期作者陈全耀）

第一节　成本报表概述

一、成本报表的作用

（一）反映企业报告期内产品成本水平

产品成本是反映企业生产技术经营成果的一项综合性指标，企业在一定时期内的物质消耗、劳动效率、工艺水平、生产经营管理的水平，都会直接或间接地在产品成本中综合地体现出来。通过编制成本报表能够及时地发现企业在生产、技术、质量、管理等方面取得的成绩和存在的问题，不断总结经验，提高企业经济效益。

（二）反映企业成本计划的完成情况

成本报表中所反映的各项产品成本指标，对掌握企业一定时期的成本水平，分析和考核产品成本计划完成情况及加强成本管理具有重要作用。

（三）为制定成本计划提供依据

计划年度的成本计划是在报告年度产品成本实际水平的基础上，结合报告年度成本计划执行情况，考虑计划年度中可能出现的有利因素和不利因素而制定的，所以本期报表所提供的资料，是制定下期成本计划的重要参考依据，各管理部门还可以根据成本报表的资料对未来时期的成本进行预测，为企业制定正确的经营决策和为加强成本控制及时提供相关而有用的数据。

（四）为企业的成本决策提供信息

对成本报表进行分析，可以发现成本管理工作中存在的问题，查明产品成本升降情况，揭示成本差异对产品成本升降的影响程度，把注意力集中放在那些属于不正常，对成本有重要影响的关键性差异，查明原因和责任，以便采取有针对性的措施，促使成本的不断降低，为企业挖掘降低成本的潜力，指明方向。

二、成本报表的分类

成本报表作为企业内部的报表，其格式、编报时间、报送对象等，都由企业根据自身的特点和企业管理的具体要求而定。不仅企业之间各不相同，就是同一企业在不同时期也可能设置不同的内部成本报表。一般情况下，成本报表具有种类多、编报迅速、涉及面广、与企业生产工艺过程联系紧密等特点。

（一）按报表反映的经济内容分类

1. 反映成本计划执行情况的报表

这类报表主要有商品产品成本表、主要产品单位成本表、制造费用明细表。通过它们可以揭示企业为生产一定产品所付出的成本是否达到了预定的要求。在报表中，可将报告期实际成本水平与计划成本水平、历史成本水平及同行业成本水平进行比较，以反映成本管理工作的成效，并为深入地进行成本分析、挖掘降低成本的潜力提供资料。

2. 反映费用支出情况的报表

这类报表主要有财务费用明细表、管理费用明细表、销售费用明细表。通过它们可以了解到企业在一定时期内费用支出的总额及其构成的情况，了解到费用支出的合理程度和变动趋势，以便有利于企业管理部门正确制定费用预算，考核各项消耗和支出指标的完成情况，明确各有关部门和人员的经济责任。

3. 反映生产经营情况的报表

这类报表有生产情况表、材料耗用表、材料差异分析表等。这类报表属于专题报表，主要反映生产中影响产品生产成本的某些特定的、重要问题，一般依据实际需要灵活设置。

（二）按报表编制的时间分类

成本报表在报送内容上虽不像财务报表那样规范，尤其在报送时间上具有很大灵活性，但主要报表仍可按编报时间分为年报、季报、月报、旬报、周报、日报等报表。

第二节　成本报表的编制

一、成本报表编制概述

（一）成本报表的设置要求

成本报表一般根据企业生产的特点与管理的需要自行设置，并可随着情况的变化对报表的种类、格式进行调整。但在设置成本报表时应重点考虑以下三个方面。

1. 报表的专题性

成本报表有些反映企业成本全貌，有些则反映成本中的某一问题。成本报表设置考虑其专题性是首要问题。专题性指成本报表的设置要反映成本管理的某一方面需要，突出管理中的重点问题，要对成本形成影响大、费用发生集中的部门设置报表。使成本报表的编制能取得最好的效果。

2. 报表指标内容的实用性

成本报表指标的设置以适应企业内部管理的需要为基础，成本指标可按全部成本反映，也可以按变动成本反映。还可以考虑将成本指标与生产工艺规程及各项消耗定额对照，以便从最原始的资料入手，分析成本升降的原因，挖掘降低产品成本的潜力。

3. 报表格式的针对性

成本报表格式的设计要能针对某一具体业务的特点及其存在问题，突出重点，简明扼要。

（二）成本报表的编制要求

为了充分发挥成本报表在经济管理中的积极作用，企业应按照一定的要求正确编制各种成本报表。

1. 数字准确

数字准确，是指报表中的各项数据必须真实可靠，不能任意估计，更不允许弄虚作假、篡改数字，因此，企业在编制报表前，应将所有的经济业务登记入账，应核对各种账簿之间的记录，做到账账相符，应认真清查财产、物资，做到账实相符，然后再依据有关账簿的记录编制报表。报表编制完毕后，还应检查各个报表中相关指标的数字是否一致。

2. 内容完整

内容完整，是指主要报表种类应齐全，应填列的报表指标和文字说明必须全面，表内项目和表外补充资料，不论根据账簿资料直接填列，还是分析计算填列，都应当完整无缺，不得任意取舍。注意保持各成本报表计算口径一致，计算方法如有变动，应在附注中说明。对定期报送的主要成本报表，还应有分析说明生产成本和费用升降情况、原因、措施的文字材料。

3. 编报及时

成本报表有些定期编制，有些不定期编制，无论是定期编制还是不定期编制，都要求及时编制，及时反馈。所谓编报及时是指根据企业管理部门的需要迅速提供各种成本报表，只有这样，才能及时地对企业成本完成情况进行检查和分析，从中发现问题，及时采取措施加以解决，以充分发挥成本报表的应有作用。要做到这一点，要求企业不仅要做好日常成本核算工作，还要注意整理收集有关的历史成本资料、同行业成本资料、统计资料及成本计划资料、费用预算资料。

二、商品产品成本报表的编制

（一）商品产品成本报表的概念和作用

商品产品成本报表是反映企业在报告期内生产的全部商品产品（包括可比产品和不可比产品）的总成本和各主要商品产品的单位成本的会计报表。

编制商品产品成本报表是为了考核企业全部商品产品成本的执行情况及可比产品成本降低任务的完成情况，以便分析成本增减变化的原因，指出进一步降低产品成本的途径。

(二) 商品产品成本报表的结构和内容

商品产品成本报表按可比产品和不可比产品分别反映其单位成本和总成本。可比产品是指以前年度或上年度曾经生产过的产品。不可比产品是指以前年度或上年度未正常生产过的产品。对可比产品而言，因需要同上年度实际成本做比较，所以表中不仅要列示本期的计划成本和实际成本，而且还要列示按上年实际平均单位成本计算的总成本。对不可比产品而言，因没有上年的实际单位成本可比，所以只列示计划成本和实际成本。商品产品成本报表的格式如表 11-1 所示。

表 11-1　商品产品成本表

2016 年 12 月　　　　金额单位：元

产品名称	计量单位	实际产量		单位成本				本月总成本			本年累计总成本		
		本月	本年累计	上年实际平均	本年计划	本月实际	本年实际累计平均	按上年实际平均单位成本计算	按本年计划单位成本计算	本月实际	按上年实际平均单位成本计算	按本年计划单位成本计算	本年实际
		1	2	3	4	5=9÷1	6=12÷2	7=1×3	8=1×4	9	10=2×3	11=2×4	12
可比产品合计									40 600	37 025	476 200	448 400	417 000
其中：甲	件	30	320	1 010	970	880	900	43 050	29 100	26 400	323 200	310 400	288 000
乙	件	25	300	510	460	425	430	30 300	11 500	10 625	153 000	138 000	129 000
不可比产品合计									10 800	10 440		102 000	100 300
其中：丙	件	18	170		600	580	590	12 750	10 800	10 440		102 000	100 300
产品成本合计									51 400	47 465		550 400	517 300

(三) 商品产品成本报表的编制方法

(1)“产品名称”栏按企业规定的主要商品产品的品种分别列示，每项注明各该品种的名称、规格和计量单位。

(2)“实际产量”栏数字根据成本计算单等资料所记录的本月和从年初起到本月末止的各种主要商品产品实际产量填列。

(3)“单位成本”栏数字按上年度或以前年度报表资料、本期成本计划资料和本期实际成本资料分别计算填列。

(4)“本月总成本”栏数字按本月商品产量分别乘以上年实际平均单位成本、本月计划单位成本和本月实际单位成本的积填列。

(5)“本年累计总成本”栏数字应按自年初到本月末止的本年累计产量分别乘以上年实际平均单位成本、本年计划单位成本和本年累计实际平均单位成本的积填列。

(6) 补充资料中，可根据计划、统计和会计等有关资料计算后填列。其中，可比产品的成本降低额和可比产品的成本降低率，可以按式 (11-1) 和式 (11-2) 所示计算后填列。

$$\text{可比产品成本降低额}=\begin{matrix}\text{按上年实际平均单位成本}\\\text{计算的可比产品总成本}\end{matrix}-\begin{matrix}\text{本年可比产品}\\\text{实际总成本}\end{matrix} \tag{11-1}$$

$$\text{可比产品成本降低率}=\begin{matrix}\text{可比产品成}\\\text{本降低额}\end{matrix}\div\begin{matrix}\text{按上年实际平均单位}\\\text{成本计算的可比产品成本}\end{matrix}\times 100\% \tag{11-2}$$

根据表 11-1 的资料计算如下：

可比产品成本降低额=476 200−417 000=59 200 元

可比产品成本降低率=59 200 ÷ 476 200×100%=12.43%

三、主要产品单位成本报表的编制

(一)主要产品单位成本报表的概念和作用

主要产品单位成本报表是反映企业一定时期内主要产品生产成本水平、变动情况及其构成情况的成本报表。由于商品产品成本报表中各主要产品的成本只列示总数，无法根据表格分析构成情况，因此要编制主要产品单位成本表作为商品产品成本报表的补充报表。

编制主要产品单位成本表是为了考核各种主要产品单位成本计划的执行情况，分析单位成本的构成，分析各个成本项目的变化及其原因，以便深入寻找差距、挖掘潜力、降低成本。

(二)主要产品单位成本表的结构和内容

主要产品单位成本表的特点是按产品的成本项目分别反映产品单位成本及各成本项目的历史先进水平、上年实际平均、本年计划、本月实际和本年累计实际平均的成本资料。

通过该报表可以反映出主要产品单位成本的变动，并可分析产品成本变动的原因。主要产品单位成本报表的格式见表 11-2。

(三)主要产品单位成本表的编制方法

主要产品单位成本表的编制方法如下：

(1)基本部分的产品名称、规格、计量单位、产量，根据有关产品成本计算单填列；

(2)各成本项目的历史先进水平的数字，根据企业的成本历史资料填列；

(3)各成本项目的上年实际平均单位成本的数字，根据上年度的成本资料填列；

(4)各成本项目的本年计划单位成本的数字，根据本年计划资料填列；

(5)各成本项目的本月实际单位成本的数字，根据实际成本资料填列；

(6)各成本项目的本年累计实际平均单位成本的数字,根据本年各项目总成本除以累计产量后的商数填列。

四、制造费用明细表

(一)制造费用明细表的概念和作用

制造费用明细表是反映企业在一定时期内为组织和管理生产所发生的费用总额和各明细项目数额的报表。

利用制造费用明细表可以考核企业制造费用的构成和变动情况，考核制造费用预算执行结果，以便进一步采取措施，降低费用，达到降低产品制造成本的目的。

(二)制造费用明细表的结构和内容

制造费用明细表按照其费用明细项目反映企业在本期内实际发生的各项费用。该表按费用项目分“上年实际”、“本年计划”、“本年实际”进行反映。通过本年实际与上年实际的比较，可了解制造费用各项目的变动情况，从动态上研究其特征及发展规律；本年实际与本年计划的比较，可以反映制造费用计划完成情况及节约或超支的原因。

表 11-2　主要产品单位成本表

2016 年 3 月　　　　金额单位：元

产品名称	规格	计量单位	产量		直接材料					直接人工					制造费用					产品单位成本				
			本月实际	本年累计实际	历史先进水平	上年实际平均	本年计划	本月实际	本年累计实际平均	历史先进水平	上年实际平均	本年计划	本月实际	本年累计实际平均	历史先进水平	上年实际平均	本年计划	本月实际	本年累计实际平均	历史先进水平	上年实际平均	本年计划	本月实际	本年累计实际平均
1	2	3	4	5	6	7	8	9	10	11	12	13	14	15	16	17	18	19	20	21	22	23	24	25
甲		件	30	320	60	70	66	61	62	10	13	12	10	11	12	18	19	16	17	82	101	97	87	90
乙		件	20	200	79	82	81	80	81	32	35	34	34	34	19	21	20	20	20	130	138	135	134	135
丙		件	18	150	40	43	42	41	41	68	72	70	70	71	18	20	20	21	20	126	135	132	132	132

制造费用明细表中费用明细项目的划分，可参照财政部有关制度的规定，也可根据企业的具体情况增减，但不宜经常变更，以保持各报告期之间相关数据的可比性。若本年度内对某些明细项目的划分做了修改使得计算结果与上年不一致时，应将上年度有关报表的对应明细项目按照本年度划分标准进行调整，并在表后的附注中以文字说明。

制造费用明细表的格式如表 11-3 所示。

表 11-3　制造费用明细表

2016 年度　　金额单位：元

项　目	行　次	上年实际	本年计划	本年实际
职工薪酬	1	17 000	15 390	21 090
折旧费	2	20 000	20 000	22 500
修理费	3	11 000	12 900	10 850
办公费	4	1400	1800	1360
水电费	5	7000	7000	7200
机物料消耗	6	6500	6600	6360
劳动保护费	7	30 000	30 000	27 900
季节性停工损失	8	—	—	—
保险费	9	—	—	—
其他	10	—	—	—
合计		92 900	93 690	97 260

(三)制造费用明细表的编制方法

(1)“本年实际”栏应根据制造费用明细账中有关数字填列。

(2)“上年实际”栏则根据上年制造费用明细表的有关明细填列。

(3)“本年计划”栏应分别根据本年费用计划资料填列。

五、其他成本报表

企业除了编制上述各种成本报表外，还要根据企业成本管理的需要编制其他成本报表，这些报表主要包括责任成本报表、生产损失报告表等。其他成本报表视企业的具体需要而编制，因此这些报表具有形式灵活、种类繁多、强调时间的及时性和内容的针对性等特点。

(一)责任成本报表

责任成本是指责任中心可控的成本。责任成本报表是实行责任成本预算和核算的企业，根据各成本责任中心的日常责任成本核算资料编制的，用以反映和考核责任成本预算执行情况的报表。责任成本报表的内容通常按各成本中心的可控制成本列示其预算数、预算调整数、实际数、业务量差异和各种差异。责任成本报表的内容的详细程度应服从于各级成本管理人员的信息需求，越低层次的责任成本报表越详细，越高层次的责任成本报表越概括。责任成本报表的核心是差异的揭示，如果预算数小于实际数，称为“不利差异”，表示可控成本的超支，通常用“+”或“U”表示；如果预算数大于实际数，称为“有利差异”，表示可控成本的节约，通常用“−”或“F”表示。

责任成本报表的一般格式如表 11-4 所示。

表 11-4　××基本生产车间责任成本报表

2016 年 3 月　　　　金额单位：元

项　　目	预　算	调整预算	实　际	业务量差异	耗费或效率差异
	①	②	③	④=②-①	⑤
直接材料：B 材料	20 000	25 000	22 000	+5000	
材料耗用量差异					-3000
直接人工：	30 000	28 000	32 000	-2000	
效率差异					-1000
工资率差异					+5000
变动制造费用：	36 000	39 600	30 800	+3600	
效率差异					-3400
耗用差异					-5400
变动成本合计	86 000	92 600	84 800	+6600	-7800
可控固定成本					
管理人员工资	8000	8000	8500		+500
折旧	30 000	30 000	30 000		0
合计	38 000	38 000	38 500		+500
车间可控成本合计	124 000	130 600	123 300	+6600	-7300

责任成本报表的编制方法：①栏直接根据各责任中心的责任成本预算填列；②栏以实际生产量、标准单耗和标准单价三者的乘积填列；③和⑤栏直接根据各责任中心的成本和有关差异账户的数据填列。

(二) 生产损失报表

为了分析各项生产损失产生的原因，企业需要有关部门编制“生产损失报表”。生产损失报表可直接根据“停工损失”、“废品损失”等账户的记录或其他的原始凭证填列。生产损失报表的一般格式如表 11-5 所示。

表 11-5　××车间生产损失报表

2016 年 3 月　　　　金额单位：元

<table>
<tr><th colspan="2" rowspan="3">项　目</th><th rowspan="3">原因</th><th rowspan="3">数量</th><th rowspan="3">工时</th><th colspan="6">报废净损失</th><th colspan="4">修复费用</th><th rowspan="3">备注</th></tr>
<tr><th colspan="4">生产成本</th><th rowspan="2">回收残值</th><th rowspan="2">净损失</th><th rowspan="2">直接材料</th><th rowspan="2">直接人工</th><th rowspan="2">制造费用</th><th rowspan="2">合计</th></tr>
<tr><th>直接材料</th><th>直接人工</th><th>制造费用</th><th>合计</th></tr>
<tr><td rowspan="3">废品损失</td><td>可修复</td><td></td><td></td><td></td><td></td><td></td><td></td><td></td><td></td><td></td><td></td><td></td><td></td><td></td><td></td></tr>
<tr><td>不可修复</td><td></td><td></td><td></td><td></td><td></td><td></td><td></td><td></td><td></td><td></td><td></td><td></td><td></td><td></td></tr>
<tr><td>合计</td><td></td><td></td><td></td><td></td><td></td><td></td><td></td><td></td><td></td><td></td><td></td><td></td><td></td><td></td></tr>
<tr><td colspan="2" rowspan="2">停工损失</td><td colspan="3">工资福利费</td><td colspan="3">办公费</td><td colspan="3">折旧费</td><td colspan="3">其他</td><td colspan="2">合计</td></tr>
<tr><td colspan="3"></td><td colspan="3"></td><td colspan="3"></td><td colspan="3"></td><td colspan="2"></td></tr>
</table>

同步测试题

一、名词解释

1. 成本报表
2. 商品产品成本表

3. 主要产品单位成本表
4. 制造费用明细表
5. 可比产品
6. 不可比产品
7. 期间费用报表

二、单项选择题

1. 按照有关规定，成本报表(　　)。
   A. 是对外报表　　B. 是对内报表
   C. 既是对外报表，又是对内报表　　D. 对内还是对外，由企业自行决定
2. 成本责任中心的责任成本报表，一般只需要按该责任中心的(　　)列示。
   A. 产品成本　　B. 变动成本
   C. 可控成本　　D. 不可控成本
3. 产量变动之所以影响产品单位成本，是由于下述原因(　　)。
   A. 在产品全部成本中包含了一部分变动费用
   B. 在产品全部成本中包括了一部分相对固定的费用
   C. 是指在产品总成本不变的情况下
   D. 是指在产量增长超过产品总成本增长的情况下
4. 只影响可比产品成本降低额变动，不影响可比产品成本降低率的因素有(　　)。
   A. 产品产量的变动　　B. 产品品种结构变动
   C. 产品单位成本的变动　　D. 产品投产量的变动
5. 用来揭示各期之间的增减变化，据此预测经济发展趋势的分析是(　　)。
   A. 对比分析法　　B. 比率分析法
   C. 连环替换法　　D. 趋势分析法
6. 成本报表属于内部报表，成本报表的种类、格式等由(　　)决定。
   A. 企业自行决定　　B. 国家统一决定
   C. 国家做原则性规定　　D. 上级主管部门决定
7. 商品产品成本报表是反映企业在报告期内生产(　　)。
   A. 全部商品产品总成本　　B. 主要商品产品总成本
   C. 主要商品的单位成本　　D. 全部商品的单位成本
8. 责任成本报表通常只反映各成本中心的(　　)。
   A. 可控成本　　B. 不可控成本
   C. 全部成本　　D. 单位成本
9. 成本报表的种类、格式和内容等，由(　　)。
   A. 政府有关部门规定　　B. 国家制定的企业会计制度规定
   B. 银行等债权人规定　　D. 企业自行规定
10. 下列报表中，不包括成本报表中的有(　　)。
   A. 产品生产成本表　　B. 制造费用明细表
   C. 期间费用明细表　　D. 资产负债表

三、多项选择题

1. 成本报表的设置要求是（　　）。

A. 专题性　　B. 实用性

C. 针对性　　D. 对外性

2. 成本报表的编制要求是（　　）。

A. 数字准确　　B. 内容完整

C. 编报及时　　D. 内容统一

3. 主要产品单位成本报表应列示以下内容（　　）等。

A. 历史先进水平　　B. 上年实际平均水平

C. 本年计划　　D. 标准成本

4. 影响可比产品降低额变动的因素有（　　）。

A. 产品产量　　B. 产品价格

C. 产品品种结构　　D. 产品单位成本

E. 产品的性能

5. 影响可比产品成本降低率变动的因素有（　　）。

A. 产品产量　　B. 产品品种构成

C. 产品价格　　D. 产品单位成本

E. 产品生产方式

6. 主要产品单位成本表反映的单位成本包括（　　）。

A. 本月实际　　B. 历史先进水平

C. 本年计划　　D. 上年实际平均

E. 本年累计实际平均

7. 用来反映工业企业在报告期内发生的经营管理费用及其构成情况的报表有（　　）。

A. 制造费用明细表　　B. 产品生产成本表

C. 财务费用明细表　　D. 销售费用明细表

E. 管理费用明细表

四、是非判断题

1. 成本报表是重要的对外报表。（　　）

2. 不同企业的成本报表可以存在差异。（　　）

3. 由于成本指标的特殊性，成本报表只能定期编制和报送。（　　）

4. 成本报表一般根据企业生产的特点与管理的需要自行设置。（　　）

5. 成本报表的数字准确是指报表中的各项数据必须真实可靠。（　　）

6. 商品产品成本报表只反映该产品的有关情况。（　　）

7. 商品产品成本报表中各主要产品的成本只列示总数。（　　）

8. 责任成本报表的核心是差异的揭示。（　　）

9. 生产损失报表可直接根据“停工损失”、“废品损失”等账户的记录或其他的原始凭证填列。（　　）

10. 主要产品单位成本表是按产品的成本项目分别反映产品单位成本资料。（　　）

五、简答题

1. 什么是成本报表？它有何特征？
2. 怎样设置成本报表？
3. 编制和报送成本报表的基本要求有哪些？
4. 成本报表按其经济内容可分为哪几类？
5. 怎样设计产品生产成本表的结构？
6. 怎样设计产品单位成本表的结构？

六、业务处理题

1．(1)全部产品生产成本计划完成情况如测试题表 11-1 所示。

测试题表 11-1　全部产品生产成本计划完成情况

××工厂　　　　　　2016 年 12 月　　　　　　单位：元

项　　目	上年实际	本年计划	本月实际	本年累计实际
生产费用				
直接材料费用	847 520	822 620		
直接人工费用	349 100	387 680		
制造费用	646 176	576 140		
生产费用合计	1 842 976	1 786 440		
加：在产品，自制半成品期初余额	98 400	95 840	82 340	
减少：在产品，自制半成品期末余额	76 996	79 720		
产品生产成本合计	1 864 200	1 802 560	150 860	

(2)12 月生产甲、乙、丙三种产品，各种产品成本明细账所记 12 月生产费用合计数见测试题表 11-2。

测试题表 11-2　各种产品 12 月生产费用

单位：元

产品名称	直接材料	直接人工	制造费用
甲产品	15 600	4 820	9 860
乙产品	30 640	13 740	18 160
丙产品	36 640	13 580	25 940
合计	82 880	32 140	53 940

(3)上月末直接材料本年累计实际数为 759 660 元；直接人工本年累计实际数为 332 680 元；制造费用本年累计实际数为 535 254 元。

要求：

① 计算填列产品成本表中各栏数据。

② 分析全部产品生产成本计划完成情况，计算各项费用构成比率并进行分析。

2．(1)产品生产成本如测试题表 11-3 所示。

(2)产值成本率计划数为 61 元/百元，产品产值本月实际数按现行价计算为 105 000 元。

要求：

① 计算填列产品生产成本表中总成本各栏数字。

② 分析全部产品生产成本计划完成情况和产值成本率计划完成情况。

测试题表 11-3　产品生产成本表

产品名称	计量单位	实际产量		单位成本				本月总成本			本年累计总成本		
		本月	本年累计	上年实际平均	本年计划	本月实际	本年累计实际平均	按上年实际平均单位成本计算	按本年计划单位成本计算	本月实际	按上年实际平均单位成本计算	按本年计划单位成本计算	本年实际
可比产品合计													
甲	件	30	310	700	690	680	685						
乙	件	35	400	900	850	830	831						
不可比产品合计													
丙	件	20	230	×	400	460	458	×					
全部产品													

3．资料：

(1) 测试题表 11-3 中可比产品部分。

(2) 可比产品本月计划降低额为 2500 元，计划降低率为 4.76%。

要求：检查可比产品成本降低率计划完成情况，分析其升降原因并做出评价。

4．资料：甲产品单位成本见测试题表 11-4。

要求：

(1) 分析甲产品单位成本变动情况。

(2) 分析影响主要材料费用变动的因素和各因素变动的影响程度。

5.

测试题表 11-4　甲产品单位成本表

成本项目	历史先进水平	上年实际平均	本年计划	本月实际	本月累计实际平均
直接材料(元)	1860.3	1862	1890	2047	2021
直接人工(元)	150	150	168	164	166
制造费用(元)	245	248	212	209	217
生产成本(元)		2 260	2 270	2 420	2 404
主要技术经济指标	用量	用量	用量	用量	用量
1．主要材料消耗量(千克)	954	950	900	890	940
2．主要材料单价(元)	1.95	1.96	2.1	2.3	2.15

资料：

(1) 三泰企业生产 A、B 两种产品，其成本明细账所记 2016 年 9 月的生产费用见测试题表 11-5。

测试题表 11-5　A、B 两种产品 9 月的生产费用

项　目	成本项目	A　产　品	B　产　品
本月生产费用合计	直接材料	162 960	
	直接人工	13 566	
	燃料及动力	64 172	
	制造费用	55 894.61	

(2)该两种产品成本明细账所记9月月初、月末的产品成本见测试题表11-6。

测试题表11-6 A、B两种产品月初、月末在产品成本

项　目	期初或期末	A 产 品	B 产 品
在产品成本	期初	47 150	
	期末	94 300	

该企业没有自制半成品。

要求：编制该企业该年9月产品生产成本(按成本项目反映)表。

6. 资料：

(1)题5三泰企业2016年9月A、B两种产品成本明细账所记的本月实际产量，以及其他有关资料提供的本年累计实际产量和部分单位成本数据见测试题表11-7。

测试题表11-7 A、B产品实际产品与单位成本资料表

产品名称	计量单位	实 际 产 量		单 位 成 本	
		本　月	本 年 累 计	上年实际平均	本 年 计 划
A	件	200	1750	1250	1250
B	件	250	2200	×	1180

(2)该两种产品成本明细账所记的2016年9月产品实际总成本，以及在此基础上计算求出的本年累计实际总成本如测试题表11-8所示。

测试题表11-8 A、B产品总成本资料表

产 品 名 称	本月实际总成本	本年累计实际总成本
A	249 442.61	2 187 846.44
B	295 802.83	2 594.469

要求：

① 根据上列资料，编制该企业该月份产品生产成本(按产品种类反映)表。

② 根据该表的基本部分资料，计算A产品本年累计实际总成本比上年的降低额和降低率。

7. 主要产品单位成本表的分析(分项目分析)。

资料：

(1)该表所列原材料费用为：计划375元，实际378元。经查，单位产品的原材料消耗为：计划15千克，实际18千克。材料单价为：计划25元，实际21元。

(2)该表所列生产工资费用为：计划160元，实际210元。经查，单位产品的工时消费为：计划40小时，实际35小时。每小时的生产工资为：计划4元，实际6元。

要求：

① 采用差额计算与分析法，计算材料消耗量和材料单价变动对原材料费用的影响程度。

② 采用差额计算与分析法，计算工时消耗量和每小时生产工资变动对生产工资费用的影响程度。

③ 根据分析计算结果，进行相应的评价。

第十二章

成本分析

引导案例

曹德旺：国家厚待我 我跑出去干什么

近日，一段福耀玻璃集团创始人、董事长曹德旺接受媒体采访的视频刷爆朋友圈。视频中曹德旺说计划花10亿美金去美国建厂，并提出国内税收负担太高。于是舆论延续之前“李嘉诚跑了”的思维，猜测曹德旺也要跑了。昨天，曹德旺再次面对媒体，明确回应，“中国厚待我，我跑出去干什么呢？”

“我什么时候跑了？”

今年10月7日，由福耀集团投资的全球最大汽车玻璃单体工厂正式在美国俄亥俄州竣工投产。该项目投资6亿美元，是该州历史上最大的一笔中国投资。加上2014年福耀玻璃已在美国投资4亿美元生产汽车玻璃，福耀集团在美国投资已高达10亿美元。被问及原因，曹德旺表示“中国实体经济的成本，除了人便宜，什么都比美国贵”，这个回答迅速被解读为曹德旺准备“逃离中国市场、把制造业回流美国”。

对此，曹德旺昨天再次接受媒体采访时反问：“我什么时候跑了？”他表示，福耀玻璃所有对外的投资，都是经过国家发改委、商务部批准的。“我们是全体产业的供应链，我们做玻璃的，都随着汽车厂走。汽车厂去哪里，我们就跟到哪里。”他说。

曹德旺表示：“福耀制造的市场销路65%在中国，我跑出去干什么呢?”但市场重点在中国不等于不出去投资，“因为你想变成全球公司，必须在国外投资。”据曹德旺介绍，在美国项目开通的时候，福耀玻璃在天津的项目也开通了，同时在苏州工业园区刚刚拿了一块地。从福耀玻璃官网也可以看到，它在国内有十几个生产基地，销售网点更不计其数。

“我跟李嘉诚不同”

“曹德旺跑路”之说起源于去年“李嘉诚跑路”。当时李嘉诚卖掉内地房产，撒腿跑到英国去了。对此曹德旺表示不屑一顾：“我跟李嘉诚不能比，我不做房地产，我不为钱，我捐了八九十亿给中国，我赚的钱也是捐掉。为什么拿我跟他比呢？我是实业家。”

据报道，33年来，曹德旺做的公益捐赠累计已达到70亿，因此他被媒体称为“首善”。同时，曹德旺还说，福耀玻璃建厂30多年，有20多年是福建纳税模范。

在昨天的对话采访中，曹德旺多次反问：“我跑出去干什么呢？”像是在质问所有怀疑、误解他的人。他说，中国汽车商70%是我的玻璃。你说我跑出去，把那些汽车商扔下来，首先告状的就是那些汽车厂。曹德旺明确表示："我不是搬出去。我今年才投产的美国项目，还没有带来利润。我在美国建厂从20年前开始。这几年在美国投资的同时，配合美国的战略。"

据曹德旺透露，福耀玻璃在海外建厂的投资比例很低，只占总投资比例的2%～3%，玻璃出口比例占35%，绝大部分市场还是在中国。公开资料显示，早在2011年，福耀玻璃就在俄罗斯设立工厂，投资了2亿美元，此外，福耀玻璃在欧洲、韩国也设有工厂或销售公司。

"中国厚待我，我才那么说"

在惹祸视频中，曹德旺吐槽国内投资环境，引发公众议论，并使得一贯低调的他瞬间蹿红网络。对此曹德旺表示："中国厚待我，我才说出这些话。"

曹德旺认为自己说的一点没有错，应该承认成本是需要的，中国人现在要去抓这个问题。"我说话不是为自己说，只是说要注意美国的这方面条件要比中国好。在那边投资也发现这个问题。"他内心里希望中国看到目前的投资环境问题并且要纠正，提高国家竞争力。

在惹祸视频中，他对中美制造业的成本比较非常具体，不仅涉及税收和劳动力成本，还涉及土地成本、能源成本等。按照曹德旺的说法，目前美国的劳动力成本仍比中国高，蓝领(工资成本)是中国的8倍，白领是中国的两倍多，但美国的优势也非常明显，如"土地基本不要钱"、"电价是中国的一半"、"天然气只有中国的1/5"。税收方面，曹德旺说"中国制造业综合税负比美国高"。这样算下来，在美国设厂比在中国还能"多赚百分之十几"。这一席话再度将中国实体产业所面临的现实问题推向了舆论前台。

讨论与思考：

1. 什么是成本分析？
2. 如何比较中美制造业的成本？
3. 如何分析中美制造业的成本差异？

(资料来源：2016-12-21　北青网-北京青年报(北京))

第一节　成本分析概述

一、成本分析的意义

成本分析是为了满足企业各管理层了解成本状况及进行经营决策的需要，以成本核算资料为基础，结合其他有关的核算、计划和统计资料，采用一定的方法解剖成本变动的原因、经营管理问题及业绩的管理活动。

通过成本分析，可以考核企业成本计划的执行情况，评价企业过去的成本管理工作；可以揭示问题和差距，促使企业挖掘降低成本的潜力，寻求降低成本的途径和方法；可以认识和掌握成本变动的规律性，从中总结成本管理的经验和教训，提高企业经营管理的水平；可以为企业编制成本计划、预算和进行经营决策提供可靠的依据；可以检查企业成本管理行为的合理、合法性，从而促进企业更好地贯彻执行有关成本管理的法规和制度；通过成本分析，可以划清成本管理的经济责任，了解各项成本管理责任制度是否健全，促进企业完善成本管理责任。

二、成本分析的方法

成本分析方法是进行成本分析的重要手段，运用得当将对成本分析的整个过程带来有利的影响。

（一）比较分析法

比较分析法又称对比分析法，是将分析期的实际数同某些选定的基准数进行对比来揭示实际数与基准数之间的差异，借此了解成本管理中的成绩和问题的一种分析方法。

比较的基数由于分析的目的不同而有所不同，一般有计划数、定额数、前期实际数、以往年度同期实际数及本企业的历史先进水平和国内外同行业的先进水平等。

将实际数与计划数或定额数对比，可以揭示计划或定额的执行情况，但在分析时还应检查计划数或定额数本身是否既先进又切实可行，因为实际数与计划数或定额数之间的差异，除了实际工作的原因以外，还可能由于计划数或定额数太保守或不切实际；将本期实际数与前期实际数或以往年度同期实际数对比，可以考究成本的发展变化情况；将本期实际数与本企业的历史先进水平对比，将本企业实际数与国内外同行业的先进水平对比，可以发现与先进水平之间的差距，从而学习先进、赶上和超过先进。

在运用比较分析法时，必须注意指标的内容、计划标准、时间长短和计算方法的可比性，考虑所处的环境、客观条件。

（二）比率分析法

比率分析法是通过计算各项指标之间的相对数即比率，从而考察成本活动的相对效益的一种分析方法。比率分析法主要有相关指标比率分析法和结构比率分析法两种。

1. 相关指标比率分析法

它是计算两个性质不同而又相关指标的比率进行数量分析的方法。在实际工作中，由于企业规模不同等原因，单纯对比销售收入或利润等绝对数的多少，不能说明各个企业经济效益好坏，如果计算成本与销售收入或利润相比的相对数，即销售收入成本率或成本利润率，就可以反映各企业经济效益的好坏。

销售收入成本率高的企业经济效益差，销售收入成本率低的企业经济效益好；成本利润率则相反，即成本利润率高的企业经济效益好，成本利润率低的企业经济效益差。

2. 结构比率分析法

构成比率分析法又称比重分析法，它主要是通过计算某项成本指标的各个组成部分占总体的比重来分析其内容构成的变化，如把构成产品制造成本的各个成本项目直接材料、直接工资、制造费用与产品制造成本比较，计算占总成本的比重，然后把不同时期同样产品的成本构成相比较，观察产品成本构成的变化与提高生产技术水平和加强经营管理的关系，为进一步降低成本潜力指明方向。

（三）因素分析法

以上两个方法，只能揭示实际数与其基数之间的差异，难以揭示影响的原因。因为一个经济指标的完成，往往是由多种因素所影响的结果，只有把这种综合性的指标分解为它的各种构成，从而找出主要因素、分清责任，才能了解指标完成好坏的真正原因，这种把综合性指标分解为各个因素的方法，称之为因素分析法。

由于构成各因素之间相互关系的复杂性不同，因素分析法又可分为定量因素分析法和定性因素分析法。

1. 定量的因素分析法(连环替代法)

定量的因素分析法又称连环替代法，它是用来分析引起某个经济指标变动的各个因素影响程度的一种数量分析方法。

运用因素分析法的一般程序是：(1)确定某项指标是由哪几个因素构成的；(2)确定各个因素与该指标的关系，是加减关系还是乘除关系；(3)采用适当方法分解因素；(4)计算确定各个因素影响的数额。

例 12-1 南华公司 2016 年原材料费用实际为 5610 元，计划为 5400 元，实际比计划增加了 210 元，其原材料消耗情况如表 12-1 所示。

表 12-1 原材料消耗情况表

	单 位	计 划 数	实 际 数	差 异
产量	件	100	102	+2
单位产品原材料消耗	千克	9	10	+1
材料单价	元	6	5.5	−0.5
原材料费用总额	元	5400	5610	+210

从上表可知， 原材料费用实际比计划多 210 元，是由于产量、单耗、材料价格所致，用连环替代法分析各因素的影响程度，计算如下：

计划指标 $100\times9\times6=5400$

替代

(1) $102\times9\times6=5508$ → +108

(2) $102\times10\times6=6120$ → +612

(3) $102\times10\times5.5=5610$ → −510

合计 210

分析结果得知：由于产量增加使原材料费用增加 108 元；由于单耗提高使原材料费用实际比计划增加 612 元；由于材料价格下降，使实际比计划下降 510 元，因此全部因素的影响 108+612−510=210(元)。

应用连环替代法，应注意这一方法是假定各个因素依照一定的顺序发生变动而进行替代计算的，因而，计算的结果具有一定程度的假定性。换言之，它与连锁替代的顺序有很大关系，顺序改变了，各个因素的数值也将不同，分析的顺序替代应该根据指标的经济性质，各个组成因素的内在联系和分析的具体要求而定。

2. 定性的因素分析法

连环替代法是从数量上说明影响程度，但还有很多具体因素是无法用数量来加以说明的，如影响原材料费用的有单耗因素等，单耗因素使原材料费用上升 612 元，但影响单位产品消耗量的因素还有很多，如工人的技术水平、机器设备的先进水平、材料的质量、管理水平等都将影响单耗。为此，应在此基础上结合实际情况查明影响该项指标变动的具体原因。

第二节　成本计划完成情况分析

成本计划完成情况分析是指对商品产品成本计划及可比产品成本计划完成情况进行总的分析和评价。

一、商品产品成本计划完成情况分析

企业商品产品包括可比产品和不可比产品，可比产品是指企业以前正式生产过的、有历史成本资料的产品；不可比产品指企业以前从未生产过的、没有历史成本资料的产品。由于不可比产品没有历史成本资料，所以，商品产品成本的分析，不能用实际总成本与上年成本比较，只能用实际总成本同计划总成本对比。

实际总成本是以实际产量乘实际单位成本计算的，而计划总成本是以计划产量乘计划单位成本计算的，总成本的升降受到单位成本变动的影响，而且还受到产量的影响。为了使成本对比指标具有可比性，在分析商品产品成本计划完成情况时，应剔除产量变动对成本计划完成情况的影响，实际总成本、计划总成本一律按实际产量来计算。

商品产品成本计划完成情况的分析，是一种总括性的分析，可以从以下三个角度进行分析。

（一）按产品种类分析商品产品成本计划的完成情况

此项分析是将全部商品产品成本按产品品种汇总，将实际成本与计划成本对比，确定每种产品的成本降低情况。现以南华公司为例进行商品产品成本的分析如表 12-2 所示。

表 12-2　商品产品成本表

编制单位：南华公司　　　　2016 年度　　　　金额单位：万元

产品名称	计量单位	产量		单位成本			计划总成本（计划产量）		本年总成本（实际产量）		
		计划	实际	上年实际	本年计划	本年实际	按上年实际平均单位计算	按本年实际单位成本计算	按上年实际平均单位计算	按本年实际单位成本计算	实际成本
		(1)	(2)	(3)	(4)	(5)	(6)	(7)	(8)	(9)	(10)
可比产品											
甲产品	件	140	140	23.68	23	22.32	3315.2	3220	3315.2	3220	3124.8
乙产品	件	90	100	50.54	50.52	54.76	4548.6	4546.8	5054	5052	5476
小　计							7863.8	7766.8	8369.2	8272	8600.8
不可比产品 丙产品	件	70	280		1.74	1.75		121.8		487.2	490
全部商品产品成本								7888.6		8759.2	9090.8

根据表 12-2 资料编制分析表，详见表 12-3。

从上表可以看出，该企业全部商品产品总成本实际比计划增加了 331.6 万元，上升了 3.79%，说明了企业全部商品产品成本计划完成得相当不好。除甲产品的成本有一定下降外，

乙产品和丙产品的成本都较计划上升，特别是乙产品较计划上升了 424 万元，上升了 8.39%，为此，应进一步分析乙产品成本上升的主要原因。

表 12-3　商品产品生产成本分析表

金额单位：万元

产品名称	计划总成本	实际总成本	降低额	降低率(%)
一、可比产品				
其中：甲	3220	3124.8	+95.2	+2.96
乙	5052	5476	−424	−8.39
二、不可比产品				
其中：丙	487.2	490	−2.8	−0.57
全部商品产品成本	8759.2	9090.8	−331.6	−3.79

(二)按成本项目分析商品产品成本计划完成情况

此项分析是将全部商品产品的总成本按成本项目汇总，将实际总成本与计划总成本对比，确定每个成本项目的降低额和降低率。

现以南华公司为例进行分析，详见表 12-4。

表 12-4　商品产品成本分析表

金额单位：万元

成本项目	商品产品成本		降低指标	
	计划	实际	降低额	降低率(%)
直接材料	4554.78	5039.8	−485.02	−10.65
直接人工	2277.39	2250.4	+26.99	+1.19
制造费用	1927.03	1800.6	+126.43	+6.56
制造成本	8759.2	9090.8	−311.6	−3.79

从上表可以看出，总成本实际比计划上升了 331.6 万元，上升了 3.79%，但从三个成本项目中可以看出直接工资实际比计划下降了 1.19%，制造费用下降了 6.56%。下降的还较多，但直接材料比计划上升了 485.02 万元，上升了 10.65%，说明总成本比计划上升是由于直接材料成本上升所致，为此，下一步应重点分析直接材料上升的原因。

(三)按成本性态分析商品产品成本计划完成情况

此项分析是将商品产品成本按成本习性(性态)划分为变动成本和固定成本，确定变动成本和固定成本的降低额和降低率。

现以南华公司为例进行分析，详见表 12-5。

表 12-5　商品产品成本分析表

金额单位：万元

成本构成	商品产品成本		降低指标	
	计划	实际	降低额	降低率(%)
变动成本：				
直接材料	4554.78	5039.8	−485.02	−10.65
直接人工	2277.39	2250.4	+26.99	+1.19
变动制造费用	793.94	820.7	−26.76	−3.37
固定成本：				
固定制造费用	1133.09	979.9	+153.19	+13.52
制造成本	8759.2	9090.8	−331.6	−3.79

从上表可以看出，该公司实际成本比计划上升，主要是由于变动成本上升所造成的，变动成本中又主要是由于直接材料和变动制造费用上升所致，同时还可看出，实际制造费用虽比计划下降，其中的变动制造费用却上升了26.76万元，上升了3.37%，应引起重视，进一步分析其上升的原因。

二、可比产品成本计划完成情况分析

在全部商品产品成本中，可比产品成本一般都占有相当大的比重，因此，在分析商品产品总成本之后，还必须对可比产品成本进行分析。

（一）可比产品成本降低计划完成情况分析

可比产品成本降低计划以上年实际平均单位成本为依据确定，具体包括降低额和降低率两个指标，可比产品成本降低计划完成情况分析，就是将可比产品的实际降低额(按实际产量计算)、降低率与计划降低额(按计划产量计算)和降低率进行比较，来检查是否完成成本降低任务。

根据表12-2资料计算降低额和降低率，并填入可比产品成本降低计划分析表，分析表详见表12-6。

表12-6　可比产品成本降低计划完成情况分析表　　金额单位：万元

可比产品名称	计划成本降低任务		实际成本降低情况	
	降低额	降低率(%)	降低额	降低率(%)
甲	95.2	2.87	190.4	5.74
乙	1.8	0.26	−422	−8.35
合计	97	1.23	−231.6	−2.77

表中有关数据计算如下：

$$计划降低额=\sum[计划产量\times(上年实际单位成本-本年计划单位成本)]$$
$$=140\times(23.68-23)+90\times(50.54-50.52)$$
$$=97(万元)$$

$$计划降低率=\frac{计划成本降低额}{\sum(计划产量\times上年实际单位成本)}\times100\%$$
$$=\frac{97}{140\times23.68+90\times50.54}=1.2335\%$$

$$实际降低额=\sum[实际产量\times(上年实际单位成本-本年实际单位成本)]$$
$$=140\times(23.68-22.32)+100\times(50.54-54.76)$$
$$=-231.6(万元)$$

$$实际降低率=\frac{实际成本降低额}{\sum(实际产量\times上年实际单位成本)}\times100\%$$
$$=\frac{-231.6}{140\times23.68+100\times50.54}=-2.77\%$$

从表 12-6 可知，该公司可比产品成本降低任务完成情况相当不好，实际成本降低额为−231.6，不但未完成计划降低额，而且还有很大的上升。分品种来看，甲产品实际降低额、降低率超额完成了计划，但乙产品的实际降低额和降低率都未完成计划，成本还有较大的上升，应进一步分析其原因。

(二)可比产品成本降低计划完成情况的因素分析

影响可比产品成本降低计划完成情况的因素主要有产量、产品品种结构和单位成本。

1. 产量因素

产量变动必然会直接影响成本降低额。但当产品品种结构和产品单位成本不变时，产量变动不会影响成本降低率，因为当品种结构不变时，说明各种产品的产量计划完成率都相同，在计算成本降低率时，因分子、分母都具有相同的产量增减比例而不变。产品产量变动对成本降低额影响的计算公式如式(12-1)所示。

$$\text{产量变动对成本降低额的影响}=[\sum(\text{实际产量}\times\text{上年实际单位成本})-\sum(\text{计划产量}\times\text{上年实际单位成本})]\times\text{计划成本降低率} \quad (12\text{-}1)$$

根据表 12-2 资料计算

$$\begin{aligned}\text{产量变动对成本降低额的影响}&=[(140\times23.68+100\times50.54)-(140\times23.68+90\times50.54)]\times1.2335\%\\&=6.23(\text{万元})\end{aligned}$$

2. 产品品种结构因素

由于各种产品成本降低率不同，当产品产量不是同比例增长时，就会使降低额和降低率同时发生变动。如果提高成本降低率大的产品在全部可比产品中的比重，就会使成本降低额绝对值增大，并使成本降低率相对值增大；相反，则会减小成本降低额的绝对额和降低率的相对值。产品品种结构变动对成本降低额和降低率的影响的计算公式如式(12-2)和式(12-3)所示。

$$\text{产品品种结构变动对成本降低额的影响}=\sum(\text{实际产量}\times\text{上年实际单位成本})-\sum(\text{实际产量}\times\text{计划单位成本})-\sum(\text{实际产量}\times\text{上年实际单位成本})\times\text{计划成本降低率} \quad (12\text{-}2)$$

$$\text{产品品种结构变动对成本降低率的影响}=\frac{\text{品种结构变动对成本降低额的影响数}}{\sum(\text{实际产量}\times\text{上年实际单位成本})}\times100\% \quad (12\text{-}3)$$

根据表 12-2 资料计算

$$\begin{aligned}\text{品种结构变动对成本降低额的影响}&=(140\times23.68+100\times50.54)-(140\times23+100\times50.52)\\&\quad-(140\times23.68+100\times50.54)\times1.2335\%\\&=-6.03(\text{万元})\end{aligned}$$

$$\text{产品品种结构变动对成本降低率的影响}=\frac{-6.03}{8369.2}\times100\%=-0.07\%$$

3. 单位成本因素

可比产品成本降低计划和实际完成情况，都是以上年单位成本为基础计算的。这样，各种产品单位成本实际比计划降低或升高，必然引起成本降低额和降低率实际比计划相应的降低或升高。产品单位成本的变动与成本降低额和降低率的变动呈反方向。计算公式如式(12-4)和式(12-5)所示。

$$\begin{matrix}\text{产品单位成本变动} \\ \text{对成本降低额的影响}\end{matrix}=\sum\left[\text{实际产量}\times\left(\begin{matrix}\text{计划单} \\ \text{位成本}\end{matrix}-\begin{matrix}\text{实际单} \\ \text{位成本}\end{matrix}\right)\right] \quad (12\text{-}4)$$

$$\begin{matrix}\text{产品单位成本变动对} \\ \text{成本降低率的影响}\end{matrix}=\frac{\begin{matrix}\text{单位成本变动对} \\ \text{成本降低额的影响数}\end{matrix}}{\sum\left(\text{实际产量}\times\begin{matrix}\text{上年实际} \\ \text{单位成本}\end{matrix}\right)}\times 100\% \quad (12\text{-}5)$$

根据表 12-2 资料计算如下:

$$\begin{aligned}\text{产品单位成本变动对成本降低额的影响} &= 140\times(23-22.32)+100\times(50.52-54.76) \\ &= -328.8\text{(万元)}\end{aligned}$$

$$\text{产品单位成本变动对成本降低率的影响}=\frac{-328.8}{8369.2}\times 100\%=-3.93\%$$

从以上计算可知，该公司未完成成本降低任务的主要原因是单位成本上升所致，由于单位成本上升，使成本上升了 328.8 万元，因此，公司应进一步分析影响单位成本的因素。

第三节　主要产品单位成本分析

产品单位成本分析，通常是选择最主要的或成本水平升降幅度较大的产品，深入研究其单位成本及各个成本项目的计划完成情况，寻求进一步降低成本的具体途径和方法。

一、主要产品单位成本计划完成情况分析

产品单位成本计划完成情况分析，应采用比较分析法，计算单位成本实际比计划、比上期、比历史先进水平的升降情况，然后着重对某些产品进一步按成本项目对比研究其成本变动情况，查明影响单位成本升降的原因。

从商品产品成本计划完成情况表(见表 12-2)和可比产品成本计划完成情况分析中可以看出乙产品单位成本实际比计划有较大的上升，可作为深入分析的重点。现以南华公司为例，对乙产品单位成本进行分析，详见表 12-7。

表 12-7　乙产品单位成本表

编制单位：南华公司　　2016 年度　　金额单位：万元

成 本 项 目	历史先进水平	上年实际平均	本年计划	本期实际	本年累计实际平均
直接材料	29.75	36.51	36.70	40.80	40.92
直接人工	6.96	7.8	7.8	7.81	7.81
制造费用	5.82	6.23	6.02	6.01	6.03
产品生产成本	42.53	50.54	50.52	54.71	54.76
主要技术经济指标	用量	用量	用量	用量	用量

从表 12-7 可以看出，南华公司乙产品的单位成本比计划、比上年、比历史先进水平都有上升，且上升幅度较大，乙产品的单位成本较计划上升了 4.24 万元，上升了 8.39%，比上年

上升了 4.22 万元，上升了 8.35%，乙产品单位成本上升的主要原因是直接材料上升所致。因此公司应对材料上升的原因进行分析，看其是单位产品材料消耗量上升所致，还是材料采购价格上升或是其他原因。

二、主要产品单位成本的成本项目分析

为了进一步分析单位成本升降的原因，还必须按成本项目进行分析。

(一)直接材料费用的分析

从表 12-7 可以看出乙产品的原材料费用超过了本年计划、上年平均、历史先进水平，因此应作为重点分析。

影响单位产品材料费用的因素有产量、单位产品的材料消耗和材料单价，可用因素分析法计算三个因素变动对直接材料费用的影响，具体分析可参见本章第一节因素分析法中的例子。

在对直接材料进行综合分析之后，还必须进一步分析材料消耗量变动和价格变动的影响因素，只有这样，才能揭示直接材料发生差异的原因。

1. 影响直接材料消耗量的原因分析

影响直接材料用量变动的原因较多，主要有：(1)产品设计的改进，在保证或提高产品功能的前提下，改进产品设计能减少材料的消耗量；(2)材料质量的变化，质量高的材料，可以减少材料消耗量，反之会增加材料的消耗量；(3)加工操作技术的变化，加工操作技术高，可以充分利用材料的边角余料，从而减少材料消耗量；(4)代用材料的变化，以单价低廉的材料代替昂贵的材料，以国产材料代替进口材料，是减少材料用量、节约材料费用的有效措施；(5)加强材料管理，回收利用废料，避免材料损失浪费也能相对地减少材料用量；(6)材料的配比。

2. 影响直接材料价格变动的原因分析

影响直接材料价格的原因主要有：(1)采购价格；(2)运输费用，如运输距离的远近、运输方式的不同；(3)运输途中的损耗；(4)采购部门的管理水平；(5)有关税金；(6)材料采购批量的大小等。

(二)直接工资分析

直接工资费用的分析必须结合工资制度来进行，因为工资制度的不同，会导致影响直接工资的因素不同。

在计件工资制度下影响单位成本中工资费用的因素是计件单价，在计时工资制度下，产品单位成本中的费用受工时数和小时工资率变动的影响。现以南华公司为例进行分析有关资料如表 12-8 所示。

表 12-8　工资分析资料表

项　目	计　划	实　际	差　异
单位产品耗用工时	400	410	+10
小时工资单价(元/小计)	0.60	0.50	−0.10
单位产品的工资费用(元)	240	205	−35

根据表 12-8 的资料，可以计算单位产品工时数量变动和小时工资单价变动对工资费用的影响程度如式(12-6)、式(12-7)和式(12-8)所示。

单位产品工时数量变动影响=(实际工时数量－计划工时数量)×计划小时工资单价

$$=(410-400)\times0.6=+6\text{ 元} \tag{12-6}$$

小时工资单价变动影响=(实际小时工资单价－计划小时工资单价)×实际工时数量

$$=(0.50-0.60)\times410=-41\text{ 元} \tag{12-7}$$

单位产品工资费用变动合计=单位产品工时数量变动影响+小时工资单价变动影响

$$=6+(-41)=-35\text{ 元} \tag{12-8}$$

从上面计算中可以看出，甲产品单位成本中工资费用实际比计划降低 35 元，主要是由于小时工资单价降低的结果。

在以上分析的基础上，还应该进一步分析影响工时数量变动和生产工人工资总额变动的原因。

1. 影响工时变动的原因分析

影响工时变动的原因主要有：(1)生产组织，企业生产调度合理对提高劳动生产率、减少工时有很大的影响；(2)材料的质量和规格；(3)生产工艺和操作方法；(4)生产工作质量；(5)设备性能和保养；(6)工人技术熟练程度和劳动态度等。

2. 影响生产工人工资总额变动的原因分析

生产工人工资总额的高低直接影响了小时工作率的高低，影响生产工人工资变动的原因主要有：(1)企业的工资制度、奖励制度；(2)企业产品特点；(3)企业的物质技术条件、企业工人的素质、企业的管理水平等。

(三)制造费用分析

产品单位成本中制造费用的分析，通常与计时工资制度下直接人工费用的分析相类似，先要分析单位产品所耗工时变动和每小时制造费用变动两因素对制造费用变动的影响，然后查明这两个因素变动的具体原因。

对影响每小时制造费用的原因分析，主要是通过分析制造费用总额对比实际数和计划数来进行。现以南华公司为例，说明制造费用总额的分析，如表 12-9 所示。

表 12-9 制造费用明细表

编制单位：南华公司　　2016 年　　金额单位：万元

项　目	本年实际	本年计划	降低额	降低率
1. 职工薪酬	668.07	651.95		
2. 折旧费	80.42	30.80		
3. 修理费	38.97	28.97		
4. 办公费	50.51	40.72		
5. 水电费	282.89	261.72		
6. 机物料消耗	60.18	68.92		
7. 劳动保护费	22.51	20.4		
8. 租赁费	25.81	34.64		
9. 差旅费				
10. 保险费	7.24	7.02		
11. 其他	42.48	40.81		
制造费用合计	1279.08	1185.95	93.13	7.85%

从表 12-9 可以看出南华公司， 南华公司制造费用本年较上年增长了 93.13 万元，增长了 7.8%， 应结合产量的增长加以分析，看其是否合理。此外，从各费用项目来看，公司各项费用都有一定的上升。其中，人工费、办公费、水电费、修理费等所占数额较大，公司应重点加以关注。

同步测试题

一、名词解释

1. 成本分析
2. 比较分析法
3. 比率分析法
4. 因素分析法
5. 差额计算法
6. 连环替代法
7. 可比产品成本降低额
8. 可比产品成本降低率

二、单项选择题

1. 从狭义的角度说，成本分析主要是指(　　)。
   A. 成本事前分析　　B. 成本事后分析
   C. 成本事中分析　　D. 成本全过程分析
2. 影响产品成本的固有因素是(　　)。
   A. 企业规模和技术装备水平　　B. 成本管理制度的改革
   C. 市场需求和价格水平　　D. 生产设备利用效果
3. 影响产品成本的微观因素是(　　)。
   A. 市场需求和价格水平　　B. 生产设备利用效果
   C. 企业的专业化协作水平　　D. 企业地理位置和资源条件
4. 成本分析的任务是(　　)。
   A. 确定成本分析的基本程序　　B. 明确成本分析的目的
   C. 确立成本分`析的标准
   D. 检查企业是否贯彻执行国家有关的方针、政策和财经纪律
5. 成本分析准备阶段的主要工作是(　　)。
   A. 确立成本分析的标准　　B. 进行成本指标分析
   C. 得出成本分析结论　　D. 提出可行的措施和建议
6. 比较分析法是指通过指标对比，从(　　)上确定差异的一种分析方法。
   A. 质量　　B. 价值量
   C. 数量　　D. 劳动量
7. 将两个性质不同但又相关的指标对比求出的比率，称为(　　)。

A．构成比率　　B．相关指标比率

C．动态比率　　D．效益比率

8.连环替代法是用来计算几个相互联系的,对综合经济指标变动(　　)的一种分析方法。

A．影响原因　　B．影响数量

C．影响程度　　D．影响金额

9.可比产品成本降低额是指可比产品累计实际总成本比按(　　)计算的累计总成本降低的数额。

A．本年计划单位成本　　B．上年实际平均单位成本

C．上年计划单位成本　　D．国内同类产品实际平均单位成本

10．产量变动之所以影响产品单位成本，是由于(　　)。

A．在产品全部成本中包括了一部分变动费用

B．在产品全部成本中包括了一部分相对固定的费用

C．是指在产品总成本不变的情况下

D．是指在产品产量增长超过产品总成本增长的情况下

二、多项选择题

1．成本分析应根据(　　)等资料进行。

A．成本核算资料　　B．成本计划资料

C．成本明细账资料　　D．其他有关资料

2．比较分析法中的比较方式主要有(　　)。

A．本期实际数据与本期计划数据比较

B．本期实际数据与前期实际数据比较

C．本期实际数据与前期计划数据比较

D．本期实际数据与本行业实际平均数据或本行业先进企业期实际数据比较

3．成本分析中的比率分析法主要有(　　)。

A．相关比率分析法　　B．构成比率分析法

C．连环替代法　　D．差额计算法

4．全部产品总成本计划完成情况分析的内容主要有(　　)。

A．查明全部产品和各种产品成本计划的完成情况

B．查明全部产品和各成本项目成本计划的完成情况

C．查明产品单位成本升降幅度和原因

D．找出成本升降幅度大的产品和成本项目，为进一步分析指明方向

5．主要产品实际成本降低任务完成情况分析的程序包括(　　)。

A．确定主要产品实际成本降低额和降低率脱离计划的差异，作为分析对象

B．确定影响成本降低任务完成的因素

C．计算各因素变动对成本降低任务完成的影响程度

D．根据各因素影响程度进行综合评价

6．成本报表常用的分析方法有(　　)。

A．比较分析法　　B．比率分析法

C．差额计算法　　D．连环替代法

7. 影响可比产品成本降低额变动的因素有(　　)。

A. 产品产量　　B. 产品售价

C. 产品品种结构　　D. 产品单位成本

8. 影响可比产品成本降低率变动的因素有(　　)。

A. 产品产量　　B. 产品单位成本

C. 产品售价　　D. 产品品种结构

9. 主要产品单位成本表反映的单位成本，包括(　　)单位成本。

A. 本月实际　　B. 同行业同类产品实际

C. 本年计划　　D. 上年实际平均

10. 单纯产品产量变动对可比产品成本降低计划完成情况的影响是(　　)。

A. 使成本降低额增加或减少　　B. 成本降低额不变

C. 使成本降低率升高或降低　　D. 成本降低率不变

11. 成本报表分析的方法，包括(　　)。

A. 对比分析法　　B. 比率分析法

C. 连环替换法　　D. 趋势分析法

E. 差额计算与分析法

12. 用来分析各项因素对总体指标影响程度的方法是(　　)。

A. 对比分析法　　B. 比率分析法

C. 连环替代分析法　　D. 趋势分析法

E. 差额计算与分析法

13. 采用连环替代分析法分析时，在确定各因素排列顺序上应遵循的原则是(　　)。

A. 如果既有数量因素又有质量因素，先计算数量因素变动的影响，后计算质量因素变动的影响

B. 如果既有数量因素又有质量因素，先计算质量因素变动的影响，后计算数量因素变动的影响

C. 如果既有实物数量因素又有价值数量因素，先计算实物数量因素变动的影响，后计算价值数量因素变动的影响

D. 如果有几个数量因素或质量因素，还应区分主要因素和次要因素，先计算主要因素变动影响，后计算次要因素变动的影响

E. 先计算次要因素变动的影响，后计算主要因素变动的影响

四、是非判断题

1. 比较分析法只适用于同质指标的数量对比。　(　　)

2. 影响可比产品成本降低率指标的因素有产品产量、产品品种结构和产品单位成本。　(　　)

3. 不管采用传统方法分析还是采用成本性态方法分析，产品产量变动都会影响可比产品成本降低率。　(　　)

4. 比率分析法是比较分析法的一种表现形式，因素分析法是比较分析的延伸。　(　　)

5. 因素分析法又可具体划分为连环替代法和差额分析法。　(　　)

6. 可比产品成本可能会出现这样的情况：各种产品均完成了降低率计划，但却不没有完成总的成本降低率计划。（　）

7. 产量变动之所以影响产品单位成本，是由于在产品全部成本中包括了一部分变动费用。（　）

8. 假定产品品种构成和产品单位成本不变，单纯产量变动，只影响可比产品成本降低额，而不影响可比产品成本降低率。（　）

9. 比较分析法的主要作用在于揭示客观上存在的差距，并为进一步分析指出方向。（　）

10. 采用比率分析法，先要把对比的数值变成相对数，求出比率，然后再进行对比分析。（　）

五、简答题

1. 进行成本分析的主要目的是什么？

2. 应从哪些角度去分析商品产品成本的计划完成情况？从这些角度去分析有何不同的意义？

3. 降低直接材料消耗量和直接材料价格的措施有哪些？

4. 成本分析中常用方法有哪几种？这些方法的特点是什么？

5. 影响商品产品成本计划完成情况的因素有哪些？

6. 成本降低额和成本降低率是如何计算的？

六、业务处理题

1. 宏达公司生产甲、乙、丙三种产品，本年实际产量分别为1250件、500件和500件，实际平均单位成本分别为2896元、2455元和2650元；本年计划单位成本分别为2910元、2450元和2775元。丙产品为本年新生产产品，甲、乙两种产品上年实际平均单位成本分别为3000元和2500元。

要求：

根据资料分析全部产品成本计划完成情况，并填列测试题表12-1。

测试题表12-1　商品产品成本表

编制单位：宏达公司　　　　2016年度　　　　金额单位：元

产品名称	计量单位	产量		单位成本			计划总成本（计划产量）		本年总成本（实际产量）		
		计划	实际	上年实际	本年计划	本年实际	按上年实际平均单位计算	按本年实际单位成本计算	按上年实际平均单位计算	按本年实际单位成本计算	实际成本
		(1)	(2)	(3)	(4)	(5)	(6)	(7)	(8)	(9)	(10)
一、可比产品 甲产品 乙产品	 件 件										
小　计											
二、不可比产品 丙产品	件										
全部商品产品成本											

2．三泰企业 2016 年 12 月份有关可比产品成本资料如测试题表 12-2 所示。

测试题表 12-2　成本资料

可比产品	计划产量	单位成本		总成本	
		上年	计划	按上年单位成本	按本年计划成本
甲产品	10	10	9	100	90
乙产品	4	20	16	80	64
合计				180	154

要求：

(1) 计算可比产品成本计划降低额和计划降低率。

(2) 计算可比产品成本实际降低额与实际降低率。

(3) 分析影响可比产品。

模拟考试试题(一)

一、名词解释(5 小题，每小题 2 分，共 10 分。)

1．成本会计

2．期间费用

3．废品损失

4．约当产量法

5．标准成本

二、单项选择题(下列各小题备选答案中，只有一个符合题意的正确答案。请将选定的答案并将其字母标号填入相应题号的括号中。本类题共 10 分，每小题 1 分。多选、错选、不选均不得分。)

1．辅助生产费用的交互分配是指(　　)。

A．辅助生产费用在各辅助生产车间之间的分配

B．辅助生产费用在各基本生产车间之间的分配

C．辅助生产费用在各生产车间之间的分配

D．辅助生产费用在辅助生产车间与基本生产车间之间的分配

2．厂部发生的下列各项费用中，可以作为制造费用核算的是(　　)。

A．管理人员工资　　B．房屋折旧费

C．办公费　　D．设计制图费

3．某车间采用按年度计划分配率分配法分配制造费用。该车间全年制造费用计划为 3780 元。全年各种产品的计划产量为：甲产品 200 件，乙产品 400 件；单件产品的工时定额为：甲产品 5 小时，乙产品 2 小时。据此计算的该车间制造费用年度计划分配率是(　　)。

A．540　　B．6.3　　C．2.1　　D．0.9

4．某产品 4 月份在生产过程中发现的不可修复废品的生产成本为 800 元，入库后发现的

不可修复废品的生产成本为 400 元，可修复废品的修复费用为 300 元，回收废品残料的价值为 100 元。据此计算的该产品 4 月份废品净损失是(　　)元。

A．1000　　B．1100　　C．1400　　D．1500

5．甲产品月末在产品只计算原材料费用。该产品月初在产品原材料费用为 3600 元；本月发生的原材料费用 2100 元。原材料均在生产开始时一次投入。本月完工产品 200 件，月末在产品 100 件。据此计算的甲产品本月末在产品原材料费用是(　　)元。

A．5700　　B．3800　　C．2100　　D．1900

6．各月在产品数量变动较大的情况下，采用在产品按定额成本计价法将生产费用在完工产品和在产品之间进行分配时，可能导致(　　)。

A．月初在产品成本为负数　　B．本月发生的生产费用为负数

C．本月完工产品成本为负数　　D．月末在产品成本为负数

7．区别各种产品成本计算基本方法的标志是(　　)。

A．成本管理要求　　B．成本计算期间

C．成本计算对象　　D．间接费用的分配方法

8．下列方法中，属于产品成本计算辅助方法的是(　　)。

A．品种法　　B．分类法　　C．分步法　　D．分批法

9．某企业采用分批法计算产品成本，并把不同日期投产的产品作为不同的批别。4 月 2 日投产 A 产品 3 件，B 产品 2 件；4 月 15 日投产 B 产品 1 件，C 产品 4 件；4 月 30 日投产 D 产品 3 件。据此计算该企业 4 月份应新开设产品成本明细账的张数是(　　)。

A．13 张　　B．3 张　　C．4 张　　D．5 张

10．下列各项中，属于分项结转法优点的是(　　)。

A．能直接提供按原始成本项目反映的产品成本资料

B．各步骤可同时计算产品成本，加速成本计算工作

C．便于进行各步骤完工产品成本分析

D．简化半成品收发凭证计价和记账工作

三、多项选择题(下列各小题备选答案中，有两个或两个以上符合题意的正确答案。本类题共 10 分，每小题 1 分)

1．下列各项中，属于广义在产品的有(　　)。

A．正在车间返修的废品　　B．已完工尚未入库的产品

C．已入库尚待加工的自制半成品　　D．已入库用于直接外销的自制半成品

2．下列各项中，不作为废品损失核算的有(　　)。

A．可降价出售的不合格产品的降价损失

B．产品入库后因保管不善造成的变质损失

C．不可修复废品的生产成本

D．产品出售后发生的三包费用

3．下列各项中，采用分批法时，可以作为一个成本计算对象的有(　　)。

A．不同订单中的同种产品　　B．同一订单中的不同种产品

C．同一订单中的同种产品　　D．一件大型复杂产品的某个组成部分

4．下列各种分步法中，不必进行成本还原的有（　　）。

A．按实际成本综合结转法　　B．按计划成本综合结转法

C．平行结转分步法　　D．分项结转法

5．下列产品中，可以采用分类法计算成本的有（　　）。

A．联产品　　B．等级产品

C．主、副产品　　D．零星产品

6．下列各项中，属于采用产品成本计算的定额成本法必须具备的条件有（　　）。

A．月末在产品数量较少　　B．各月在产品数量变化较小

C．定额管理的基础较好　　D．各项消耗定额比较准确、稳定

7．下列各项中，属于工业企业生产经营管理费用的有（　　）。

A．生产费用　　B．销售费用

C．管理费用　　D．财务费用

8．下列各项中，可以作为待摊费用核算的有（　　）。

A．领用的低值易耗品　　B．预付的保险费

C．先修后用的固定资产大修理费用　D．先用后修的固定资产大修理费用

9．下列各项中，采用变动成本法时不应计入产品成本的有（　　）。

A．变动制造费用　　B．固定制造费用

C．变动管理费用　　D．固定管理费用

10．下列方法中，属于制造费用分配方法的有（　　）。

A．生产工人工时比例分配法　　B．生产工人工资比例分配法

C．机器工时比例分配法　　D．按年度计划分配率分配法

四、是非判断题（本类题共 10 分，每小题 1 分。每小题判断结果正确的得 1 分，判断结果错误的扣 0.5 分，不判断不得分也不扣分。本类题最低得分为零分。）

1．在企业的组织机构分为车间、分厂和总厂若干层次的情况下，分厂发生的制造费用，应比照车间发生的制造费用进行分配。（　　）

2．不可修复废品的生产成本只能按废品所耗实际费用计算。（　　）

3．分类法与产品生产的类型没有直接联系，只要产品种类繁多且可以按一定标准分类，就可以采用分类法计算成本。（　　）

4．计算产品定额成本和产品计划成本时，所采用的计划价格相同。（　　）

5．标准成本法的核心是按标准成本记录和反映产品成本的形成过程和结果，以实现对产品成本的控制。（　　）

6．在固定成本总额不变的情况下，单位产品固定成本随产量减少而增加。（　　）

7．为了正确划分各个月份的费用界限，企业发生的数额较大的费用均应采用跨期摊配的方法处理。（　　）

8．本月发生的生产经营管理费用须从本月的收入中扣除。（　　）

9．企业的工资总额都应计入产品成本。（　　）

10．逐步结转分步法实际上就是品种法的多次连接应用。（　　）

五、简答题(2 小题，每小题 5 分，共 10 分)

1. 简述作业成本法。
2. 产品成本计算的基本方法有哪几种？它们的适用范围是怎样的？

六、业务处理题(共 50 分)

(一)某工业企业某月生产甲、乙两种产品，共同耗用 A 原材料，耗用量无法按产品直接划分。甲产品投产 100 件，原材料消耗定额为 5 千克；乙产品投产 150 件，原材料消耗定额为 2 千克。A 原材料的计划单价为 3 元/千克，成本差异率为超支 2%。甲、乙两种产品实际消耗 A 原材料总量为 320 千克。

要求：

(1)分别计算甲、乙产品的原材料定额消耗量。

(2)按原材料定额消耗量比例，计算 A 原材料消耗量的分配率。

(3)根据 A 原材料的分配率，计算甲、乙产品各耗用 A 原材料的数量。

(4)分别计算甲、乙产品应负担的 A 原材料实际费用。

(二)某工业企业下设供水和供电两个辅助生产车间。辅助生产车间的制造费用不通过“制造费用”科目核算。基本生产成本明细账设有“原材料”、“燃料及动力”、“工资及福利费”和“制造费用”4 个成本项目。2016 年 4 月份各辅助生产车间发生的费用及提供的产品和劳务数量见下表：

辅助车间名称		供 水 车 间	供 电 车 间
待分配费用		13 600 元	7500 元
提供产品和劳务数量		2000 吨	30 000 度
耗用及务量 用品劳数	供水车间耗用动力电	×	4000 度
	供水车间耗用照明电	×	1000 度
	供电车间耗用水	3000 吨	×
	基本车间耗用动车电	×	17 000 度
	基本车间耗用水及照明电	15 000 吨	3000 度
	行政部门耗用水及照明电	2000 吨	5000 度

要求：

(1)采用直接分配法，分别计算水费分配率和电费分配率。

(2)根据水费分配率，计算分配水费。

(3)根据电费分配率，计算分配电费。

(4)编制辅助生产费用分配的会计分录(“辅助生产成本”科目要列出明细科目)。

（三）三泰公司经过三个车间大量生产制造丙产品，采用平行结转分步法计算产品成本。原材料在第一车间生产开始时一次投入；在生产过程中，第二车间单位产品（半成品、在产品）耗用第一车间半成品2件，第三车间单位产品（在产品、产成品）耗用第二车间半成品2件；月末在产品成本按约当产量法计算，完工程度均为40%。该企业8月份有关产量及成本费用资料，如下所示（分配率精确到小数点后四位；产品成本精确到小数点后两位）：

各生产车间产量记录

2015年8月　　　　单位：元

摘　　要	一　车　间	二　车　间	三　车　间	产　成　品
月初在产品	40	100	80	
本月投入或上步骤转入	560	500	300	
本月完工	500	300	150	150
月末在产品	100	50	80	

第一车间成本计算单

产品名称：丙产品　　　　2015年8月　　　　完工产品：150件

摘　　要	直接材料（元）	直接人工（元）	制造费用（元）	合计（元）
月初在产品成本	23 736	6960	5568	36 264
本月发生费用	332 304	97 440	77 952	507 696
本月费用合计				
约当产量				-
分配率				
应计入产成品成本份额				
月末在产品成本				

第一车间“广义在产品”的数量

材料项目=

人工与制造费用项目=

第二车间成本计算单

产品名称：丙产品　　　　2015年8月　　　　完工产品：150件

摘　　要	直接人工（元）	制造费用（元）	合计（元）	
月初在产品成本	3157	6930	10 087	

续表

摘　　要	直接人工(元)	制造费用(元)	合计(元)	
本月发生费用	15 785	34 650	50 435	
本月费用合计				
约当产量				
分配率				
应计入产成品成本份额				
月末在产品成本				

第二车间“广义在产品”的数量

材料项目＝

人工与制造费用项目＝

第三车间成本计算单

产品名称：丙产品　　　　2015 年 8 月　　　　完工产品：150 件

摘　　要	直接人工(元)	制造费用(元)	合计(元)	
月初在产品成本	5040	2408	7448	
本月发生费用	15 120	7224	22 344	
本月费用合计				
约当产量				
分配率				
应计入产成品成本份额				
月末在产品成本				

第三车间“广义在产品”的数量

材料项目＝

人工与制造费用项目＝

丙产品成本汇总计算表

摘　　要	直 接 材 料	直 接 人 工	制 造 费 用	合　　计
第一车间应计入的份额				
第二车间应计入的份额				
第三车间应计入的份额				
总成本				
单位成本				

要求：根据上述资料，计算应计入产品成本的份额，计算完工产品的总成本并编制入库的会计分录。

（四）甲产品经两道工序完工，采用约当产量比例法分配各项生产费用。4 月份，甲产品完工产品 500 件；月末在产品数量为：第一道工序 350 件，第二道工序 200 件。其他有关资料如下：

（1）原材料分两道工序在每道工序开始时一次投入；第一道工序的消耗定额为 30 千克，第二道工序的消耗定额为 20 千克。甲产品月初在产品和本月发生的原材料费用共计 182 000 元。

（2）甲产品完工产品工时定额为 50 小时，其中第一道工序为 40 小时；第二道工序为 10 小时。每道工序在产品工时定额（本工序部分）按本工序工时定额的 50%计算。甲产品月初在产品和本月发生的工资及福利费共计 16 400 元，制造费用共计 24 600 元。

要求：

（1）按原材料消耗定额计算甲产品各工序在产品完工率（列出计算过程）。

（2）按工时定额计算甲产品各工序在产品完工率（列出计算过程）。

（3）按以原材料消耗定额确定的完工率计算甲产品在产品约当产量（列出计算过程）。

（4）按以工时定额确定的完工率计算甲产品在产品约当产量（列出计算过程）。

（5）分别计算原材料费用、工资及福利费、制造费用等费用的分配率（列出计算过程）。

（6）根据上述计算的原材料费用、工资及福利费、制造费用分配率，分别计算完工产品成本及月末在产品成本（列出计算过程）。

模拟考试试题（二）

一、名词解释（共 10 分，5 小题，每小题 2 分。）

1．成本核算

2．成本项目

3．停工损失

4．约当产量

5．变动成本法

二、单项选择题（在下列每小题四个备选答案中选出一个正确答案，并将其字母标号填入相应题号的括号中。每小题 1 分，共 10 分）

1．按产品的理论成本，不应计入产品成本的是（　　）。

A．生产管理人员工资　　B．废品损失

C．生产用动力　　D．设备维修费用

2．对本期生产经营性支出，为了正确地计算产品的生产成本，应划清的界限是（　　）。

A．生产成本和制造费用　　B．制造成本和期间成本

C．制造费用和管理费用　　D．管理费用和财务费用

3．制造成本的确认标准是（　　）。

A．按职能部门确认　　B．按费用性质确认

C．按管理目的确认　　D．按配比关系确认

4．辅助生产费用分配结果比较准确，但分配计算过程较复杂的分配方法是（　　）。

A．计划成本分配法　　B．顺序分配法

C．代数分配法　　D．交互分配法

5．可以计入“直接材料”成本项目的材料费用是（　　）。

A．为组织管理生产用的机物料　　B．为组织管理生产用的低值易耗品

C．生产过程中间接耗用的材料　　D．直接用于生产过程中的原材料

6．企业生活福利部门计提的职工福利费应借记的科目是（　　）。

A．应付福利费　　B．职工福利基金

C．管理费用　　D．生产成本

7．辅助生产费用直接分配法的特点是辅助生产费用（　　）。

A．直接计入“生产成本——辅助生产成本”科目

B．直接分配给所有受益的车间、部门

C．直接分配给辅助生产以外的各受益单位

D．直接计入辅助生产提供的劳务成本

8．“预提费用”科目月末（　　）。

A．可能有借方余额

B．可能有贷方余额

C．如果有余额，可能在借方，也可能在贷方

D．没有余额

9．如果某种产品所耗原材料费用在产品成本中所占比重很大，在产品成本的确定可使用的方法是（　　）。

A．约当产量法

B．在产品按固定成本法

C．在产品按所耗原材料费用计算法

D．在产品按完工产品成本法

10．食品厂在生产一些时令、节令食品时，既可将品种法与分类法结合，又可以将（　　）与分类法结合。

A．分批法　　B．分步法　　C．系数法　　D．定额法

三、多项选择题（在下列每小题五个备选答案中选出二至五个正确答案，并将其字母标号均填入相应的括号中。正确答案错选、多选或少选均不得分。每小题 1 分，共 10 分）

1．按成本的归宿方式，可划分为（　　）。

A．直接成本　　B．变动成本　　C．间接成本

D．固定成本　　E．责任成本

2．下列哪些项目是将费用按经济用途划分（　　）。

A．制造费用　　B．固定费用　　C．直接材料

D．间接费用　　E．管理费用

3．制造成本发展经历了以下各阶段（　　）。

A．标准成本阶段　　B．财务成本阶段　　C．管理成本阶段

D．决策成本阶段　　E．控制成本阶段

4．采用在产品按固定成本计价时应具备的条件是（　　）。

A．月末在产品数量大，但较稳定　　B．月末在产品数量大且不稳定

C．月末在产品数量较小　　D．月末在产品数量大

E. 月初、月末在产品数量变化不大

5. 采用简化的分批法，在某批产品完工以前，成本计算单只需按月登记(　　)。

A. 直接费用　　B. 间接费用　　C. 工时数

D. 生产成本　　E. 制造费用

6. 受生产特点和管理要求的影响，成本计算对象有以下几种形式(　　)。

A. 产品品种　　B. 产品类型　　C. 产品批别

D. 产品生产步骤　　E. 生产组织

7. 商品流通企业成本费用包括以下内容(　　)。

A. 商品进价成本　　B. 经营费用　　C. 管理费用

D. 财务费用　　E. 销售费用

8. 下列哪些成本是按成本性态划分的(　　)。

A. 直接材料　　B. 直接人工　　C. 管理费用

D. 财务费用　　E. 变动性制造费用

9. 成本报表的编制要求是(　　)。

A. 数字准确　　B. 文字整洁　　C. 内容完整

D. 排列整齐　　E. 编报及时

10. 反映费用支出情况的成本报表有(　　)。

A. 生产费用表　　B. 财务费用明细表　　C. 管理费用明细表

D. 销售费用明细表　　E. 制造费用表

四、判断改错题(判断下列各小题，在相应题号的括号中，对的打“+”，错的打“-”并改正，每小题2分，共10分)

1. 为了均衡成本负担，凡是数额较大的费用，均应作为待摊费用。(　　)

2. 品种法只适用于大量大批的单步骤生产。(　　)

3. 价值分析是指产品售价构成分析。(　　)

4. 所有的成本报表，都是按成本项目分设专栏填列的。(　　)

5. 在产品品种构成和产品单位成本不变的条件下，单纯的产量变动，只影响可比产品成本降低额而不影响可比产品成本降低率。(　　)

五、简述题(将答案填入相应题号的空白处，每小题5分，共10分)

1. 简述影响产品成本变动的因素。

2. 简述适时制与成本会计改革。

六、业务处理题(共 50 分)

(一)资料:某企业有机修和供水两个辅助生产车间。机修车间 2015 年 8 月份发生费用为 9900 元,供水车间 2015 年 8 月份发生费用为 3200 元。本月机修车间和供水车间提供的劳务量如下表所示。

机修车间和供水车间提供的劳务量表

2015 年 8 月

受益单位	修理工时	用水吨数
机修车间		5000
供水车间	200	
第一基本生产车间	1200	4000
第二基本生产车间	700	2000
工厂行政管理部门	100	1000
甲产品		3000
乙产品		5000
合计	2200	20 000

要求:

根据以上资料,按一次交互分配法编制辅助生产费用分配表,并做出有关会计分录。

(二)某企业基本生产车间全年制造费用计划为 234 000 元,全年各种产品的计划产量为甲产品 19 000 件,乙产品 6000 件,丙产品 8000 件。单件产品工时定额:甲产品 5 小时,乙产品 7 小时,丙产品 7.25 小时。本月份实际产量:甲产品 1800 件,乙产品 700 件,丙产品 500 件,本月实际发生的制造费用为 20 600 元。

要求:

(1)按年度计划分配率分配制造费用;

(2)根据计算结果编制会计分录。

(三)某企业 A 产品生产分三个步骤,分别由三个车间进行,采用逐步结转分步法计算成本。半成品成本在各车间直接结转。有资料如下：

第一车间　产品成本明细账

单位：元

项　　目	原　材　料	工资及福利费	制 造 费 用	合　　计
月初在产品成本	4000	1200	2800	8000
本月生产费用	10 000	1800	6200	18 000
生产费用合计				
完工产品成本				
月末在产品成本	6000	1000	4000	11 000

第二车间　产品成本明细账

单位：元

项　　目	原　材　料	工资及福利费	制 造 费 用	合　　计
月初在产品成本	3000	1500	500	5000
本月生产费用		8000	3000	
生产费用合计		9500	3500	
完工产品成本				
月末在产品成本	4500	1600	600	6700

第三车间　产品成本明细账

单位：元

项　　目	原　材　料	工资及福利费	制 造 费 用	合　　计
月初在产品成本	5000	2500	1500	9000
本月生产费用		8000	4000	
生产费用合计		11 500	5500	
完工产品成本				
月末在产品成本	4000	800	800	5600

要求：

(1)采用综合结转分步法(半成品不通过仓库收发)计算完工产品成本。

(2)进行成本还原。

第一车间　产品成本明细账

单位：元

项　　目	原　材　料	工资及福利费	制 造 费 用	合　　计
月初在产品成本	4000	1200	2800	8000
本月生产费用	10 000	1800	6200	18 000
生产费用合计				
完工产品成本				
月末在产品成本				

第二车间　产品成本明细账

单位：元

项　　目	原材料(半成品)	工资及福利费	制 造 费 用	合　　计
月初在产品成本	3000	1500	500	5000
本月生产费用	15 000	8000	3000	26 000
生产费用合计				
完工产品成本				
月末在产品成本				

第三车间　产品成本明细账

单位：元

项　　目	原材料(半成品)	工资及福利费	制 造 费 用	合　　计
月初在产品成本	5000	2500	1500	9000
本月生产费用	24 300	8000	4000	36 300
生产费用合计				
完工产品成本				
月末在产品成本				

产成品成本还原计算表

项　　目	还原分配率	半　成　品	直 接 材 料	直 接 人 工	制 造 费 用
还原前产成品成本					
本月所产半成品成本					
第一次成本还原分配额					
本月所产半成品成本					
第二次成本还原分配额					
还原后产成品成本					

(四)某企业本期生产甲产品 400 件，耗用实际工时 5000 小时，实际工资总额 9000 元，标准小时工资率 2 元，单位产品耗用标准工时 12 小时。

要求：计算并分析直接人工成本差异。

附录　企业产品成本核算制度（试行）

关于印发《企业产品成本核算制度（试行）》的通知

财会[2013]17 号

国务院有关部委、有关直属机构，各省、自治区、直辖市、计划单列市财政厅（局），新疆生产建设兵团财务局，有关中央管理企业：

为加强企业产品成本核算，保证产品成本信息真实、完整，促进企业和经济社会的可持续发展，根据《中华人民共和国会计法》、企业会计准则等国家有关规定，我部制定了《企业产品成本核算制度（试行）》，现予印发，自 2014 年 1 月 1 日起在除金融保险业以外的大中型企业范围内施行，鼓励其他企业执行。执行本制度的企业不再执行《国营工业企业成本核算办法》。

执行中有何问题，请及时反馈我部。

附件：企业产品成本核算制度（试行）

财政部

2013 年 8 月 16 日

企业产品成本核算制度（试行）

第一章　总　　则

第一条　为了加强企业产品成本核算工作，保证产品成本信息真实、完整，促进企业和经济社会的可持续发展，根据《中华人民共和国会计法》、企业会计准则等国家有关规定制定本制度。

第二条　本制度适用于大中型企业，包括制造业、农业、批发零售业、建筑业、房地产业、采矿业、交通运输业、信息传输业、软件及信息技术服务业、文化业以及其他行业的企业。其他未明确规定的行业比照以上类似行业的规定执行。

本制度不适用于金融保险业的企业。

第三条　本制度所称的产品，是指企业日常生产经营活动中持有以备出售的产成品、商品、提供的劳务或服务。

本制度所称的产品成本，是指企业在生产产品过程中所发生的材料费用、职工薪酬等，以及不能直接计入而按一定标准分配计入的各种间接费用。

第四条　企业应当充分利用现代信息技术，编制、执行企业产品成本预算，对执行情况进行分析、考核，落实成本管理责任制，加强对产品生产事前、事中、事后的全过程控制，加强产品成本核算与管理各项基础工作。

第五条 企业应当根据所发生的有关费用能否归属于使产品达到目前场所和状态的原则，正确区分产品成本和期间费用。

第六条 企业应当根据产品生产过程的特点、生产经营组织的类型、产品种类的繁简和成本管理的要求，确定产品成本核算的对象、项目、范围，及时对有关费用进行归集、分配和结转。

企业产品成本核算采用的会计政策和估计一经确定，不得随意变更。

第七条 企业一般应当按月编制产品成本报表，全面反映企业生产成本、成本计划执行情况、产品成本及其变动情况等。

第二章 产品成本核算对象

第八条 企业应当根据生产经营特点和管理要求，确定成本核算对象，归集成本费用，计算产品的生产成本。

第九条 制造企业一般按照产品品种、批次订单或生产步骤等确定产品成本核算对象。

(一)大量大批单步骤生产产品或管理上不要求提供有关生产步骤成本信息的，一般按照产品品种确定成本核算对象。

(二)小批单件生产产品的，一般按照每批或每件产品确定成本核算对象。

(三)多步骤连续加工产品且管理上要求提供有关生产步骤成本信息的,一般按照每种(批)产品及各生产步骤确定成本核算对象。

产品规格繁多的，可以将产品结构、耗用原材料和工艺过程基本相同的产品，适当合并作为成本核算对象。

第十条 农业企业一般按照生物资产的品种、成长期、批别(群别、批次)、与农业生产相关的劳务作业等确定成本核算对象。

第十一条 批发零售企业一般按照商品的品种、批次、订单、类别等确定成本核算对象。

第十二条 建筑企业一般按照订立的单项合同确定成本核算对象。单项合同包括建造多项资产的，企业应当按照企业会计准则规定的合同分立原则，确定建造合同的成本核算对象。为建造一项或数项资产而签订一组合同的，按合同合并的原则，确定建造合同的成本核算对象。

第十三条 房地产企业一般按照开发项目、综合开发期数并兼顾产品类型等确定成本核算对象。

第十四条 采矿企业一般按照所采掘的产品确定成本核算对象。

第十五条 交通运输企业以运输工具从事货物、旅客运输的，一般按照航线、航次、单船(机)、基层站段等确定成本核算对象；从事货物等装卸业务的，可以按照货物、成本责任部门、作业场所等确定成本核算对象；从事仓储、堆存、港务管理业务的，一般按照码头、仓库、堆场、油罐、筒仓、货棚或主要货物的种类、成本责任部门等确定成本核算对象。

第十六条 信息传输企业一般按照基础电信业务、电信增值业务和其他信息传输业务等确定成本核算对象。

第十七条 软件及信息技术服务企业的科研设计与软件开发等人工成本比重较高的，一般按照科研课题、承接的单项合同项目、开发项目、技术服务客户等确定成本核算对象。合同项目规模较大、开发期较长的，可以分段确定成本核算对象。

第十八条　文化企业一般按照制作产品的种类、批次、印次、刊次等确定成本核算对象。

第十九条　除本制度已明确规定的以外，其他行业企业应当比照以上类似行业的企业确定产品成本核算对象。

第二十条　企业应当按照第八条至第十九条规定确定产品成本核算对象，进行产品成本核算。企业内部管理有相关要求的，还可以按照现代企业多维度、多层次的管理需要，确定多元化的产品成本核算对象。

多维度，是指以产品的最小生产步骤或作业为基础，按照企业有关部门的生产流程及其相应的成本管理要求，利用现代信息技术，组合出产品维度、工序维度、车间班组维度、生产设备维度、客户订单维度、变动成本维度和固定成本维度等不同的成本核算对象。

多层次，是指根据企业成本管理需要，划分为企业管理部门、工厂、车间和班组等成本管控层次。

第三章　产品成本核算项目和范围

第二十一条　企业应当根据生产经营特点和管理要求，按照成本的经济用途和生产要素内容相结合的原则或者成本性态等设置成本项目。

第二十二条　制造企业一般设置直接材料、燃料和动力、直接人工和制造费用等成本项目。

直接材料，是指构成产品实体的原材料以及有助于产品形成的主要材料和辅助材料。

燃料和动力，是指直接用于产品生产的燃料和动力。

直接人工，是指直接从事产品生产的工人的职工薪酬。

制造费用，是指企业为生产产品和提供劳务而发生的各项间接费用，包括企业生产部门（如生产车间）发生的水电费、固定资产折旧、无形资产摊销、管理人员的职工薪酬、劳动保护费、国家规定的有关环保费用、季节性和修理期间的停工损失等。

第二十三条　农业企业一般设置直接材料、直接人工、机械作业费、其他直接费用、间接费用等成本项目。

直接材料，是指种植业生产中耗用的自产或外购的种子、种苗、饲料、肥料、农药、燃料和动力、修理用材料和零件、原材料以及其他材料等；养殖业生产中直接用于养殖生产的苗种、饲料、肥料、燃料、动力、畜禽医药费等。

直接人工，是指直接从事农业生产人员的职工薪酬。

机械作业费，是指种植业生产过程中农用机械进行耕耙、播种、施肥、除草、喷药、收割、脱粒等机械作业所发生的费用。

其他直接费用，是指除直接材料、直接人工和机械作业费以外的畜力作业费等直接费用。

间接费用，是指应摊销、分配计入成本核算对象的运输费、灌溉费、固定资产折旧、租赁费、保养费等费用。

第二十四条　批发零售企业一般设置进货成本、相关税费、采购费等成本项目。

进货成本，是指商品的采购价款。

相关税费，是指购买商品发生的进口关税、资源税和不能抵扣的增值税等。

采购费，是指运杂费、装卸费、保险费、仓储费、整理费、合理损耗以及其他可归属于商品采购成本的费用。采购费金额较小的，可以在发生时直接计入当期销售费用。

第二十五条　建筑企业一般设置直接人工、直接材料、机械使用费、其他直接费用和间接费用等成本项目。建筑企业将部分工程分包的，还可以设置分包成本项目。

直接人工，是指按照国家规定支付给施工过程中直接从事建筑安装工程施工的工人以及在施工现场直接为工程制作构件和运料、配料等工人的职工薪酬。

直接材料，是指在施工过程中所耗用的、构成工程实体的材料、结构件、机械配件和有助于工程形成的其他材料以及周转材料的租赁费和摊销等。

机械使用费，是指施工过程中使用自有施工机械所发生的机械使用费，使用外单位施工机械的租赁费，以及按照规定支付的施工机械进出场费等。

其他直接费用，是指施工过程中发生的材料搬运费、材料装卸保管费、燃料动力费、临时设施摊销、生产工具用具使用费、检验试验费、工程定位复测费、工程点交费、场地清理费，以及能够单独区分和可靠计量的为订立建造承包合同而发生的差旅费、投标费等费用。

间接费用，是指企业各施工单位为组织和管理工程施工所发生的费用。

分包成本，是指按照国家规定开展分包，支付给分包单位的工程价款。

第二十六条　房地产企业一般设置土地征用及拆迁补偿费、前期工程费、建筑安装工程费、基础设施建设费、公共配套设施费、开发间接费、借款费用等成本项目。

土地征用及拆迁补偿费，是指为取得土地开发使用权（或开发权）而发生的各项费用，包括土地买价或出让金、大市政配套费、契税、耕地占用税、土地使用费、土地闲置费、农作物补偿费、危房补偿费、土地变更用途和超面积补交的地价及相关税费、拆迁补偿费用、安置及动迁费用、回迁房建造费用等。

前期工程费，是指项目开发前期发生的政府许可规费、招标代理费、临时设施费以及水文地质勘察、测绘、规划、设计、可行性研究、咨询论证费、筹建、场地通平等前期费用。

建筑安装工程费，是指开发项目开发过程中发生的各项主体建筑的建筑工程费、安装工程费及精装修费等。

基础设施建设费，是指开发项目在开发过程中发生的道路、供水、供电、供气、供暖、排污、排洪、消防、通讯、照明、有线电视、宽带网络、智能化等社区管网工程费和环境卫生、园林绿化等园林、景观环境工程费用等。

公共配套设施费，是指开发项目内发生的、独立的、非营利性的且产权属于全体业主的，或无偿赠与地方政府、政府公共事业单位的公共配套设施费用等。

开发间接费，指企业为直接组织和管理开发项目所发生的，且不能将其直接归属于成本核算对象的工程监理费、造价审核费、结算审核费、工程保险费等。为业主代扣代缴的公共维修基金等不得计入产品成本。

借款费用，是指符合资本化条件的借款费用。

房地产企业自行进行基础设施、建筑安装等工程建设的，可以比照建筑企业设置有关成本项目。

第二十七条　采矿企业一般设置直接材料、燃料和动力、直接人工、间接费用等成本项目。

直接材料，是指采掘生产过程中直接耗用的添加剂、催化剂、引发剂、助剂、触媒以及净化材料、包装物等。

燃料和动力，是指采掘生产过程中直接耗用的各种固体、液体、气体燃料，以及水、电、汽、风、氮气、氧气等动力。

直接人工，是指直接从事采矿生产人员的职工薪酬。

间接费用，是指为组织和管理厂(矿)采掘生产所发生的职工薪酬、劳动保护费、固定资产折旧、无形资产摊销、保险费、办公费、环保费用、化(检)验计量费、设计制图费、停工损失、洗车费、转输费、科研试验费、信息系统维护费等。

第二十八条　交通运输企业一般设置营运费用、运输工具固定费用与非营运期间的费用等成本项目。

营运费用，是指企业在货物或旅客运输、装卸、堆存过程中发生的营运费用，包括货物费、港口费、起降及停机费、中转费、过桥过路费、燃料和动力、航次租船费、安全救生费、护航费、装卸整理费、堆存费等。铁路运输企业的营运费用还包括线路等相关设施的维护费等。

运输工具固定费用，是指运输工具的固定费用和共同费用等，包括检验检疫费、车船使用税、劳动保护费、固定资产折旧、租赁费、备件配件、保险费、驾驶及相关操作人员薪酬及其伙食费等。

非营运期间费用，是指受不可抗力制约或行业惯例等原因暂停营运期间发生的有关费用等。

第二十九条　信息传输企业一般设置直接人工、固定资产折旧、无形资产摊销、低值易耗品摊销、业务费、电路及网元租赁费等成本项目。

直接人工，是指直接从事信息传输服务的人员的职工薪酬。

业务费，是指支付通信生产的各种业务费用，包括频率占用费，卫星测控费，安全保卫费，码号资源费，设备耗用的外购电力费，自有电源设备耗用的燃料和润料费等。

电路及网元租赁费，是指支付给其他信息传输企业的电路及网元等传输系统及设备的租赁费等。

第三十条　软件及信息技术服务企业一般设置直接人工、外购软件与服务费、场地租赁费、固定资产折旧、无形资产摊销、差旅费、培训费、转包成本、水电费、办公费等成本项目。

直接人工，是指直接从事软件及信息技术服务的人员的职工薪酬。

外购软件与服务费，是指企业为开发特定项目而必须从外部购进的辅助软件或服务所发生的费用。

场地租赁费，是指企业为开发软件或提供信息技术服务租赁场地支付的费用等。

转包成本，是指企业将有关项目部分分包给其他单位支付的费用。

第三十一条　文化企业一般设置开发成本和制作成本等成本项目。

开发成本，是指从选题策划开始到正式生产制作所经历的一系列过程，包括信息收集、策划、市场调研、选题论证、立项等阶段所发生的信息搜集费、调研交通费、通信费、组稿费、专题会议费、参与开发的职工薪酬等。

制作成本，是指产品内容制作成本和物质形态的制作成本，包括稿费、审稿费、校对费、录入费、编辑加工费、直接材料费、印刷费、固定资产折旧、参与制作的职工薪酬等。电影企业的制作成本，是指企业在影片制片、译制、洗印等生产过程所发生的各项费用，包括剧本费、演职员的薪酬、胶片及磁片磁带费、化妆费、道具费、布景费、场租费、剪接费、洗印费等。

第三十二条　除本制度已明确规定的以外，其他行业企业应当比照以上类似行业的企业确定成本项目。

第三十三条　企业应当按照第二十一条至第三十二条规定确定产品成本核算项目，进行产品成本核算。企业内部管理有相关要求的，还可以按照现代企业多维度、多层次的成本管理要求，利用现代信息技术对有关成本项目进行组合，输出有关成本信息。

第四章　产品成本归集、分配和结转

第三十四条　企业所发生的费用，能确定由某一成本核算对象负担的，应当按照所对应的产品成本项目类别，直接计入产品成本核算对象的生产成本；由几个成本核算对象共同负担的，应当选择合理的分配标准分配计入。

企业应当根据生产经营特点，以正常生产能力水平为基础，按照资源耗费方式确定合理的分配标准。

企业应当按照权责发生制的原则，根据产品的生产特点和管理要求结转成本。

第三十五条　制造企业发生的直接材料和直接人工，能够直接计入成本核算对象的，应当直接计入成本核算对象的生产成本，否则应当按照合理的分配标准分配计入。

制造企业外购燃料和动力的，应当根据实际耗用数量或者合理的分配标准对燃料和动力费用进行归集分配。生产部门直接用于生产的燃料和动力，直接计入生产成本；生产部门间接用于生产（如照明、取暖）的燃料和动力，计入制造费用。制造企业内部自行提供燃料和动力的，参照本条第三款进行处理。

制造企业辅助生产部门为生产部门提供劳务和产品而发生的费用，应当参照生产成本项目归集，并按照合理的分配标准分配计入各成本核算对象的生产成本。辅助生产部门之间互相提供的劳务、作业成本，应当采用合理的方法，进行交互分配。互相提供劳务、作业不多的，可以不进行交互分配，直接分配给辅助生产部门以外的受益单位。

第三十六条　制造企业发生的制造费用，应当按照合理的分配标准按月分配计入各成本核算对象的生产成本。企业可以采取的分配标准包括机器工时、人工工时、计划分配率等。

季节性生产企业在停工期间发生的制造费用，应当在开工期间进行合理分摊，连同开工期间发生的制造费用，一并计入产品的生产成本。

制造企业可以根据自身经营管理特点和条件，利用现代信息技术，采用作业成本法对不能直接归属于成本核算对象的成本进行归集和分配。

第三十七条　制造企业应当根据生产经营特点和联产品、副产品的工艺要求，选择系数分配法、实物量分配法、相对销售价格分配法等合理的方法分配联合生产成本。

第三十八条　制造企业发出的材料成本，可以根据实物流转方式、管理要求、实物性质等实际情况，采用先进先出法、加权平均法、个别计价法等方法计算。

第三十九条　制造企业应当根据产品的生产特点和管理要求，按成本计算期结转成本。制造企业可以选择原材料消耗量、约当产量法、定额比例法、原材料扣除法、完工百分比法等方法，恰当地确定完工产品和在产品的实际成本，并将完工入库产品的产品成本结转至库存产品科目；在产品数量、金额不重要或在产品期初期末数量变动不大的，可以不计算在产品成本。

制造企业产成品和在产品的成本核算，除季节性生产企业等以外，应当以月为成本计算期。

第四十条　农业企业应当比照制造企业对产品成本进行归集、分配和结转。

第四十一条　批发零售企业发生的进货成本、相关税金直接计入成本核算对象成本；发生的采购费，可以结合经营管理特点，按照合理的方法分配计入成本核算对象成本。采购费金额较小的，可以在发生时直接计入当期销售费用。

批发零售企业可以根据实物流转方式、管理要求、实物性质等实际情况，采用先进先出法、加权平均法、个别计价法、毛利率法等方法结转产品成本。

第四十二条　建筑企业发生的有关费用，由某一成本核算对象负担的，应当直接计入成本核算对象成本；由几个成本核算对象共同负担的，应当选择直接费用比例、定额比例和职工薪酬比例等合理的分配标准，分配计入成本核算对象成本。

建筑企业应当按照《企业会计准则第 15 号——建造合同》的规定结转产品成本。合同结果能够可靠估计的，应当采用完工百分比法确定和结转当期提供服务的成本；合同结果不能可靠估计的，应当直接结转已经发生的成本。

第四十三条　房地产企业发生的有关费用，由某一成本核算对象负担的，应当直接计入成本核算对象成本；由几个成本核算对象共同负担的，应当选择占地面积比例、预算造价比例、建筑面积比例等合理的分配标准，分配计入成本核算对象成本。

第四十四条　采矿企业应当比照制造企业对产品成本进行归集、分配和结转。

第四十五条　交通运输企业发生的营运费用，应当按照成本核算对象归集。

交通运输企业发生的运输工具固定费用，能确定由某一成本核算对象负担的，应当直接计入成本核算对象的成本；由多个成本核算对象共同负担的，应当选择营运时间等符合经营特点的、科学合理的分配标准分配计入各成本核算对象的成本。

交通运输企业发生的非营运期间费用，比照制造业季节性生产企业处理。

第四十六条　信息传输、软件及信息技术服务等企业，可以根据经营特点和条件，利用现代信息技术，采用作业成本法等对产品成本进行归集和分配。

第四十七条　文化企业发生的有关成本项目费用，由某一成本核算对象负担的，应当直接计入成本核算对象成本；由几个成本核算对象共同负担的，应当选择人员比例、工时比例、材料耗用比例等合理的分配标准分配计入成本核算对象成本。

第四十八条　企业不得以计划成本、标准成本、定额成本等代替实际成本。企业采用计划成本、标准成本、定额成本等类似成本进行直接材料日常核算的，期末应当将耗用直接材料的计划成本或定额成本等类似成本调整为实际成本。

第四十九条　除本制度已明确规定的以外，其他行业企业应当比照以上类似行业的企业对产品成本进行归集、分配和结转。

第五十条　企业应当按照第三十四条至第四十九条规定对产品成本进行归集、分配和结转。企业内部管理有相关要求的，还可以利用现代信息技术，在确定多维度、多层次成本核算对象的基础上，对有关费用进行归集、分配和结转。

第五章　附　　则

第五十一条　小企业参照执行本制度。

第五十二条　本制度自 2014 年 1 月 1 日起施行。

第五十三条　执行本制度的企业不再执行《国营工业企业成本核算办法》。

参 考 文 献

[1] 万寿义. 成本会计第 4 版. 大连：东北财经大学出版社，2016.
[2] 杨洛新. 成本会计. 北京：北京大学出版社，2012.
[3] 江希和. 成本会计教程与案例. 上海：立信会计出版社，2007.
[4] 张林. 成本会计第 2 版. 北京：人民邮电出版社，2015.
[5] 汪祥耀. 现代成本会计学. 杭州：浙江人民出版社，2008.
[6] 冯浩. 成本会计理论与实务. 北京：清华大学出版社，2007.
[7] 刘顺喜. 成本会计. 大连：东北财经大学出版社，2001.
[8] 李惠. 成本会计教程. 上海：立信会计出版社，2004.
[9] 刘英. 成本会计学. 成都：西南交通大学出版社，2004.
[10] 乐艳芬. 成本会计. 上海：上海财经大学出版社，2002.
[11] 祁怀锦. 成本会计学. 北京：经济科学出版社，2008.
[12] 常颖. 成本会计学. 北京：机械工业出版社，2004.
[13] 于富生. 成本会计学. 北京：中国人民大学出版社，2011.
[14] 宋胜菊. 新编成本会计. 上海：立信会计出版社，2002.
[15] 万寿义. 成本会计习题与案例. 大连：东北财经大学出版社，2003.
[16] 李洛嘉. 成本会计习题集. 北京：中国财政经济出版社，2002.
[17] 鲁亮升. 成本会计习题与解答. 大连：东北财经大学出版社，2001.
[18] 李勤. 成本会计模拟实训. 广州：广东高等教育出版社，2012.
[19] 候颖. 成本会计. 大连：大连理工大学出版社，2009.
[20] 孙蕾蕾. 成本会计超简单. 北京：中国宇航出版社，2014.